中亚五国史研究

吉尔吉斯斯坦卷

蓝琪 著

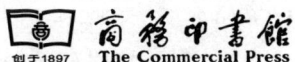

图书在版编目（CIP）数据

中亚五国史研究. 吉尔吉斯斯坦卷 / 蓝琪著. — 北京：商务印书馆，2024
ISBN 978-7-100-21142-0

Ⅰ. ①中… Ⅱ. ①蓝… Ⅲ. ①吉尔吉斯—历史—研究 Ⅳ. ①K360.7

中国版本图书馆CIP数据核字（2022）第077876号

权利保留，侵权必究。

责任编辑：程景楠
版式设计：智善天下
封面设计：武守友

中亚五国史研究
吉尔吉斯斯坦卷
蓝琪 著

商 务 印 书 馆 出 版
（北京王府井大街36号 邮政编码100710）
商 务 印 书 馆 发 行
三河市尚艺印装有限公司印刷
ISBN 978-7-100-21142-0

2024年5月第1版　　开本 880×1240　1/32
2024年5月第1次印刷　　印张 10　7/8
定价：68.00元

前　言[*]

近四十年来，笔者一直致力于中亚通史的构建。2012年，在完成了六卷本《中亚史》（始于石器时代，终于苏联解体）的撰写后，笔者的研究目标自然转向了独立以后的中亚五国史的研究。

本书主要论述吉尔吉斯斯坦独立后二十七年（1991—2017）的历史。为了让读者有一个全面的了解，本书上编对吉尔吉斯斯坦的地理，以及1991年以前的历史文化做了一个概述。与六卷本《中亚史》致力于中亚地区共性的研究不同，笔者在概述中强调的是吉尔吉斯斯坦地理、历史和文化的个性：介绍了吉尔吉斯斯坦的地势、地貌和交通特征；梳理了吉尔吉斯斯坦历史文化发展的基本线索，追溯了印欧种人、突厥人、蒙古人、乌兹别克人、俄罗斯人在其上的统治；探讨了吉尔吉斯族和吉尔吉斯斯坦国土的形成过程。

在上编中，笔者提出了一些重要观点。在论述吉尔吉斯斯坦悠久的历史文化时，笔者指出：原始人类很早就在今吉尔吉斯斯坦境内生活，在他们留下的旧石器时代早期文化中发现了阿舍利型双面工具；他们留下的铜石并用时期的岩画不仅反映了原始人类的生活，而且还反映了原始人类的迁徙路线，稍后的费尔干纳盆地附近的岩画反映了人类从狩猎向畜牧的过渡。在论述吉尔吉斯族的形成时，笔者梳理了学界对吉尔吉斯人祖先黠戛斯人族源的讨论，笔者指出：黠戛斯人可能属欧罗巴人种，不过，在他们西迁天山南北地

---

[*] 本书为国家社科基金西部项目"中亚五国史研究"（批准号：14XSS001）最终成果。

区之前，已经与蒙古利亚人种发生了融合，其文化已经具有突厥文化的因素；今吉尔吉斯人虽然具有欧罗巴人种的因素，但更多地呈现出蒙古利亚人种的特征。

在论述独立的吉尔吉斯斯坦历史时，本书以2003年为界将其分为两个阶段：第一阶段（中编）主要论述独立国家的创建。在此时期（1991—2003），吉尔吉斯斯坦政府对内侧重于国家政权机构的建设和社会稳定，对外寻求国际社会的认同和保证国家的边界安全。第二阶段（下编）主要探讨吉尔吉斯斯坦走向巩固和发展的历程。在此时期（2003—2017），吉尔吉斯斯坦经历了"郁金香革命"，"郁金香革命"后建立的新政府对内继续进行独立以后确立的政治、经济和社会改革，对外寻求国际社会的经济支持。

在中编中，笔者论述了吉尔吉斯斯坦政治体制、市场经济体系的构建和意识形态的重构，探讨了吉尔吉斯斯坦在转型过程中出现的民族、宗教和社会问题。

本编在梳理独立以后颁布的宪法和历次宪法修正案的基础上阐述吉尔吉斯斯坦政治体制构建的过程。1993年5月5日，吉尔吉斯斯坦颁布了独立后的第一部宪法；以此为依据，吉尔吉斯斯坦在理论上确立了立法、行政、司法三权分立的民主政治体制。笔者指出：在实践中，最高权力逐渐向总统倾斜。1996年的宪法修正案将1993年规定属议会的一些权力转给了总统，如总统有权提前召开立法会议和人民代表会议，并有确定会议主题的权力；总统有权驳回议会通过的法律草案；在人事任免方面，总统在征得议会同意的情况下任命政府总理，议会无权单独提出另外的总理人选，如果议会三次驳回总统对总理的提名，则总统可以解散下院并自行任命总理；1993年宪法规定内阁成员由内阁总理提名，1996年修正案规定，由总统与内阁总理协商之后任命。笔者认为：1996年宪法修正案赋予了总统至高无上的权力，把总统置于立法、行政、司法三权之上；到20世纪90年代末期，吉尔吉斯斯坦实际上形成了形式上的民主制和实质上的总统集权制。

在独立国家创建的过程中，吉尔吉斯斯坦在形式上确立了多党制，政党建设和政党对议会选举进程的参与被视为政治民主的重要体现。本编梳理了吉尔吉斯斯坦为保证政党合法性而颁布的一系列法律后指出：由于成立政党的门槛很低（10人倡议就可以建立政党），吉尔吉斯斯坦政党如雨后春笋般地涌现，截至1996年，在政府司法部获得登记注册的政党、运动和文化中心已超过550个。笔者认为，党派林立、国小党多是吉尔吉斯斯坦政治生活中的一大特点；然而，由于政党机制化程度低，组织机构不健全，社会基础不扎实，政党在吉尔吉斯斯坦政治生活中的地位和作用不大。

本编论述了独立以后吉尔吉斯斯坦经济转型的三大任务：打破国家对经济的垄断，建立适合市场的多种所有制；对不合理的经济结构进行调整；建立对外开放的外向型经济。笔者指出：独立初期，吉尔吉斯斯坦的经济转型是围绕推行非国有化和私有化这一中心进行的。在改革过程中，尽管吉尔吉斯斯坦领导者宣称，不会照抄别国的做法，要走一条不同于西方也不同于社会主义计划经济的第三条道路，但实际上，吉尔吉斯斯坦的经济改革深受俄罗斯的影响，采取的是激进的休克方式。经过十多年的努力，吉尔吉斯斯坦的市场经济基本建立起来，以私有化和非国有化为中心的多种所有制体系基本形成。

吉尔吉斯斯坦经济改革的另一个重要任务是产业结构的调整。在此过程中，政府加快了轻工业的发展，特别是服装加工业发展迅速，服装加工业以首都比什凯克市为中心向周边地区辐射，形成了设计、加工、销售一条龙的加工产业链。笔者指出：尽管出现了以上积极的变化，但产业结构调整没有取得明显的成效，工业领域仍然保持着以矿业开采和电力发展为主的原有结构。

在独立国家创建时期，国家意识形态的构建也是吉尔吉斯斯坦社会转型中的重要内容，培植人们对新独立国家的认同和增强人们对未来的信心是独立国家的主要任务。笔者指出：独立初期，吉尔吉斯斯坦为赢得主体民族吉尔吉斯族的支持，传统的伊斯兰教成为填补新兴国家意识形态真空的首选；随着伊斯兰教的复兴，一些极端组织企图把宗教价值置于一切价值准则之上，这一倾向危及新兴的国家政权，于是吉尔吉斯斯坦领导层提出了以爱国主义为核心的意识形态，采取多种措施宣传爱国主义和进行爱国主义教育，这些措施对唤起吉尔吉斯族的民族自豪感和对国家的认同起到了一定作用。

本编还论述了吉尔吉斯斯坦出现的民族问题。吉尔吉斯斯坦是多民族国家，吉尔吉斯族是其主体民族，2000年以前排在第二位的是俄罗斯族；独立初期的民族问题集中在吉俄两族的关系上。笔者指出：独立以后，吉尔吉斯斯坦以宪法的形式确立了吉尔吉斯族在国家的优先地位，不堪忍受从老大哥地位降为二等公民的俄罗斯人提出了"双重国籍"等政治诉求，并不顾吉宪法的规定组建了以族群为基础的政治组织。为了国家的稳定，吉尔吉斯斯坦于1999年与俄罗斯签署了"简化相互获得国籍手续"的协议，默认了境内居民拥有双重国籍的事实；2000年议会通过了"俄语为官方语"的法令，2003年宪法修正案再次确定了俄语的官方语地位；在干部任用方面，吉政府给予俄罗斯人一些重要职位，如2005年组建的新政府任命俄罗斯族丘季诺夫为总理。可以说，这些措施有力地改善了吉俄两族关系，避免了吉俄民族之间的冲突，保证了国家的稳定。

需要指出的是，吉尔吉斯族与乌兹别克族之间的矛盾没有及时得到缓和，导致两族发生了流血冲突。2000年，在吉境内的乌兹别克族人数已达80万，上升为吉国的第二大族群，吉乌两族之间的矛盾成为吉尔吉斯斯坦民族问题的核心。笔者在梳理吉尔吉斯人和乌兹别克人历史关系时指出：在费尔干纳地区，吉尔吉斯人是高山游牧民，他们在山间进行垂直迁徙，而乌兹别克人是农耕民族，他们在绿洲发展农业，在传统生活方式下，农牧之间在地域上相对隔离，互不干扰，相安无事；苏联时期，随着大规模牧民的定居，吉乌两族在土地、水资源方面发生纠纷，苏联解体前夕，在奥什州爆发了流血事件。吉尔吉斯斯坦独立以后，奥什州的乌兹别克人曾提出将该州划归乌兹别克斯坦，或者在乌兹别克族聚居的地区成立自治区的要求。吉政府对乌兹别克族提出的要求还是比较重视的，总统阿卡耶夫曾对乌兹别克族实施安抚政策，并在地方政权中安排了乌兹别克族官员。然而，随着对土地和水资源争夺的加剧，吉乌两族之间的矛盾最终演变成流血冲突。笔者认为：除了权力分配外，民生问题是吉乌两族冲突的重要原因，经济的发展和就业问题的解决才是消除吉乌两族矛盾的根本。

本编还论述了吉尔吉斯斯坦出现的社会问题。吉尔吉斯斯坦在政治、经济转型中打破了原有的分配制度，导致了财富分配不均和两极分化。笔者根据独立初期的基尼系数分析了吉尔吉斯斯坦的两极分化。在独立后的1993年，吉尔吉斯斯坦基尼系数超过0.4的国际警戒线，迅速上升到0.537，成为收入分配"高不平均"的国家。笔者从收入和消费两方面阐述了独立初期吉尔吉斯斯坦两极分化的情况：1993年，吉尔吉斯斯坦20%最富裕人口的收入是20%最贫困人口收入的22.7倍，这一数字在中亚国家中是最高的；同年，吉尔吉斯斯坦20%最贫困人口占国民总消费的份额只有2.5%，这一数据在中亚国家中是最低的。笔者在探讨两极分化的原因时指出：经济持续下滑和原有的福利保障无力实现，以及通货膨胀、高失业率等诸多因素使大批工人、农牧业者和文化界的知识分子迅速滑向社会底层,其中,收入分配不平等是导致两极分化迅速扩大的直接原因。

在下编中,笔者论述了2003年以后吉尔吉斯斯坦的政治、经济、社会改革,以及对外关系和国际地位。在政治改革中,吉尔吉斯斯坦致力于推进民主化进程,开始由总统制向议会制过渡;在经济改革中沿着独立初期的所有制改革方向,对大中型企业进行了改造;在社会转型中注意改善民生,并且开始了社会保障体系的构建。

2003年以后,吉尔吉斯斯坦经历了两次大规模骚乱。2005年,因议会选举引发的骚乱导致了独立后第一任总统阿卡耶夫的下台,是年,在第二任总统巴基耶夫的主持下对原有宪法进行了修改,决定由总统集权向总统-议会制过渡;2005年的宪法修正案于2006年通过。然而,新宪法并不马上实施,据有关规定:在2010年以前的过渡时期内,总统仍然把握着很大权力,如有权在征得议会同意后任命总理,并根据总理的建议任命内阁成员。这些规定与反对派要求限制总统权力的初衷背道而驰,引起了大多数人的不满。费·库洛夫联合其他反对派领导人组建了名为"为了光明的未来"联盟,2007年4月,该组织在首都比什凯克街头发起上万人的大规模示威游行,要求巴基耶夫下台。于是,巴基耶夫于2007年颁布了实行总统制的新宪法,总统的权力在一定程度上得到强化。这些违背民心的做法导致了新一轮的政治动乱。2010年4月7日,反对派举行了要求总统下台的示威游行,继而夺取了议会大楼和总统府,巴基耶夫在此次政治动乱中下台,吉尔吉斯斯坦建立了临时政府。临时政府公布了修改宪法的草案,2010年宪法确定将吉政体从总统制改为议会制。经过几次动荡,2010年以后,吉尔吉斯斯坦政局稳定下来,开始了议会制政体的建设。笔者指出：2010年宪法扩大了议会的权力，将总统的一部分权力交给了议会，总理的人选不再由总统提名，而是由在议会中获得绝对多数的政党提名和组建政府，除国防部和公共安全部外的其他各部政府官员由议会任命；议会有批准政府制定的国家发展计划和听取政府总理年度报告的权力，有表达对政府的不信任权；议会分享了一部分司法权，如由议会多数派、法官委员会和议会反对派三方组建了法官选举委员会，总统对最高法院法官和地方法院法官的任免必须根据法官选举委员会的建议，并提请议会任免。在从总统制向议会制过渡中，吉尔吉斯斯坦在宪法的框架下实现了多党执政，尽管政党的社会基础还很脆弱，毕竟开启了吉尔吉斯斯坦政治的平稳时期。

  下编论述了吉尔吉斯斯坦继续进行经济转型的状况。独立初期，吉尔吉斯斯坦进行了以市场经济为目标的经济体制改革，改革在一定程度上取得了成效，使吉经济在渡过了独立初期的严重下滑后进入平稳增长的时期。2003年以后，受国内政治局势和国际经济形势的影响，吉经济发展表现出不稳定的特征，总的来看，大多数年份处于缓慢发展的状况。

  2003年以后，吉尔吉斯斯坦继续推行以非国有化和私有化改造为中心的市场经济改革。新一轮的所有制改造于2004年开始，其重点转向水电站、热力站、矿产基地等大中型国家企业，采取了拍卖国有股权、托管、租赁等方式。笔者指出：与独立初期相比，这一阶段的私有化改造进展缓慢。其原因主要是：国内上下对国有资产的私有化认识不统一，议会对个别领域、企业的私有化持异议，一些企业在私有化改革之后，投资者只顾赚钱，加重了普通民众的负担，普通民众对私有化不满，并且提出了将能源、通信、网络企业重新收归国有的要求；此外，私有化过程中存在的腐败等违法现象也阻碍了私有化进程。

在下编中，笔者探讨了吉尔吉斯斯坦的社会保障。吉尔吉斯斯坦政府对公民的社会保障给予了高度重视，独立后不久，政府就成立了社会保障局，主要职能是制定有关社会保障、社会救助、养老金、社会补贴的相关政策，以及对需要社会保障、社会救济的公民及家庭、残疾人、孤寡老人、儿童等群体提供救助和补贴。1997—1998年，吉尔吉斯斯坦对这种由政府主导的社会保障进行了改革，引入了强制性的社会保险，其中主要是实施名义账户制。笔者指出：名义账户制除了在几个大城市实行之外，其他地方还没有实行，其原因主要是民众对名义账户记账积累基金没有信心。总的来看，由于保障水平低、个人负担重、企业缴费率高等原因，吉尔吉斯斯坦的社会保险制度在实施过程中还存在许多问题，社会改革的任务仍然十分艰巨。

本编论述了吉尔吉斯斯坦的对外政策，探讨了吉尔吉斯斯坦与中亚其他四国，以及与俄罗斯、美国、欧盟国家的关系。笔者指出：吉尔吉斯斯坦强调自己是小国，要在大国夹缝中求生存，决定仿效瑞士，奉行中立政策，既不倾向东方，也不倾向西方，走"第三条道路"；在外交实践中，吉尔吉斯斯坦将发展与中亚邻国和中国的关系视为保障领土完整、国家安全、促进经济发展的必要条件；此外，吉尔吉斯斯坦与俄罗斯发展了战略伙伴关系；与美国在反恐等国际问题上建立了合作关系。笔者认为：吉尔吉斯斯坦在外交上取得了较大的成功，到2006年底，吉尔吉斯斯坦已经与114个国家建立了外交关系。

蓝　琪

2019年1月18日

目　录

上编　悠久的历史文化

第一章　自然地理与原始文化 ... 3
第一节　群山环绕的山地 ... 3
第二节　牧人的原始文化 ... 7
第三节　丝绸之路北道和中道的必经之地 ... 12

第二章　吉尔吉斯斯坦古代史 ... 18
第一节　印欧种人的政权 ... 18
第二节　突厥人的政权 ... 24
第三节　蒙古人的政权 ... 28
第四节　乌兹别克人的政权 ... 32

第三章　民族的形成 ... 38
第一节　族名与族源 ... 38
第二节　中亚吉尔吉斯族的形成 ... 46

第四章　吉尔吉斯斯坦近现代史 ... 54
第一节　武力征服下的殖民统治 ... 54
第二节　前赴后继的抗俄斗争 ... 61
第三节　现代民族国家的组建 ... 67
第四节　迈向现代社会的经济与文化 ... 76

第五章　国土的形成 84
　　第一节　吉尔吉斯人的聚居地 84
　　第二节　国土的形成 90

中编　独立国家的创建

第六章　走向独立 99
　　第一节　独立的内外因素 99
　　第二节　顺应形势的独立进程 105

第七章　独立国家的创建 109
　　第一节　富含民族文化的国家象征 109
　　第二节　国体与政体的确立 112
　　第三节　总统集权制的形成 116
　　第四节　作用有限的政党制度 123
　　第五节　从无到有的军队建设 127

第八章　经济体制改革 131
　　第一节　激进的市场经济建设 131
　　第二节　难以实现的结构调整 138
　　第三节　开放型经济的建设 143

第九章　意识形态与宗教、文化 149
　　第一节　意识形态的构建 149
　　第二节　以伊斯兰教为主的多元宗教 155
　　第三节　以民族文化为核心的多元文化 162

第十章　民族问题和民族政策 166
　　第一节　调整中的吉俄两族关系 166
　　第二节　冲突中的吉乌两族关系 172

第十一章　社会问题 179
第一节　私有化进程中的两极分化 179
第二节　还未改善的贫困问题 186
第三节　积重难返的失业问题 190
第四节　以"影子经济"为特征的腐败问题 193
第五节　走私猖獗的毒品问题 198

下编　走向成熟

第十二章　曲折的政治改革 207
第一节　导致总统下台的"3·24"事件 207
第二节　导致总统下台的"4·7"事件 212
第三节　在宪法框架内的多党执政 218

第十三章　不断深化的经济改革 227
第一节　缓慢推进的经济改革 227
第二节　以黄金为主的矿业开采 234
第三节　以电力为主的能源开发 240
第四节　以纺织缝纫为主的轻工业 244
第五节　卓有成效的对外开放 249

第十四章　社会改革与社会保障 255
第一节　摸索中的社会保障 255
第二节　收支难抵的养老保障 260
第三节　有待经济持续发展的就业保障 264
第四节　强调保险的医疗保障 267
第五节　有待完善的教育保障 271

第十五章　外交关系与外交活动 277
第一节　重点发展的中亚国家关系 277

第二节　绝对优先的吉俄关系 287
　　第三节　全球战略中的吉美关系 295
　　第四节　侧重地区安全的吉欧关系 302

第十六章　国际组织与国际地位 307
　　第一节　积极配合联合国、欧安组织的活动 307
　　第二节　积极参与独联体的活动 312
　　第三节　积极参与和支持上合组织的活动 320

参考书目 327

后　记 331

上编

悠久的历史文化

吉尔吉斯斯坦在今中亚五国中地处东南部；天山西段构成了它的东界，帕米尔-阿赖山是它的南界，塔拉斯山是它的西界和西北界，楚河和外伊犁河流域是它的北界。考古发现证明，原始人类从旧石器时代早期起就在这片土地上活动；到早期铁器时代，这一地区出现了文明古国，其中最著名的是康居和大宛。在悠久的历史长河中，今吉尔吉斯斯坦所属地区接受过印欧种东伊朗人政权贵霜帝国、嚈哒汗国和萨曼王朝的统治，接受过蒙古利亚人种政权西突厥汗国、喀喇汗王朝、西辽国、察合台汗国和帖木儿帝国的统治，而最终赋予这片土地名称的是吉尔吉斯人。19世纪中叶，吉尔吉斯人受到沙皇俄国的殖民统治；十月革命胜利以后，苏联中央政府在此组建了吉尔吉斯苏维埃社会主义共和国（本书简称"吉尔吉斯共和国"），吉尔吉斯人步入了现代民族国家的行列。

第一章
自然地理与原始文化

吉尔吉斯斯坦以山地为主，国土的大部分处在海拔1000米至4000米之间。原始人类很早就在此山地之间放牧，在今吉尔吉斯斯坦境内发现了属于旧石器时代早期的阿舍利型双面工具；铜石并用时期的岩画反映了原始人类在吉尔吉斯斯坦的迁徙路线；青铜时代的岩画反映了费尔干纳盆地附近地区的牧人从狩猎向畜牧的过渡；早期铁器时代的遗址反映了原始居民聚居和贫富差异的状况；此后，吉尔吉斯斯坦进入了早期文明时代。

第一节 群山环绕的山地

吉尔吉斯斯坦在今中亚五国中地处东南部；国土的东北部抵达天山第二高峰汗腾格里峰，东南部抵达扎阿拉依斯基山山脊，南以帕米尔-阿赖山为界，西以塔拉斯卡拉套山为界，北部分别以楚河和外伊犁阿拉套山为界。吉尔吉斯斯坦是高山之国，94%的国土在海拔1000米以上，将近71%的国土在海拔2000米以上。[1]吉尔吉斯斯坦的山脉分属于天山和帕米尔-阿赖山两大山系；国土的北部和东部山脉属天山山系的北段和西段，国土的西南部属帕米尔-阿赖山脉。其中，天山山脉覆盖了今吉尔吉斯斯坦的大部分国土。

---

1 刘庚岑、徐小云编著：《吉尔吉斯斯坦》，社会科学文献出版社，2005年，第8页。

吉尔吉斯斯坦北部山脉从东至西有外伊犁阿拉套、昆格山、泰尔斯凯山、吉尔吉斯山和塔拉斯山。外伊犁阿拉套山北缘是伊犁盆地的西段，伊犁河从此流过，由此得名；外伊犁阿拉套山全长350千米，是吉尔吉斯斯坦与哈萨克斯坦的界山，在哈萨克斯坦境内的最高峰塔尔加尔峰海拔4973米。昆格山和泰尔斯凯山是天山汗腾格里峰以西的两条平行支脉，它们从北面和南面将伊塞克湖围起来；昆格山在伊塞克湖北面，长280千米，北面山坡上的最高峰乔克塔尔峰高4770米；泰尔斯凯山在伊塞克湖南面，长354千米，最高峰鲍里斯叶利钦峰海拔5216米。吉尔吉斯山在伊塞克湖西侧，向西绵延与塔拉斯山相接，全长454千米，最高峰西阿拉梅金峰海拔4875米。塔拉斯山呈东西走向，它构成了国土西北边界，北部和南部分别与哈萨克斯坦和乌兹别克斯坦相接。

吉尔吉斯斯坦中部山脉有属天山山系的费尔干纳山和纳伦山。其中，费尔干纳山起于天山南脉支流吐尔尕特河隘口，向西北延伸，成为费尔干纳盆地东面的界山。费尔干纳山再转向西南的恰特卡尔-库拉明山，它们构成了费尔干纳盆地的北部和西北部界山。

吉尔吉斯斯坦南部山脉有阿赖山、外阿赖山、突厥斯坦山，它们属于帕米尔-阿赖山系。帕米尔高原北缘的阿赖山全长约400千米，有一部分在塔吉克斯坦境内；阿赖山呈东北—西南走向，向东北方向延伸与巍峨的天山山脉相接。阿赖山往南是与之平行的外阿赖山，海拔7134米的列宁峰在吉尔吉斯斯坦与塔吉克斯坦边界上。阿赖山往西是阿赖山支脉突厥斯坦山，该山长320千米，其中一部分在塔吉克斯坦和乌兹别克斯坦境内，最高点皮拉米达峰高5510米。

吉尔吉斯斯坦地处欧亚大陆的中心，大部分属温带，只有南部地区属亚热带；由于地形复杂，气候呈现出多样性。总的来说，吉尔吉斯斯坦属于典型的大陆性气候。

在吉尔吉斯斯坦国土中，森林面积达5.3%，有4.4%是水域。属天山山系的吉尔吉斯斯坦山脉海拔较高，常年积雪，多冰川，如吉尔吉斯山在3700米以上终年积雪，冰川面积达223平方千米。高山和冰川汇集了大量水，从雪线上融化的雪水汇成河流和湖泊。10千米以上的河流有2044条，总长度大约3.5万千米；主要河流有楚河、塔拉斯河、纳伦河、恰特卡尔河、萨雷查斯河、卡拉河等。

吉尔吉斯斯坦北部的主要河流有楚河和塔拉斯河。楚河全长1067千米，在吉的流程是260千米，流域面积2.2万平方千米。楚河源自天山支脉泰尔斯凯山和吉尔吉斯山，由东向西流过伊塞克湖盆地，在此地没有逗留，很快从一条名叫博阿姆峡谷的缺口向北流出；在峡谷北端，科奇科尔河与发源于昆格山腹地的朱瓦纳雷克河汇合，共同形成了楚河（古称碎叶水）干流，滋养了天山北麓的这片冲积扇绿洲——楚河河谷；之后，楚河消失在哈萨克斯坦的穆云库姆沙漠。楚河上游谷深流急，入伊塞克湖盆地后河谷展宽，但在下游有4个月的结冰期，不能通航，河水可用于灌溉。美丽富饶的楚河盆地自古以来就是人类生活的地方，如今其上的政治、经济、文教、科技中心和交通枢纽比什凯克是吉尔吉斯斯坦首都。塔拉斯河在楚河的西北方，塔拉斯河流经吉尔吉斯斯坦境内294千米，向西穿越塔拉斯河谷后，消失在哈萨克斯坦穆云库姆沙漠。

吉尔吉斯斯坦中部的主要河流是该国最大最长的纳伦河。纳伦河汇集了天山的冰川融雪，自东向西流经吉尔吉斯斯坦卡拉库尔、塔什库梅尔，从费尔干纳盆地的东北角流入乌兹别克斯坦；全长807千米，在吉尔吉斯斯坦境内长535千米，流域面积5.37万平方千米。纳伦河在费尔干纳盆地与卡拉河汇合后被称为锡尔河，因此，它是锡尔河的上游支流。

吉尔吉斯斯坦南部的主要河流有卡拉河（即卡拉达里亚，突厥语意为黑河)。大约长180千米的卡拉河发源于费尔干纳山西坡，河源与中国境内的克孜勒苏河接近，从东南方流入费尔干纳盆地，流经吉乌两国。该河在费尔干纳盆地与纳伦河汇合后被称为锡尔河，它也是锡尔河的上游支流。

吉尔吉斯斯坦境内有1923个湖泊，其中小湖泊居多，大约94.8%的湖泊面积不足一平方千米；伊塞克湖、松克尔湖和恰特尔克尔湖是吉的大湖泊，它们大多是处于崇山峻岭之中的高山湖泊。湖泊之水来自高山流水或冰川融水。

吉尔吉斯斯坦北部的伊塞克湖是该国的第一大湖，有118条高山河流注入，湖长178千米，宽60千米，湖面面积约6236平方千米，最大深度668米，平均深度278米。就海拔高度和湖面面积而言，它是世界第二大高山湖泊和世界第四大深水湖。因为没有一条河流出，湖水微咸。湖面海拔1607米，冬季不结冰，表层温度在20℃（夏季）和4℃（冬季）之间，其吉尔吉斯语名称"伊塞克库利"，即"热湖"之意。[1]

吉尔吉斯斯坦中部的松克尔湖（又译为索恩湖）是该国的第二大湖。松克尔湖地处天山山脉的边缘地带，湖面面积270平方千米，平均深度9.2米，蓄水量为2.64立方千米；为淡水湖，由多条河水注入汇集形成；湖面海拔3016米，结冰期长达9个月。

吉尔吉斯斯坦东部的恰特尔克尔湖是汇集了24条河流的该国第三大湖，湖长22.8千米，平均宽度7.4千米，湖面面积161.1平方千米；最深处19米，绝大部分湖水深度2米至3米，蓄水量0.85立方千米；水微咸，湖面海拔3520米[2]，一年中大部分时间封冻。

由河流和湖泊滋养的盆地和谷地在吉尔吉斯斯坦国土面积中占

---

1 刘庚岑、徐小云编著：《吉尔吉斯斯坦》，第10页。
2 同上。

据了15%。其中，北有楚河谷地、塔拉斯河谷地，南有阿赖河谷地，西南有费尔干纳盆地。楚河流域和费尔干纳盆地是吉尔吉斯斯坦经济的两大核心板块。

在今吉尔吉斯斯坦境内的楚河流域占国土面积的10%[1]，由于从东西两面的昆格山和吉尔吉斯山受水，成就了三角形的冲积扇，今天我们所说的楚河流域，就是指这片冲积平原，它是游牧民理想的水草丰美之地。吉尔吉斯斯坦的首都比什凯克就坐落在楚河流域。

与楚河流域相比，费尔干纳盆地的低纬度和四面环山的地形结构更有利于农作物生长。费尔干纳盆地今分属于乌兹别克斯坦、吉尔吉斯斯坦和塔吉克斯坦，环费尔干纳盆地周边的大部分地区属于吉尔吉斯斯坦，盆地周围有8万多平方千米的山区，总面积大约10万平方千米。其中，隶属于吉尔吉斯斯坦的费尔干纳盆地面积为7.99万平方千米，隶属于乌兹别克斯坦的仅约为1.8万平方千米，其余部分隶属于塔吉克斯坦。费尔干纳盆地周边山脉有恰特卡尔山、库马拉山、费尔干纳山，以及帕米尔-阿赖山的一部分；这些山脉中的丘陵和河谷地带是肥沃地区，原始人类很早就在此栖身，留下了丰富的原始文化。

从中亚原始文化来看，今吉尔吉斯斯坦所在地是原始人活动的最早地区之一，他们在这片土地上创造了丰富多彩的原始文化。

第二节　牧人的原始文化

在旧石器时代早期，原始人类就已经在吉尔吉斯斯坦境内活动。在今恩格伦镇附近发现的库尔布拉克遗址地层次序良好，最早

1　刘庚岑、徐小云编著：《吉尔吉斯斯坦》，第23页。

的地层距今大约有 70 万至 50 万年,在此发现了类型不太明确的阿舍利型双面工具;在天山中部的奥恩-阿尔恰谷地和费尔干纳盆地东部的科若-巴克尔甘-萨伊谷地发现了处于公元前 30 万年至公元前 14 万年间的人类居住遗迹。[1] 它们都是旧石器时代早期的遗址。

在库尔布拉克遗址中,除早期地层外,还有旧石器时代中期和晚期的地层。在旧石器时代中期的地层中出土了带锯齿状和边部经过修整的刮削器,以及楔形和棱柱形石核,有学者把它单独列为细齿状莫斯特型石器;在今巴雷克奇市以南 3 千米处发现了大约 3000 件石制工具;在丘卢高原楚河右岸的原始聚落遗址上发现了大约 4000 件锋利的石制工具;在伊塞克湖地区托索尔河右岸也发现了将近 3000 件石器。[2] 以上石器处于公元前 14 万至前 4 万年之间,属于旧石器时代中期的遗物。

库尔布拉克遗址中最上面的三个文化层属于旧石器时代晚期,在此出土的石器也有带锯齿状和边部经过修整的刮削器,它们展示了锯齿状工具连续不断的传统。尽管保留了旧石器时代中期石器的某些特征,但它们已经与莫斯特型石器有明显的区别,且比莫斯特型石器修整得更好一些。

在费尔干纳盆地发现的塔什库梅尔(Tash-kumyr)和奥比希尔洞穴(Obisil Cave)等露天遗址属于新石器时代早期,这两个遗址出土的石器已经从比较粗笨的形状过渡到了细石器,但它们都还未具备真正的几何形状。在此时期,吉尔吉斯斯坦境内的原始社会发生了从征用型经济向生产型经济转化的巨大变化,该地区的原始居民经历了从狩猎和采集向畜养的转变,驯养家畜的尝试已经开始。

---

1 刘庚岑、徐小云编著:《吉尔吉斯斯坦》,第 33 页。
2 同上。

在伊塞克湖州萨雷-贾兹区的阿克-温丘尔山洞发现了属于新石器时代遗迹的岩画，岩画上刻有人以及牛、羊、蛇的图案，还有太阳的图案；它们大约画于公元前6000至前4000年。发现新石器时代遗迹的地方还有今纳伦市以东的一个洞穴和今乔尔蓬阿塔附近地区。[1]

青铜时代是人类历史发展的关键时期，在今吉尔吉斯斯坦发现了属于青铜时代（公元前18世纪—前8世纪）的岩画，特别需要提到的是塞伊玛里塔什岩画群。1902年，为了修筑一条从纳伦到安集延的邮路，在此路线上发现了塞伊玛里塔什岩画群遗址。该遗址处于公元前3千纪到公元前2千纪早期，位于海拔3000米至3500米的山谷中，山谷南北长5000米至6000米，东西宽700米至800米，山谷地势南高北低，谷地中间有一个大的冰碛湖，岩画主要在这个湖的周围。学者们将岩画群分为一号地区和二号地区，1991—2000年，在一号地区的10000块和二号地区的1500块岩石上发现了岩画，岩画尺寸不大，很多是小型岩画，不超过5厘米，刻凿的深度为0.2—0.4厘米，有的为0.5—1厘米。[2]

塞伊玛里塔什岩画群可以分为四组，最早的岩画可以追溯到公元前3千纪，属于铜石并用时代到青铜时代，以几何形风格为主，动物和人的身体呈三角形或四方形，如以两个相对的三角形表现动物身体；与早期岩画时代相近的第二组，几何形构图减弱，出现了太阳符号和单个动物的形象；第三组岩画的时间是公元前第1千纪，几何形构图消失了，多以马、鹿等动物形象，呈现出脚尖伫立或奔跑状，其中狩猎场面比较多；第四组岩画的时间在公元1千纪，其

---

1 刘庚岑、徐小云编著：《吉尔吉斯斯坦》，第33—34页。
2 郭物：《通过天山的沟通——从岩画看吉尔吉斯斯坦和中国新疆在早期青铜时代的文化联系》，《西域研究》2011年第2期。

特征是线形风格，以野山羊形状较多，岩画较粗糙而且没有特点。[1]

岩画的动物形象有野山羊、盘羊、牛、鹿、马、骆驼、狗、狼，其中野山羊和盘羊最多，骆驼是双峰骆驼；岩画刻划了狩猎、舞蹈和驾车的场面，大部分车子为两个实心轮子，拉车的动物有牛、野山羊和马等；岩画与牧人营地、墓葬分布在相距不远的地区。考古学家认为，这些岩画是生活在费尔干纳盆地附近山地的牧牛人创造的，以后，这些牧牛人沿着天山一直向东迁徙，到达今中国新疆乌鲁木齐一带。

公元前15世纪以后，在费尔干纳盆地发现了北方传统的墓葬，墓用石块圈隔开，墓穴用泥土或土石混合物修筑，卡拉套山脉中的陶塔拉（Tautara）墓地属于这种类型。墓中随葬的陶器出现了北部草原地区的形制，受到了以畜牧经济为主的北方安德罗诺沃文化和卡拉苏克文化的影响。有学者认为，这些影响反映了安德罗诺沃文化部落对中亚南部的大举入侵。

费尔干纳盆地早期铁器时代的遗址主要分布在北部和东部。在费尔干纳盆地东部卡拉河源一带发现了15个可以辨认的地块，大多数为氏族聚居地，也有设防的城镇遗址。学者们对其中的楚斯特遗址进行了研究，确定楚斯特遗址文化属于早期铁器时代文化，并以楚斯特文化统称这一地区的遗址。楚斯特文化时间大致在公元前12世纪至公元前7世纪前后，遗址范围很大，截至21世纪初，在所发现的80多处遗址中，奥什遗址在吉尔吉斯斯坦境内。

早期铁器时代，在今吉尔吉斯斯坦发现最突出的是牧人文化。在费尔干纳盆地南至帕米尔北之间的地区，这些牧人被称为费尔干

1　Frumkin, Grégoire, *Archaeology in Soviet Central Asia*, Leiden, Brill, 1970. K. Tashbayeva, M. Khujanazarov, V. Ranov, Z. Samashev, *Petrogliphs of Central Asia*, translated by O. Titova-Bishkek, 2001.

纳-阿赖塞克,他们早期的活动中心在羌阿赖(帕米尔北部),在基依克塔什发现了他们君长的墓地。这些牧人的情况可以从遗留下来的墓葬中了解。在他们的墓中出土了大批以几何纹修饰的陶器,既有天山地区的特点,又受到安诺文化中彩饰的影响。此外,还出土了青铜短剑(剑柄呈米努辛斯克型)和有山羊图案的青铜斧,以及有兽形神像的青铜或黄铜饰品。在后期的墓中,铁质或骨质制品较多。在今费尔干纳奥什市发现了公元前6世纪以前的岩画遗迹,岩画以动物题材为主,有鹿、山羊、狗、象和牛等。[1] 东部费尔干纳的岩画除了狩猎场面外,还有描绘车辆和仪式场面的,如有一幅岩画上数人立于一犁(?)之后,或者坐在牛车上。出土物反映,这些牧人古墓在保留天山地区文化特征的同时,又发生了一些变化,如察克马克古墓的地下墓室砌成四方形,上面半铺以石,又如土列依干古墓使用巨石铺成了球形。

在东帕米尔地区的牧人墓地的地表上出现了圆形堆石的竖穴墓,墓为单人或双人葬,尸体均为屈肢。随葬品中的陶器与天山和锡尔河中游一带发现的相同,为手制素陶。在此还发现了武器,主要是由木、骨、红铜或青铜制作的三棱形箭镞和铁质短剑。帕米尔一号墓表现了南西伯利亚-阿尔泰文化的特征,反映了此地的文化曾受到南西伯利亚和天山文化的影响,这些文化是经帕米尔高原北部传播的,基依克塔什型的古墓和羌阿赖库尔加克的古墓以及自卡拉捷金到加尔玛一带发现的牧人遗迹都证明了这一点。大约在公元前6世纪至前5世纪,波斯国王大流士一世征伐该地区牧人,从此此地处于波斯人的统治之下。据希罗多德记载,他们对波斯帝国的

---

[1] 〔苏联〕奇列诺娃:《蒙古和西伯利亚的鹿石》、〔苏联〕弗鲁姆金:《哈萨克斯坦境内的考古发现》,分别收入张志尧主编:《草原丝绸之路与中亚文明》,新疆美术摄影出版社,1994年,第152—159、210—217页。

征战曾进行过抵抗，一有机会就发起反击。

伊塞克湖周围山脉的高地草场也是游牧民生活的地区。公元前6世纪20年代前后，牧人解体后的居地被康居人和贵霜人瓜分。锡尔河东岸与楚河下游之间地区和卡拉套山两侧被康居人占据，形成了康居联盟；在卡拉套山的牧人则仍过着游牧生活，他们一直保留着牧人文化。俄国人开始经营中亚时，游牧经济在楚河河谷和伊塞克湖周边山间的牧民中仍占据绝对优势；俄国人曾在这些地区进行过游牧经济转型的尝试。

第三节　丝绸之路北道和中道的必经之地

所谓环费尔干纳盆地地带，大部分在今吉尔吉斯斯坦境内，原始文化反映这一地带不仅是农耕文明与游牧文明的交汇地，还是人类东西迁徙的通道。今吉尔吉斯斯坦被定位为交通过境国，这片土地在历史上也扮演了这一角色。

费尔干纳盆地除西面有一缺口外，其余各方都被山脉围住。在丝绸之路开通以前，环费尔干纳盆地周围沿山隘和河流形成了一些固定的交通路线，其中，巴克特里亚与中国之间的道路要过吉尔吉斯斯坦所属的费尔干纳盆地周围山地。公元前6世纪，波斯帝国的驿道开通了欧亚腹地的西段通道；公元前2世纪，中国使节张骞出使西域，开通了欧亚腹地的东段和中段。1877年，德国学者李希霍芬在他的著作里将这条东起中国、西达欧洲、以绿洲为链连接欧亚大陆的交通带称为"丝绸之路"。丝绸之路其实并不是一条明确的路，而是由许多分支组成的一条通道，吉尔吉斯斯坦处在这条通道的中段。

西汉时期，以长安（东汉时以洛阳）为起点的这条东西通道穿过河西走廊之后分为南北两道,它们沿着塔里木盆地的南北两缘西行。据东汉历史学家班固的《汉书·西域传》记:"自玉门、阳关出西域有两道。从鄯善傍南山北,波河西行至莎车,为南道;南道西逾葱岭则出大月氏、安息。自车师前王廷随北山,波河西行至疏勒,为北道;北道西逾葱岭则出大宛、康居、奄蔡焉。"[1]

此记载中的北道,即"西逾葱岭则出大宛、康居、奄蔡"的路线经过了吉尔吉斯斯坦。无论大宛国的统治中心是建在今乌兹别克斯坦所属的盆地内,还是建在今吉尔吉斯斯坦所属的环费尔干纳盆地四周的低坡上,汉时的丝绸之路北道都经过了今吉尔吉斯斯坦境。需要指出的是,此处所记的葱岭不是帕米尔山系,而是天山。北道经塔里木绿洲北缘抵达疏勒(喀什),然后沿恰克马克河到纳伦河谷,再沿纳伦河谷进入费尔干纳盆地。横在途中的费尔干纳山尽管是交通障碍,但连绵不断的河谷还是便于通行的路线。张骞出使大月氏走的就是这条路线:喀什噶尔—吐尔尕特山口—纳伦河谷—费尔干纳盆地—粟特地区—巴克特里亚。西汉两次出兵攻大宛,汉军走的是丝绸之路中道上的另一条路,即喀什噶尔—吐尔尕特山口—卡拉河谷—郁成;第一次在卡拉河冲积扇的山前绿洲城镇郁成(今乌兹根,属吉尔吉斯斯坦奥什州)遭到阻击,第二次出兵沿此路过郁成后西行抵达贰师城(今奥什)。

吉尔吉斯斯坦第二大城市奥什是丝绸之路中道的必经之路。学界认为"奥什"(Osh)是中国古籍中大宛国的"贰师"城,从语言学角度分析,Osh 也可能来自"Oosh",在吉尔吉斯语中意为"交换"[2],它是丝绸之路上的重要城市。从奥什境内 200 米高的苏莱曼

---

[1] 《汉书·西域传》,中华书局,1962 年,第 3872 页。
[2] 《"丝路"重镇奥什城的历史变迁》,中国社会科学网 2023-04-17。

山山顶可以俯瞰全城。城市边缘是层层叠叠的雪山：从奥什的东南方出发，越过阿赖山谷，沿山间峡谷有一条一直通向中国喀什噶尔的只能驮载而行的商路，这条路联系着费尔干纳盆地与东方的贸易；从西南方出发，有一条公路通向塔吉克斯坦。

《汉书》所记的丝绸之路南道不经过吉尔吉斯斯坦，因为西逾葱岭（帕米尔高原）到大月氏的路线可以沿帕米尔南缘行走直接进入大月氏人的统治中心巴克特里亚。公元前128年张骞归国时直接从大月氏人的统治中心巴克特里亚进入帕米尔高原南缘，走的就是丝绸之路南道。

五百年后，中国隋唐王朝再次经略西域，成功地在天山北麓开拓了新的通道，被称为丝绸之路北道，此后，原《汉书》所记的丝绸之路"北道"变成了丝绸之路"中道"。隋唐人裴矩（547—627）所著的《西域图记》对丝绸之路三道的记录是："北道从伊吾，经蒲类海铁勒部，突厥可汗庭，度北流河水，至拂菻国，达于西海。其中道从高昌、焉耆、龟兹、疏勒，度葱岭，又经䥽汗，苏对沙那国，康国，曹国，何国，大、小安国，穆国，至波斯，达于西海。其南道从鄯善，于阗，朱俱波，喝盘陀，度葱岭，又经护密，吐火罗，挹怛，帆延，漕国，至北婆罗门，达于西海。"[1]

裴矩所记的丝绸之路"北道"的突厥可汗庭（指西突厥可汗庭）在吉尔吉斯斯坦境内。史书记载西突厥大汗的牙帐设在碎叶河，《大慈恩寺三藏法师传》记载了西突厥可汗统叶护（618—628年在位）在牙帐接待玄奘的情况。

裴矩所记的丝绸之路"中道"实际上是班固《汉书》所记"北道"的路线：度葱岭后来到䥽汗，即汉大宛国所在地费尔干纳盆

---

1 《隋书·裴矩传》，中华书局，1973年，第1579—1580页。

地，但所记葱岭应该是发源于天山南脉的图噜噶尔特山。费尔干纳盆地的安集延与今吉尔吉斯斯坦境内的奥什共同构成了"中道"的交通枢纽。裴矩所记的丝绸之路南道度葱岭后经护密抵达吐火罗斯坦（即古时的巴克特里亚），护密国地处今瓦罕走廊，今属阿富汗，因此，南道没有经过吉尔吉斯斯坦。毫无疑问，古丝绸之路三道中的北道和中道经过了今吉尔吉斯斯坦境。

唐代佛僧玄奘西行去时走的是丝绸之路北道。他从塔克拉玛干沙漠古城阿克苏出发，翻越凌山，来到大清池，从大清池西北行五百余里，至素叶水城。经学者周连宽考证，凌山是天山北部的汗腾格里峰[1]，大清池即今伊塞克湖（热海），素叶水城即碎叶城。玄奘翻越天山后，经伊塞克湖北岸抵达楚河流域的碎叶城。

几百年后，991年，喀喇汗军队从北、东两个方向向费尔干纳盆地进军。北路军从八拉沙衮出发，取道伊塞克湖向费尔干纳进发；东路军从喀什噶尔出发，越过帕米尔高原进入费尔干纳盆地。两军合围攻下了费尔干纳盆地。

2014年6月22日，中国、哈萨克斯坦和吉尔吉斯斯坦三国，就丝绸之路的东段（长安—天山廊道的路网）成功地申报了世界文化遗产，其中，吉尔吉斯斯坦境内的碎叶城（即阿克·贝希姆遗址）、碎叶新城（布拉纳遗址）和裴罗将军城（科拉斯纳亚·瑞希卡遗址）被列入其中。

古碎叶城大致在今吉托克马克城一带，最初是粟特人所建的一座商贸城堡，突厥人崛起后占据此城，以此为汗廷。据《大唐西域记·素叶水城》，627年，玄奘西行到碎叶城时，碎叶城"城周六七里，诸国商胡杂居也。土宜穈、麦、蒲萄，林树稀疏。气

---

1 周连宽：《大唐西域记史地研究丛稿》，中华书局，1984年，第87页。

序风寒,人衣毡褐。素叶已西数十孤城,城皆立长,虽不相禀命,然皆役属突厥"。此事之后二十年,648年,唐朝在碎叶城设置军镇[1],碎叶城成为丝绸之路北道上的军事重镇;三十多年后,唐朝平定西突厥,在碎叶河南岸重修碎叶城。如今在碎叶城遗址的一座庙宇废墟中出土了铸有"开元通宝"和"大历通宝"字样的4枚唐代钱币。碎叶城是丝绸之路北道的交通要地,翻越天山的"庭州入碎叶道"和"安西入碎叶道"进入吉尔吉斯斯坦境后,在碎叶城汇合,再往西至怛逻斯城,由此进入草原之路或南下与丝绸之路中道汇合。

碎叶新城遗址在今吉尔吉斯斯坦楚河州托克马克市以南15千米处,是7世纪至10世纪楚河河谷和天山地区最重要的中心城镇之一。[2]679年,安西都护王方翼仿照都城洛阳的式样,对碎叶城进行了重新规划和大规模建设。碎叶城共四面十二门,高大的城墙是由城门、瓮城、堡垒、箭楼构成的坚固防御工事。竣工时,王方翼招徕西域各族贵族前来参观,他们都非常震惊。碎叶城的建设在保卫唐朝边防西北边疆和维护丝绸之路畅通上具有重要意义。与此同时,王方翼在碎叶城附近又建立了碎叶新城,作为碎叶城的卫城。该城拥有完善的城市供水系统,城中陶制供水管路长达数千米,城内也发现了佛寺遗迹,其中,具有军事瞭望塔功能的布拉纳塔为该遗址唯一保存至今的建筑,建于10世纪至11世纪。

裴罗将军城位于吉尔吉斯斯坦楚河州,建于唐玄宗天宝年间,由唐朝左骁卫员外大将军骨力裴罗创建,初为唐朝军事据点,归安

---

[1] 关于碎叶设置军镇的时间,有三种说法:一是吴玉章的648年说,二是厉声的657年说,三是苗普生的658年说。此处采用了第一种说法。

[2] 《"丝绸之路:长安—天山廊道路网"33个遗产点巡礼》,《丝绸之路》2014年第15期。

西都护府管辖，后改归北庭都护府管辖。该遗址的宗教和民间建筑融合了突厥、印度、粟特和中原文化元素，展现了祆教、景教和佛教的风格，是见证丝绸之路发展轨迹的重要遗存。

　　以后在吉尔吉斯斯坦境内统治的喀喇汗王朝和西辽分别以上文所述诸城为统治中心[1]，成吉思汗西征时，以上三城同时被毁而废弃。尽管如此，丝绸之路北道仍是东西方旅行者的首选路线。拜占庭帝国使节蔡马库斯、小亚美尼亚国王海屯、中国道教真人丘处机都经过丝绸之路北道而至楚河流域。

　　与丝绸之路北道相比，经吉尔吉斯斯坦的丝绸之路中道的旅行是十分艰险的。据16世纪帖木儿后裔巴布尔的记载，有一次商队带着商品离开中国返回，到安集延东边山脚时千人商队被雪掩埋，只有两人得救。至今还有关于商人和货物数量的呈文报告提到了商队途经山口牺牲总人数的情况。尽管如此，丝绸之路中道仍是古代商旅选择的路线之一。

---

[1] 王国维在《西辽都城虎思斡耳朵考》一文中考证说，八拉沙衮即裴罗将军城，此说得到学界公认。继喀喇汗王朝之后在此建国的西辽，以虎思斡耳朵城为都，据考证，虎思斡耳朵在今布拉纳遗址上。

第二章
吉尔吉斯斯坦古代史

大约在公元前2千纪中期，生活在欧亚草原上的游牧族群开始向外迁徙。公元前1千纪初，塞克人来到今吉尔吉斯斯坦的北方和南方。北方的塞克人被称为尖顶帽塞克，他们的牧地在楚河流域和伊塞克湖周边，以后在他们的牧地上形成了乌孙国。南方的塞克人被称为牧地塞克，其中一支从锡尔河中游向东延伸到卡拉套山前地带放牧，另一支的牧地在费尔干纳盆地至帕米尔高原北缘；在后者的领地上形成了大宛国。从3世纪起，生活在叶尼塞河的坚昆人陆续向天山北缘迁徙，来到了伊塞克湖和楚河流域，他们的迁徙地成了以后吉尔吉斯人向往的目标。6世纪至12世纪，突厥游牧部落在今吉尔吉斯斯坦境内先后建立了突厥汗国、突骑施汗国、葛逻禄汗国和喀喇汗王朝。12世纪中叶，蒙古人来到伊塞克湖和楚河流域、塔拉斯河流域、费尔干纳盆地，对吉尔吉斯斯坦历史产生影响的蒙古政权有西辽国、察合台汗国和帖木儿帝国。16世纪初，乌兹别克人和哈萨克人统治了今吉尔吉斯斯坦的地盘。

第一节 印欧种人的政权

大约在公元前2千纪中期，生活在欧亚草原上的游牧族群开始向外迁徙，公元前1千纪初，被波斯铭文记为塞克人的游牧者来到今吉尔吉斯斯坦北方和南方。波斯纳克希·鲁斯坦姆铭文将他们分为三种，即崇拜豪麻的塞克、戴尖顶帽的塞克和海对面的塞克，其中戴尖顶帽的塞克和崇拜豪麻的塞克在吉尔吉斯斯坦境内。[1]

尖顶帽塞克人居楚河（古称碎叶川）流域和伊塞克湖（古称热海或大清池）周边，20世纪30年代，苏联史家伯恩施坦及其后的阿基舍夫等学者在楚河流域进行了考古发掘。伯恩施坦指出，伊犁河流域，尤其是伊塞克湖曾是"祢王塞克族"之境；从考古可知，这支塞克人就是尖顶帽塞克，据希罗多德记："属于斯基泰的塞克人戴着一种高帽子，帽子又直又硬，顶头的地方是尖的。"[2] 在希罗多德的著作中，他们被称为伊赛多涅斯人。

考古表明，在公元前8世纪至前6世纪，塞克人的社会出现了贫富分化的现象。贵族的墓葬规模庞大，有的高达20米。如在伊犁河流域的贝沙提尔古墓发现了用圆木建筑的拱顶墓，它们由走廊、前厅和墓室本体三部分构成，围墙高达4米，由整齐的云杉树

---

[1] 关于这三支塞克人分布的问题较为复杂，史学界对此也存在着分歧，主要有以下三种观点。第一种观点认为，豪玛瓦尔格·塞克人（即崇拜豪麻的塞克人）主要分布在费尔干纳盆地、帕米尔和阿赖岭等地；提格拉豪达·塞克人（即戴尖顶帽的塞克人）主要分布在吉尔吉斯斯坦和南哈萨克斯坦草原东部地带，即帕米尔、阿赖岭以北，包括塔什干、天山至巴尔喀什湖以南及西南的楚河、塔拉斯河流域；提艾伊·塔拉·达拉伊雅·塞克人（即海对面的塞克人）主要分布于阿姆河以北、咸海东南、索格底亚那之地。第二种观点认为，牧地塞克人（即崇拜豪麻的塞克人）可能分布于锡尔河流域；戴尖顶帽的塞克人可能分布于中亚腹地（中亚两河地区）；近海塞克人（即海对面的塞克人）可能分布于里海或庞特（Pont）海海岸。第三种观点认为，崇拜豪麻的塞克人可能居住在费尔干纳；戴尖顶帽的塞克人可能居住在锡尔河两岸至谢米列契地区；海对面的塞克人，也称为欧洲塞克人，即分布在黑海北岸的斯基泰人。此外也有学者认为崇拜豪麻的塞克人和戴尖顶帽的塞克人是指同一种人。见王治来：《中亚史》第1卷，中国社会科学出版社，1980年，第17页；〔苏联〕伯恩施坦：《中亚境内天山、七河地区的古代文化》，黄振华译，见张志尧主编：《草原丝绸之路与中亚文明》，第132页；〔匈〕雅诺什·哈尔马塔等编：《中亚文明史》第2卷，徐文堪、芮传明译，中国对外翻译出版公司，2002年，第5页；余太山：《塞种史研究》，中国社会科学出版社，1992年，第5页。

[2] 〔古希腊〕希罗多德：《历史》（下），王以铸译，商务印书馆，1959年，第494页。

干筑成，并由笔直插入墓地的巨木所加固。而普通塞克人的墓则是一些不显眼的小土丘和石丘。[1] 从随葬品观之，在大贵族的墓中，除了马、马具、兵器外，还有各种精美的金属容器，甚至黄金制品；而在普通塞克人的墓中，随葬品很少。公元前6世纪，尖顶帽塞克人已经建立起某种形式的军事民主政权。

在此时期，尖顶帽塞克人被波斯帝国征服，他们于公元前522年起兵反抗波斯帝国的统治，贝希斯登铭文列举了叛乱者的名单，其中提到了塞克人。据贝希斯登铭文记："国王大流士说：后来，我和军队一起向塞克人进发。于是，他们——戴尖帽的塞克人向我推进。我来到海边，用木材和全军一起渡河。接着，我猛烈攻击塞克人，俘获其别部，他们被绑着带到我这里来，我杀死了他们。他们的首领斯昆卡（Skunxa）被抓住带到我这里。"在贝希斯登铭文浮雕中，头戴尖顶帽的就是塞克人首领斯昆卡。

幸存下来的塞克人重新臣属于波斯帝国，大流士一世将波斯帝国划分为20个郡，各郡派太守管理；其中，塞克人与位于里海或咸海以东的斯基泰人一起被纳入第15区，每年应该缴纳的贡赋是250塔兰特。[2] 在波斯帝国统治晚期，塞克人与波斯人一起抵御过亚历山大希腊军队的入侵，锡尔河之战是塞克人抵御希腊人的著名战役。正是由于塞克人的坚决抵抗，亚历山大未能在锡尔河以北地区建立统治。

在公元前6世纪20年代前后，塞克人的活动范围扩大了，他们挤压着原来居住在锡尔河下游流域的马萨革泰人，一部分塞克人甚至迁徙到更远的南西伯利亚地区。这次迁徙延绵了几个世纪，迁徙的塞克人与当地的部族相互杂居、渗透和融合，以后建立了一些

---

1 〔伊朗〕恰赫里亚尔·阿德尔主编：《中亚文明史》第6卷，吴强译，中国对外翻译出版公司，2013年，第6页。

2 〔古希腊〕希罗多德：《历史》（上），第238页。

新的政权。尖顶帽塞克人原来的牧地被乌孙人占领，他们在此建立了乌孙国。

乌孙自称昆人，公元前4世纪后期，被中国古政权秦国打败，西迁河西走廊，与月氏为邻。公元前177年至前176年间，月氏被匈奴人打败后向西进入昆人牧地，杀其王难兜靡，昆人政权瓦解。昆人携带首领难兜靡之子猎骄靡东投匈奴，并改名乌孙。大约公元前133年至前129年间，猎骄靡率军西征大月氏，逼迫大月氏人继续往西迁移[1]，乌孙占据了伊塞克湖周边地区，以伊塞克湖南岸不远的赤谷城[2]为统治中心建立了乌孙国。强盛之时，乌孙国领土东达天山东部的伊犁河谷，西抵纳伦河流域，北邻伊塞克湖畔，南与河中地区接壤。

乌孙国实行双王制，国王分大、小昆莫（又译昆弥、昆靡），王位的继承基本上实行长子继承制。辅佐国王的官员有大禄、左右大将、侯（即翕侯）、大将、都尉、大监、大吏、舍中大吏和骑君八级。大禄相当于丞相，负责国家的民事和军事；左右大将各一人，专司军事；侯负责地方或部落的军政事务。其中，昆莫、大禄、左右大将和侯掌握乌孙国的实权。保留氏族公社残余的贵族议事会议在乌孙国仍发挥着重要的作用，据《汉书》记，翁归靡本想让长子元贵靡继承王位，而"乌孙贵人共从本约，立岑陬子泥靡代为昆靡"，可见，氏族制残余仍影响着乌孙国。到1世纪末，乌孙国已是一个拥

---

1 关于乌孙迫使大月氏西迁阿姆河的时间，也有两种说法。一说始于老上单于时期，即公元前174—前161年；一说始于军臣单于时期，即公元前161—前126年。据西方史料记载，大约公元前129年，帕提亚国王弗拉特二世（前139—前128年在位）西征塞琉古王朝的叙利亚王国，但因盘踞在粟特和巴克特里亚等地的阿色尼人和吐火罗人等塞克人从东北部大举入侵，不得不转而同塞克人作战。因而可推知乌孙迫使大月氏人南下的时间可能是公元前130年。本书采用后一种说法。见余太山：《塞种史研究》，第58页。

2 赤谷城故址在伊塞克湖州伊什特克，另有学者认为故址在纳伦河畔。

兵十万的大国。4世纪末至5世纪初，乌孙国在嚈哒人的压力下瓦解；此后，乌孙人融入到其他民族之中，史书上不再有乌孙之名。

居住在今吉尔吉斯斯坦南部的帕米尔-阿赖山的塞克人在波斯文献中被称为豪玛瓦尔格·塞克人，意为牧地塞克人。苏联考古学者对牧地塞克人的生活之地进行了发掘，并将他们分为两支。其中，从药杀水（锡尔河）中游河岸向东延伸到卡拉套山前地带的牧地塞克人被名为药杀水塞克人。公元前3世纪左右，在药杀水塞克人的牧地上形成了康居国。强盛时期，康居国直接统治地区在锡尔河东岸与楚河下游之间，还包括了卡拉套山两侧。

另一支牧地塞克人的牧地在费尔干纳盆地至帕米尔高原北缘之间，他们被称为费尔干纳-阿赖塞克人。公元前10世纪至前8世纪，在费尔干纳-阿赖塞克人居住的费尔干纳盆地出现了大规模的灌溉农业。公元前7世纪，出现了一批城镇，其墓地中出土了陶器和青铜器，陶器以几何纹修饰，既有天山地区的特点，又受到安诺文化中彩饰的影响，青铜器有短剑、以山羊图案修饰的青铜斧和兽形神像。在今奥什市附近发现了公元前6世纪以前的岩画，岩画以动物题材为主，有鹿、山羊、狗、象和牛等，学界认定它们为费尔干纳-阿赖塞克人所作。[1]

公元前519年，牧地塞克人起来反抗波斯军队。据希罗多德记，他们是塞克人中最活跃的一支，曾数度突入西亚地区，对波斯帝国的讨伐进行抵抗。因此，波斯人及后来的亚历山大时期的希腊人都没有进入费尔干纳盆地。公元前4世纪，明特佩（Mingtepa）和阿赫斯克特（Akhsiket）等遗址出现了具有坚固设防的古代城市。

---

1 〔苏联〕奇列诺娃：《蒙古和西伯利亚的鹿石》、〔苏联〕弗鲁姆金：《哈萨克斯坦境内的考古发现》，分别收入张志尧主编：《草原丝绸之路与中亚文明》，第152—159、210—217页。

公元前250年，巴克特里亚的大夏国（希腊-巴克特里亚王国）统治了费尔干纳盆地，此地出现了希腊式城堡，牧地塞克人的政权瓦解，在他们的领地上形成了大宛国。

公元前2世纪，原居伊犁河和楚河流域的塞克人来到费尔干纳盆地，推翻大夏国的统治，与当地土著居民一起建立了大宛国，都城贵山城。[1] 公元前128年，中国使臣张骞出使大月氏，途经大宛。当时大宛有大小属邑七十余城，人口数十万，农业和畜牧业兴盛，产稻、麦、苜蓿、葡萄，以贰师城的汗血马著称。汉武帝曾遣使持千金及金马去换良马，并于公元前104年以李广利为将军前往讨伐。贰师城故址在今吉尔吉斯斯坦奥什城附近[2]，此城当时号称西域最坚固的城池，城墙高达三丈，厚且坚固，城门青铜制造，十分牢固。由于久攻不下，汉军败退敦煌，武帝增兵再围大宛都城40余天，大宛国贵族杀大宛国王毋寡[3] 求和，李广利许之，得良马数十匹，中马以下三千余匹，立亲汉贵族昧蔡为大宛王而归。此后，大宛国臣于西汉政权，并遣子为质。

大宛国强盛时期，领地包括了费尔干纳盆地及其周边地区。以后，大宛国先后臣属于西域的莎车国、大月氏人的贵霜帝国，4世纪末至5世纪初，大宛国被北方游牧民族嚈哒灭亡。在嚈哒汗国统治期间，中亚地区形成了以昭武姓氏为统治者的城邦小国，在费尔干纳盆地实施统治的是拔汗国。7世纪中叶，拔汗国以锡尔河为界分裂为东、西两部，东部以锡尔河北的渴塞城（遗址在今乌兹别克斯坦纳曼干市西25千米）[4] 为统治中心，西部以锡尔河南

1　贵山城一说是今乌兹别克斯坦的卡散，一说在塔吉克斯坦的苦盏。
2　贰师城一说在吉尔吉斯斯坦奥什城附近，一说是古代苏对沙那城，即今塔吉克斯坦的乌拉秋别。
3　有学者认为"毋寡"之名是由塞语中的常用名字"Mauakes"转译而来。
4　汉代贵山城。

的呼闷城为中心。从6世纪始,昭武九姓国接受了突厥人的统治,突厥人登上了今吉尔吉斯斯坦的历史舞台。

第二节 突厥人的政权

5世纪后期,被称为铁勒的许多部落从蒙古草原陆续迁到中亚北方草原[1];6世纪初期,其中名为突厥的一部在今吉尔吉斯斯坦建立了政权——突厥汗国。强盛时期,突厥汗国的疆域东至大兴安岭,西抵里海,北越贝加尔湖,南至兴都库什山以北。由于游牧政权的统一不能持久,突厥汗国以阿尔泰山为界分裂为东、西两个汗国;西突厥汗国的统治中心在今吉尔吉斯斯坦的楚河流域和伊塞克湖一带。

7世纪上半叶,西突厥十大部落分为左、右两厢。左厢五咄陆部的牧地在碎叶(今托克马克附近)以东地区;右厢五弩失毕部的牧地在楚河西至里海北的地区。除十部外,铁勒的葛逻禄、处月、处密等部及龟兹、焉耆等定居绿洲小国也都归西突厥汗国管辖。西突厥汗国在统叶护统治时期(618—628)到达强盛,其疆域东抵阿尔泰山,西至里海东岸,东南至于阗以南,西南以兴都库什山为界,北接咸海和里海以北的中亚草原。统叶护向这些地区派驻突厥官吏监统和督促贡赋的征收。

657年春,唐朝开始了大规模征伐西突厥的战争。658年,唐朝在楚河以东的西突厥五咄陆部牧地设置昆陵都护府,任命西突厥

---

[1] 西方有学者认为,突厥人来到黑海-里海草原是很早的事,是匈人向欧洲的迁移将新的种族成分带到了这些地区,这些突厥人后来成为此地区的主要种族语言体,甚至提出,有少许证据表明,在匈人跨越伏尔加河之前,突厥牧民就出现在这一地区。见〔美〕丹尼斯·塞诺主编:《剑桥早期内亚史》,蓝琪译,商务印书馆,2021年,第246页。

贵族阿史那弥射为昆陵都护；在楚河以西的五弩失毕部牧地设置濛池都护府，以西突厥贵族阿史那步真为濛池都护。657—742年间，西突厥十姓部落首领以唐朝地方官的名义统治着各部。8世纪中叶，突骑施人在原西突厥十部落的牧地上建立了自己的政权——突骑施汗国。

突骑施是以突骑施、车鼻施、处木昆三姓为核心的突厥人。突骑施原居蒙古草原北部，562年，突厥汗国西征嚈哒，突骑施、处木昆二部参与，后留在了中亚草原。突厥汗国分裂时，突骑施、处木昆二部效忠于西突厥汗国，归属五咄陆部，生活在楚河以东的草原上。唐朝平定西突厥汗国时，在突骑施三部居地上设置了三个州：在伊犁河以西置洁山州；在伊塞克湖以东置噡鹿州；在楚河以东的处木昆部居地置匐延州。

690年，突骑施莫贺索葛啜部首领乌质勒（690—706年在位）在楚河以西的五弩失毕部牧地上建立了政权，史称突骑施汗国（690—779）。691年，乌质勒从后突厥汗国手中夺取碎叶城，以此为统治中心控制了原西突厥十部之地。700年，西突厥汗后裔阿史那斛瑟罗以唐平西道行军大总管身份入主西突厥十部落之地，强迫乌质勒交出了碎叶城。703年，乌质勒打败斛瑟罗。709年秋，唐册封乌质勒之子娑葛为贺腊毗伽钦化可汗，承认了突骑施汗国的统治。711年，娑葛在抵抗后突厥军队的战斗中阵亡，汗国出现了混乱局面。716年，车鼻施部人苏禄自立为毗伽可汗。719年，唐使解忠前往突骑施册封苏禄为毗伽忠顺可汗，令其守卫西方边疆，防御东侵的阿拉伯人。723年和724年，苏禄领兵两次击退阿拉伯人对唐朝属地拔汗那的入侵，在防卫唐朝西部边疆的战争中做出了重要贡献。

突骑施汗国采取分疆而治的突厥政权组织传统，汗国由娑葛与其弟遮弩分治,此外,汗国还承袭了西突厥的大小可汗制度与吐屯监国制度,突骑施索葛莫贺啜及阿利施啜出身的吐屯分派到臣属诸部监统。据《新唐书·突厥下》记,737年底至738年初,苏禄麾下重臣莫贺达干和都摩支所统二部首领共同策划了推翻苏禄的政变。[1] 苏禄死后,突骑施汗国出现了三位可汗并立的局面,突骑施汗国衰微,其统治下的葛逻禄部强盛起来。8世纪后期,突骑施成为葛逻禄人的属部,逐渐融于葛逻禄人之中。

葛逻禄属铁勒的一支部落,在突厥崛起之时(6世纪中叶),铁勒的大多数部落都改称突厥,而葛逻禄却一直沿用本部落名。葛逻禄人主要有薄落、炽俟、踏实力三个部落,号称三姓葛逻禄。7世纪,葛逻禄人开始在中亚东北部活动,臣属于西突厥汗国。686年,唐朝再置濛池都护府时,葛逻禄与周边部落都归属该都护府管辖,直到突骑施汗国形成。716年,车鼻施部苏禄将突骑施汗国统一起来,葛逻禄三部成为突骑施属部。

8世纪中叶,葛逻禄人取代突骑施成为楚河流域的统治者。俄国学者巴托尔德认为,8世纪初,其前锋部队已经抵达阿姆河岸。[2] 766年,葛逻禄占领碎叶城,以此为都建立了葛逻禄汗国(766—940)。[3] 8世纪后期,葛逻禄人的牧地已遍布伊犁河、楚河、塔拉斯河地区。迟至9世纪初,拔汗那也并入葛逻禄汗国版图。816年,阿拉伯军队攻占锡尔河畔的葛逻禄城市讹答剌,俘虏了葛逻禄叶护的妻子和子女,叶护本人向北逃入基马克人的牧地。葛逻禄汗国的

---

1 《旧唐书》系苏禄之死于开元二十六年(738);阿拉伯史料记苏禄之死于伊斯兰历119年即公元737年。关于苏禄卒年的考证,见薛宗正:《突骑施汗国的兴亡》,《历史研究》1984年第3期。

2 V. V. Barthold, Four Studies on the History of Central Asia, Vol. I, Brill, 1956, p. 87.

3 V. V. Barthold, Four Studies on the History of Central Asia, Vol. I, p. 87;苏联科学院编《苏联哈萨克史》一书中,列有葛逻禄汗国:"葛逻禄汗国存在于七河流域近二百年(766—940)。"

伊塞克湖周边地区接受了统治中心在蒙古高原（即漠北）的回鹘汗国的统治。820年，阿拔斯王朝使者塔米姆·伊本·巴赫尔途经伊塞克湖，这一地区已经归回鹘汗国，汗国在此设置驿站，他换乘了回鹘可汗为他准备的驿马，向回鹘汗国的国都进发。[1]840年，漠北的回鹘汗国灭亡，回鹘十五部西奔来到了葛逻禄人牧地。

9世纪后期，在原葛逻禄汗国之地上形成了喀喇汗王朝。喀喇汗王朝取代葛逻禄汗国是一个渐进的过程，它的建立缺乏一个标志性的准确年代，只知道王朝的创建者"阙毗伽·卡迪尔汗"活动于9世纪末期。喀喇汗王朝的统治疆域包括巴尔喀什湖以南地区、河中地区，以及今中国新疆西部地区，统治中心在八拉沙衮（距碎叶城遗址大约6千米）。葛逻禄、样磨、炽俟、处月、黠戛斯等部都被纳入喀喇汗王朝的统治，因此，对于喀喇汗王朝到底是哪一部建立的，至今仍未有结论。[2]西方学者倾向于葛逻禄人，或样磨或炽俟人[3]，而中国大多数学者认为，正是西迁的回鹘建立了喀喇汗王朝。无论如何，葛逻禄人在王朝军队中占有一席之地。

1041年，喀喇汗王朝一分为二，成为东、西两个汗国。[4]在此

---

[1] 李树辉：《喀喇汗王朝的建立者及建立时间》，《西域研究》2004年第4期。

[2] 关于喀喇汗王朝建立者的问题，史学界存在多种说法。张广达先生认为它是"西北地区操突厥语的民族在今新疆、中亚建立的封建王朝"（见《中国大百科全书·中国历史》"黑汗王朝"条）；德国学者普里察克将喀喇汗王朝的起源归属于葛逻禄人；鲁克·克文敦先生在其所著《游牧帝国》一书中，也将喀喇汗王朝的起源归属于葛逻禄；德国学者加文·汉布里主编的《中亚》一书中也有类似观点，认为喀喇汗王朝的统治者是葛逻禄部落的一个分支。

[3] M. S. Asimov, C. E. Bosworth, eds., *History of Civilizations of Central Asia*, Vol. 4 (I), UNESCO Publishing, 1998, p. 120.

[4] 东、西喀喇汗王朝分裂的时间仍然在讨论中，巴托尔德曾经提到易卜拉欣·本·纳赛尔在河中建立了一个独立的政权，但对建立的时间非常谨慎，甚至推测说，易卜拉欣在伊斯兰历433年（公元1041/1042年）之时可能仍然是以附庸的身份统治着布哈拉。M. S. Asimov, C. E. Bosworth, eds., *History of Civilizations of Central Asia*, Vol. 4 (I), p. 126.

后的170年中，东喀喇汗国统治着锡尔河以东以北至喀什噶尔之间的地区；西喀喇汗王朝统治着河中地区和费尔干纳西部地区。东喀喇汗国的苏莱曼汗（1032—1057年在位）是一位开明的君主，12世纪的阿拉伯史学家伊本·阿西尔（生于1160年）称他为"科学和宗教的朋友"。1043年，东喀喇汗王朝内有1万帐游牧的突厥人皈依了伊斯兰教[1]，王朝内存在着不同信仰的突厥人。

伊不拉欣在位期间（1131—1134），东喀喇汗王朝境内的葛逻禄人和康里人起来造反，伊不拉欣求助于其边境上的契丹首领耶律大石。1134年初，耶律大石入境平叛。起义被平定后，耶律大石在楚河流域建立了政权——西辽，东喀喇汗王朝成为西辽国的属国。1141年，西辽与统治中心在河中地区的西喀喇汗王朝于撒马尔罕绿洲以北的卡特万草原进行了一场战争，战败的西喀喇汗王朝承认了西辽的宗主权。卡特万战争以后，费尔干纳盆地摆脱了对西喀喇汗王朝的臣属关系，当地统治者以自己的名义发行钱币，其中，讹迹邗定期或不定期发行的钱币上不再有宗主西喀喇汗的名字。

西辽国的建立只是蒙古政权进入吉尔吉斯斯坦的开始。13世纪初，成吉思汗率领的蒙古人灭亡了西辽，并在今吉尔吉斯斯坦确立了自己的统治。

第三节　蒙古人的政权

最早在吉尔吉斯斯坦境内建立的蒙古政权是契丹人的西辽。契丹人的外貌特征：圆脸、短发、髡发，常在额前左右各留一绺头

1　《〈全史〉选译（上）》，《吉尔吉斯人和吉尔吉斯地区历史资料》，莫斯科，1973年，刘戈译，见《中亚研究》1988年第1—2期。

发,垂于耳前。学界认为,契丹人是一支具有中原文化的蒙古人。[1]契丹人建立的西辽国是蒙古人统治中亚的先奏。

1132年,契丹人西迁来到楚河和伊塞克湖一带。当时,东喀喇汗王朝在八拉沙衮的统治正遭到伊犁河下游的葛逻禄人和咸海西北的康里人的威胁,喀喇汗伊不拉欣求助于耶律大石。耶律大石在打败葛逻禄人和康里人后,以楚河流域为中心建立了西辽国。西辽在吉尔吉斯斯坦统治了近百年(1132—1218)。强盛时期,西辽的疆域东起高昌回鹘国,西至咸海,北越巴尔喀什湖,南抵阿姆河。

除楚河流域外,锡尔河中下游右岸、伊塞克湖周围、七河流域也是西辽的直接统治区。据伊本·阿西尔的《全史》记:"他们按照自己早在统治(这一地区)之前的习惯,生活在帐篷里,他们居住在讹迹邗(今吉尔吉斯斯坦乌兹根)、巴拉沙衮、喀什噶尔及它们的郊区。"[2]1218年,西辽都城八拉沙衮被成吉思汗的蒙古军占领,西辽灭亡。

1220年,成吉思汗征服中亚;1225年,成吉思汗对征服地区进行了分封。成吉思汗次子察合台的封地(兀鲁思)东起高昌回鹘国,西达阿姆河岸,南越兴都库什山与北印度相邻,北到巴尔喀什湖以南地区。楚河和伊塞克湖周边是察合台部民的主要牧地,察合台的斡耳朵设在阿力麻里城(今新疆霍城西北)附近。按蒙古国的规定,察合台家族及其下部落在伊犁河流域、楚河和怛逻斯河草原放牧,河中地区和费尔干纳盆地的重要城市归蒙古帝国中央政府直接管辖。

---

[1] 学界有两种看法,一种认为契丹人是蒙古族,一种认为契丹人属于通古斯族(以俄国学者巴托尔德为代表),杂有蒙古族成分。在此暂采用前说。

[2] 伊本·阿西尔:《全史》第12卷,第171页,转引自贾丛江:《西辽时期中亚契丹人的经济生活》,《西域研究》1994年第4期。

1259年，蒙哥大汗去世。阿里不哥在与忽必烈争夺汗位期间（1260—1264），为了得到察合台汗的支持，将东起阿尔泰山，西至阿姆河之间的城市或农耕地区都划归察合台家族管辖。此后，察合台系走上独立发展的道路，察合台汗国（1269—1370）形成。鼎盛时期，察合台汗国的疆域东起吐鲁番，西至阿姆河，北到塔尔巴哈台，南越兴都库什山。

在蒙古人统治期间，叶尼塞河流域的吉尔吉斯人有两次大规模的西迁。一次发生在阿里不哥反忽必烈时期（1260—1264），追随阿里不哥的吉尔吉斯人转战伊犁河流域，1264年，阿里不哥战败，只身逃亡，他从叶尼塞河带来的部队溃散在天山北部。另一次是海都（1235—1301）带来的部民。1251年，蒙哥继位大汗，他把阿尔泰山以南天山以北地区，即巴尔喀什湖以南、伊犁河流域分给了窝阔台系宗王海都，海都把东天山到叶尼塞河之间的部落联合起来，其中包括窝阔台汗国的"直属部落"吉尔吉斯人。以后，吉尔吉斯人跟随海都来到天山北部。

1269年，察合台汗国形成时，吉尔吉斯人接受察合台汗国的统治。察合台汗国分裂后，东察合台汗国包括了整个天山南北地区，其范围是：东起畏兀儿地，西至塔拉斯河东岸，北界为叶密立河与额尔齐斯河，南界从喀什噶尔延伸至费尔干纳。今吉尔吉斯斯坦包括在东察合台汗国内。

1370年，帖木儿夺取西察合台汗国政权，在河中地区建立了帖木儿帝国。东察合台汗国和帖木儿帝国两大政治势力以塔拉斯河为界。14世纪后期，帖木儿军进入天山地区，消灭了或驱逐了此地的许多蒙古-突厥部落，天山北部的吉尔吉斯人获得了很大的发展空间。15世纪初期，吉尔吉斯人在天山南北地区有了固定的牧地，人数不断增加，以后，吉尔吉斯人从天山南北逐渐发展到帕米尔高原及其以西地区。

16世纪，天山以南的吉尔吉斯人接受了叶尔羌汗国的统治。1514年，东察合台系宗王萨亦德率吉尔吉斯人、绰罗斯部蒙古人大约四千人占领了喀什、叶尔羌、和田等地后，在伊犁河上游、伊塞克湖周围、楚河上游、塔拉斯河流域、纳伦河流域建立了政权——叶尔羌汗国。强盛时期，叶尔羌汗国的疆域包括天山南部、巴尔喀什湖以东以南地区、伊塞克湖地区、费尔干纳盆地、巴达克山和瓦汗走廊。

在叶尔羌汗国创建过程中，吉尔吉斯人起了十分重要的作用，因此，他们中的上层人物参与了汗国的政权。17世纪至18世纪，天山南部的吉尔吉斯人参与了叶尔羌汗国的内部斗争，并以武力为汗国服务。叶尔羌王室成员在获得汗位之后给予上层吉尔吉斯人一定的权力和利益。如1638年，叶尔羌汗阿卜杜拉（1638/1639—1667）任命吉尔吉斯部落头目出任喀什、乌什、库车、轮台、和田等地的最高行政长官（阿奇木伯克）。除地区总督外，吉尔吉斯部落头目还参与叶尔羌汗国的政治斗争，如1696年，吉尔吉斯人伯克阿尔柱·穆罕默德将穆罕默德·艾敏扶上叶尔羌汗位，以后，阿尔柱又杀艾敏另立新君，他本人一直掌握着汗国的实权。因此，有人甚至将叶尔羌汗国称为吉尔吉斯汗国。

然而，吉尔吉斯普通民众在叶尔羌汗国中遭到的剥削是很重的。有史书记载，叶尔羌汗萨亦德曾从吉尔吉斯人手中一次就夺取了10万头绵羊。[1] 每遭战乱，吉尔吉斯牧民只能进入深山躲避。15世纪末至16世纪初期，伊塞克湖地区的吉尔吉斯人与叶尔羌汗国统治者经常发生摩擦和战争，吉尔吉斯人不断起兵反抗叶尔羌汗国

1　Chabryar Adle, Irfan Habib, eds., *History of Civilizations of Central Asia*, Vol. 5, UNESCO Publishing, 2003, p. 111.

的统治。

在反抗叶尔羌汗国的起义中，天山北部的吉尔吉斯人与哈萨克人结成同盟，他们互相支持。16世纪的吉尔吉斯-哈萨克联盟是吉尔吉斯民族史中的重要事件，在吉尔吉斯人的史诗中，哈萨克统治者一直以同盟者身份支持吉尔吉斯人，而吉尔吉斯人也参与了哈萨克汗国对叶尔羌汗国和昔班尼王朝的军事行动。

在争夺权力的斗争中，吉尔吉斯伯克们的目光局限于在汗国政权中求得一官半职，没有把精力放在统一吉尔吉斯人和建立本民族国家的目标上。18世纪初，布哈拉汗国的乌兹别克人在吉尔吉斯人居地上建立了乌兹别克人的政权。

第四节　乌兹别克人的政权

17世纪至18世纪上半叶的一个半世纪中，吉尔吉斯人仍然未能建立自己的国家，他们分别在天山南北放牧，他们的命运与乌兹别克人的浩罕汗国、准噶尔人的准噶尔汗国的命运联系在一起。乌兹别克政权最初的统治地区主要是费尔干纳盆地及其周边地区，以后向北扩张到锡尔河中下游一带。

15世纪中叶，费尔干纳盆地归属于帖木儿王朝。1504年，昔班尼赶走帖木儿宗王速檀·阿黑麻·檀巴勒，将费尔干纳盆地纳入布哈拉汗国，布哈拉汗国在费尔干纳的统治持续了一百多年。阿布杜拉汗统治时期（1583—1598），由于在锡尔河流经地区建筑了大水利工程，费尔干纳盆地成了一个由一块块绿洲组成的农业王国，农业生产得到了恢复和发展。一小部分乌兹别克贵族成了土地所有者，大批牧民成了依附农民。16世纪末，吉尔吉斯人开垦了费尔干纳盆地东面和东北面的高山牧场。

1709年，乌兹别克人的明格部首领、昔班家族后裔沙鲁赫比在察拉克城推翻了宗教界大和卓的统治，建立了自己的政权，该政权最初被称为明格王朝。在沙鲁赫比的长子阿卜都尔热依姆统治时期（1721—1733），明格王朝先后征服了忽毡、吉扎克、卡塔库尔干。第三位统治者阿卜都尔噶里木统治时期（1733—1750）建筑了浩罕城，并将都城从忽毡迁往新城。于是，学界又称明格王朝为浩罕汗国（1709—1876）。浩罕汗国的统治区域主要在费尔干纳盆地，包括了浩罕、纳曼干、马尔吉兰、坎德·巴达姆、伊斯法拉等城。

1745年以后，准噶尔人频繁向费尔干纳盆地发起进攻，曾经夺取了奥什、马尔吉兰、安集延，一度逼近浩罕城。浩罕城民众组织起来保卫城市。额尔德尼统治期间（1751—1769），费尔干纳分裂成四个伯克领地，它们分别是浩罕、安集延、纳曼干和马尔吉兰。重新将费尔干纳统一起来的是那尔巴图（1769—1799，汉文史籍记为纳禄博图）。在他统治期间，汗国物产丰富，价格低廉，为满足市场需求，他发行了在流通中面值最小的铜币。

1757年，中国清王朝平定了准噶尔汗国叛乱，准噶尔汗国灭亡。1758年，浩罕汗国承认了清朝的宗主地位（1758—1822）。那尔巴图即位后继续承认清朝的宗主地位，遣使朝贡，清朝政府也承认了他的继任。

那尔巴图去世后，王位由其子爱里木伯克继承（1799—1810年在位），在爱里木继位之初，地方割据势力强大，伊斯法拉、楚斯特等较大城镇的统治者都蔑视汗的权威，甚至以武力相对抗。爱里木以强硬手段镇压割据势力，反对者或被杀掉或被驱逐，他在较短的时间内统一了费尔干纳盆地。

爱里木发动了征服汗国北部及阿姆河上游达尔瓦兹地区的战争，在这些战争中，独立的奇姆肯特、赛拉姆城都被纳入他的统治，1808至1809年间，他成功夺取塔什干。通过这些战争，浩罕汗国的领土扩大了一倍。在他统治后期，浩罕汗国的领地范围西北方抵达锡尔河下游，东北方到了伊塞克湖，南部抵达帕米尔高原。其中，东北方的巴尔喀什湖及伊塞克湖的部分地区当时是中国清朝的统治领地。

1811年2月11日，爱里木之弟爱玛尔继位（1811—1822年在位）。爱玛尔的统治基础是乌兹别克明格部贵族和以和卓家族为首的宗教上层人物。在他们的支持下，爱玛尔从中央到地方构建了一套较完备的统治机构，无论是世俗的或是宗教的国家职位都已确立。

爱玛尔汗注意发展经济，汗国兴建了一系列大型灌溉渠。爱玛尔在安集延西部建筑了沙赫里汗城，开凿纳赫尔·依·汗大运河，引卡拉河河水到沙赫里汗城。他耗时三年建成了杨吉水渠，该渠的建筑实现了引锡尔河河水灌溉的目的。在他统治时期，汗国的农业、畜牧业、手工业、商业都得到了发展，文化也有显著的进步。这一时期，浩罕城是一个周长大约25俄里的城市，城内有六个市场，有大约一百座美丽的建筑，其中包括清真寺。[1]

浩罕汗国在统治区内向吉尔吉斯人征收的税种有田地税（哈拉吉）、菜园税和果园税（塔纳普那亚）、商贸税（扎卡特）、市场营业税（巴扎税）、开业经营税（维索夫）、过河税和盐税。[2] 此外，浩罕汗国还从吉尔吉斯人那里征收牲口税，向过往驮运队征收商业税。[3]

---

1 据1829至1830年到过费尔干纳的俄国军官波塔宁少尉的描述。见〔苏联〕帕·彼·伊凡诺夫：《中亚史纲》，《中亚史丛刊》1983年第1期，第104页。
2 马大正、冯锡时主编：《中亚五国史纲》，新疆人民出版社，2005年，第113页。
3 《吉尔吉斯人和吉尔吉斯斯坦历史》，比什凯克，科学出版社，2000年，第131页，转引自刘庚岑、徐小云编著：《吉尔吉斯斯坦》，第46页。

爱玛尔汗继承了前统治者的对外政策，与布哈拉汗争夺乌拉秋别和吉扎克城的统治权。1814 年，他重新夺取了突厥斯坦城和塔什干北部的一些小城镇。1820 年以后，浩罕汗国向外扩张，浩罕汗国的疆域东与东北在鄂什（奥什）、克特缅退帕附近与清朝新疆接壤；西南在乌拉退帕附近与布哈拉对峙；西北远在锡尔河下游的阿克·美切克附近与哈萨克对峙；南面不过阿赖山。[1] 尽管如此，爱玛尔在位时期继续承认清朝的宗主国地位，清朝承认其统治者为伯克，而他们却以汗自称。

1822 年秋，爱玛尔病逝[2]，其子玛达里（又译为迈买底里）继承汗位。玛达里在位时期（1822—1841），浩罕的手工业有很大的发展，生产的纸和丝绸远销国外。这一时期，浩罕汗国脱离了与清朝的藩属关系，甚至武装干涉清朝内政，支持喀什噶尔宗教领袖的反清活动。在 1826—1831 年，玛达里汗在所谓"圣战"的名义下发动对喀什噶尔的远征。清朝曾授予他在阿赫昔、奥什、吐鲁番、喀什、英吉沙、叶尔羌、和田征税的权利。[3]

玛达里汗继续其父的对外扩张，19 世纪 30 年代，在巴尔喀什湖南岸游牧的大玉兹哈萨克人承认了浩罕汗国的宗主权，哈萨克人占据的突厥斯坦城臣属于浩罕汗国。1834 年，塔什干统治者写信给俄国说："迈买底里汗……已经夺取了乌拉秋别、卡拉捷金、库拉伯（Kulab）和达尔瓦兹诸城，并使诸城各族臣服，任命了他亲自为各城挑选的统帅，又进一步征服了许多城镇和居民。"[4] 不过浩罕

---

[1] 潘志平：《浩罕国与西域政治》，新疆人民出版社，2006 年，第 48 页。

[2] 有关爱玛尔，见 Sir Henry Howorth, *History of Mongol – from the 9th to the 19th Centuries*, Part II, pp. 821-823.

[3] Chabryar Adle, Irfan Habib, eds., *History of Civilizations of Central Asia*, Vol. 5, p. 75.

[4] Ibid.

汗国的鼎盛没有维持多久，到 19 世纪 60 年代初期，布哈拉汗国重新夺回了塔什干。

19 世纪 40 年代，浩罕汗国的势力曾使帕米尔西部的什克南、鲁善和达尔瓦兹臣属，还通过进攻山地的半独立政权扩大了自己的领土。但是，这些进攻并不顺利，通常是暂时性的，山区军民在浩罕军队进犯的整个过程中积极地进行抵抗。正是这个原因，使得浩罕军队在其暂时占领地区的地位很不稳固。[1]

玛达里汗的统治在国内遭到了人民的反对，各地都发生了骚乱和起义。在一片混乱中，胡达雅尔登上汗位。胡达雅尔的统治借助布哈拉汗国的支持勉强维持。1873 至 1874 年间，浩罕国内爆发人民起义，逃到突厥斯坦的浩罕人向俄国提出政治避难；乌兹根城民向驻塔什干的俄国军队寻求帮助。国内的混乱形势给俄国提供了兼并浩罕汗国的机会，1876 年，俄国出兵征服浩罕汗国，结束了乌兹别克人的统治。

17 世纪末，叶尼塞河畔的吉尔吉斯人开始向伊犁河流域迁徙。叶尼塞吉尔吉斯人于 13 世纪被蒙古人征服，此后的四百年间臣属于蒙古政权。16 世纪末，俄国侵入叶尼塞河畔的吉尔吉斯人的领地；1618 年，俄国哥萨克人在叶尼塞河上游与鄂毕河上游之间的吉尔吉斯人牧地上建库兹涅茨克据点，逐渐向北强占了从库兹涅茨克到克拉斯诺亚尔斯克的吉尔吉斯领地；1701 年，俄国军队对吉尔吉斯人发动袭击，吉尔吉斯人伤亡巨大。在经历了近一个世纪的抗争以后，17 世纪末至 18 世纪初，大部分吉尔吉斯人离开故地，朝西南方向越阿尔泰山，进入天山及帕米尔地区，与早先迁到此地的吉

---

[1] 伊斯坎达罗夫：《十九世纪下半叶的东布哈拉和帕米尔》，杜尚别，1962 年，第 39—40 页，转引自杨建新：《评所谓"继承浩罕遗产"论》，《西北史地》1984 年第 3 期。

尔吉斯人汇合。举部西迁是吉尔吉斯人的痛苦选择，吉尔吉斯人民对此段历史有痛苦的记忆，留下了诗歌《思念之歌》。

17世纪至18世纪中叶，天山以北的吉尔吉斯人遭到了准噶尔人的入侵。为了保卫自己的牧地，吉尔吉斯人与准噶尔人在天山以北地区进行了战争。吉尔吉斯人抵抗准噶尔入侵者的运动以史诗的形式被记录下来，如《玛纳斯》、《库尔满别克》、《江尼什与巴依什》、《江额勒木尔扎》和《艾尔托什吐克》，这些史诗不仅记录了双方的战争，还记录了吉尔吉斯人与准噶尔普通牧民之间的和睦相处，甚至记录了吉尔吉斯人与准噶尔牧民共同反对准噶尔统治者的斗争。在史诗《玛纳斯》中，与吉尔吉斯军队统帅玛纳斯并肩作战的阿勒曼别特就是卫拉特人，他以忠实、勇敢、智慧闻名。

16世纪至17世纪，由于叶尔羌汗国、准噶尔汗国、哈萨克人在天山南北的频繁战争，杂处其间的吉尔吉斯人没有明确而固定的活动地域。18世纪迁徙完成以后，吉尔吉斯人的活动地域逐渐固定下来，这些地区被称为吉尔吉斯斯坦。

第三章

民族的形成

吉尔吉斯斯坦是一个多民族国家,吉尔吉斯族是其主体民族。在今吉尔吉斯斯坦境内居住的吉尔吉斯人是在不同时期从叶尼塞河上游迁来的,他们与不同时期来到今吉尔吉斯斯坦的突厥人和蒙古人融合。15世纪至16世纪,在吉尔吉斯斯坦境内出现了有别于其他民族的吉尔吉斯人;18世纪从叶尼塞河流域迁入的吉尔吉斯人壮大了吉尔吉斯族的力量。吉尔吉斯人长期在固定的牧地生活,最终形成了一个具有共同文化和心理的现代民族。

第一节 族名与族源

今中亚吉尔吉斯族的原始居地在阿辅水(今阿巴根河)与剑水(今叶尼塞河)之间。他们于公元前3世纪被匈奴征服,6世纪接受突厥人的统治,唐朝灭突厥汗国后,他们先后归附于薛延陀和回鹘。9世纪20年代,吉尔吉斯人在其首领阿热领导下反抗回鹘的统治,并于840年在原回鹘汗国的统治地区建立了吉尔吉斯汗国,统治中心在牢山(今叶尼塞河上游萨彦岭)以南的今图瓦地区。

吉尔吉斯这一名称在中国典籍中经历了几次变化。今吉尔吉斯之名是《新唐书》中"黠戛斯"古名的转译。[1]黠戛斯一名最早

---

[1] 持此观点的有陈庆隆的《坚昆、黠戛斯与布鲁特考》(《大陆杂志》1975年

出现在唐德宗宰相贾耽于801年（贞元十七年）上书的《古今郡国县道四夷述》中，此前，吉尔吉斯人在中国典籍中被记为坚昆。坚昆一名最早出现在《汉书》中，但坚昆不是中国史书记载的最早族名，吉尔吉斯人的最早族名是鬲昆。据西汉时期的《史记》记，公元前3世纪，匈奴冒顿单于扩张领土，"北服浑庚、屈射、丁零、鬲昆、薪犁之国"[1]。以后，鬲昆在《汉书》中被转写为隔昆和坚昆。坚昆之名一直沿用到唐朝前期，如唐朝于648年（贞观二十二年）在黠戛斯人居地上设的管理机构称坚昆都督府。在汉至唐前期的漫长时期，随汉语语音的演变或汉语方言的不同，坚昆在历代史书中以隔昆、扁昆、契骨、绝骨、结骨、护骨等不同的转写形式出现。

据文献记载，唐相贾耽依据回鹘使者的描述，将"坚昆"依唐音译为"黠戛斯"。[2]8世纪初，在鄂尔浑的后突厥汗国的古突厥碑铭中，吉尔吉斯人被记为Qïrqïz。据俄国学者巴托尔德的综合研究，Qïrqïz就是唐代汉文文献中的黠戛斯[3]；法国学者伯希和认为黠戛斯一名是最接近突厥语族名（Qïrqïz）的音译[4]。在以后的史书中，黠

[接上页] 第51卷第5期）、崔明德的《李陵·拓跋氏·黠戛斯——兼论汉唐时期北方少数民族的寻根现象和认同心态》（《烟台大学学报》1995年第1期）、薛宗正的《黠戛斯的崛兴》（《民族研究》1996年第1期）、蒋其祥和周锡娟的《九至十三世纪处突厥各部的分布与变迁》（《新疆社会科学》1983年第4期）、亦邻真的《中国北方民族与蒙古族族源》（《亦邻真蒙古学文集》，内蒙古大学出版社，2001年，第502页）；另如伯希和、巴托尔德的论文，也都涉及黠戛斯的族名问题。巴托尔德在其《中亚突厥史十二讲》（罗致平译，中国社会科学出版社，1984年）中列举了苏联几位学者对该族族名的研究，其中包括祖也夫的《坚昆的名称》、彼得罗夫的《关于〈吉尔吉斯〉一名的词源学》、巴斯可夫的《关于〈吉尔吉斯〉族名的来源》。

1　《史记·匈奴列传》，中华书局，1988年，第2893页。
2　《唐会要》，上海古籍出版社，1991年，第2120页。
3　〔苏联〕威廉·巴托尔德：《中亚突厥史十二讲》，罗致平译，第31页。
4　伯希和认为，黠戛斯的蒙古语单数写法及汉文转写就是"坚昆"，参见亦邻真等：《亦邻真蒙古学文集》，第552页。

戛斯被转写为"辖戛斯"(《辽史》)、"绝乞斯"(《金史》)、"乞力吉思"、"吉利吉思"、"乞儿吉思"、"乞里吉思"(《元史》),这些名字都是黠戛斯的同名异译。

关于黠戛斯一名的含义,目前有四种解释。一是唐人的解释:"坚者不朽之名,昆者有后之称"[1];二是苏联学者吉谢列夫的解释:坚昆即是"剑河之匈奴"之意,"坚"是剑河(Kem,今叶尼塞河),昆(Kun)是匈奴[2];三是《新唐书》的记载:黠戛斯一名来自回鹘语"黄赤面";四是吉尔吉斯是数字"40"之意。

对于"坚者不朽"说,没有留下黠戛斯本族人的任何记载,有可能是唐代人望文生义的解释。"剑河之匈奴"说也有些牵强,在坚昆一名初现的汉代史书中并无"剑河"一名,作为地理概念的"剑河"是唐代在与坚昆接触之后才被史官们知晓的;此外,汉唐史书在叙述坚昆方位之时,只记录说"匈奴北"、"康居西北"、"匈奴西鄙",从未见到"剑河之匈奴"一说。"黄赤面"说来源于《新唐书》的一段记载:"乾元中,(黠戛斯)为回纥所破,自是不能通中国。后狄语讹为黠戛斯,盖回鹘谓之,若曰黄赤面云,又讹为戛戛斯。"[3]然而,黠戛斯并非得名于回鹘人,黠戛斯使者曾对唐宰相李德裕说,此名是黠戛斯人的自称;此外,回鹘语中的黄色(serig)与古突厥文 Qïrqïz 在发音上也难对应。至于吉尔吉斯一词来源于神圣数字"40"(kirk/qïrq),二者在读音上是相近的,"kyrk"在词源学中意为40,"qïz"是姑娘之意,《元史》把吉尔吉斯人的起源与40名古代汉族少女联系起来;16世纪的波斯著作

---

1 李德裕:《与黠戛斯可汗书》,《会昌一品集》卷6,上海古籍出版社,1994年,第35页。

2 陈庆隆:《坚昆、黠戛斯与布鲁特考》,《大陆杂志》1975年第51卷第5期。

3 《新唐书·回纥传下》,中华书局,1975年,第6149页。

《历史概要》(*Majmūʿ al-Tawārīkh*)的作者赛福鼎·阿克希甘第认为:"吉尔吉斯人起源于40位乌古思人(Oghuz),他们是在塞尔柱素丹桑扎尔时代从乌兹根逃亡到忽毡山区避难的。"[1]然而,据今蒙古学专家亦邻真考证,从古突厥文看,并没有这个词义。[2]因此,就目前发现的资料还不可能对黠戛斯族名的含义做出令人满意的解释。不过,黠戛斯族名是突厥语Qïrqïz人自称的可能性较大。

关于吉尔吉斯人的族源,史书有着截然不同的记载,因此,与哈萨克人、乌兹别克人、土库曼人和塔吉克人相比,追溯吉尔吉斯人的族源是困难的。在中国典籍中,有的史书记载吉尔吉斯人源自蒙古利亚人种中的突厥语族,另一些史书的记载则反映了吉尔吉斯人的欧罗巴人种特征。

对黠戛斯族源的记载始现于唐代成书的《周书》,此书将黠戛斯部记为契骨,并且明确了契骨与突厥同族:"突厥之先,出于索国,在匈奴之北,其部落大人曰阿谤步,兄弟十七人,其一曰伊质泥师都,狼所生也,……娶二妻,云是夏神、冬神之女也。一孕而生四男……其一国于阿辅水、剑水之间,号为契骨。……其一居践斯处折施山,即其大儿也。……号为突厥,即讷都六设也。"[3]不难看出,此书的记载反映了在阿辅水、剑水之间的契骨(坚昆的另一种转写)与突厥同源。

此后的《隋书》也将黠戛斯归入蒙古利亚人种中说突厥语的铁勒人:"伊吾以西,焉耆之北,傍白山,则有契弊、薄落职、乙咥、苏婆、那曷、乌护、纥骨、也咥、于尼护等。"[4]其中的纥骨

1　Chabryar Adle, Irfan Habib, eds., *History of Civilizations of Central Asia*, Vol. 5, p. 109.

2　亦邻真:《亦邻真蒙古学文集》,第552页。

3　《周书·异域传下》,中华书局,1971年,第908页。

4　《隋书·北狄传》,第1879页。

(即契骨)被列入铁勒各部之中。凭以上记载似乎可以确定坚昆(契骨)与突厥同源,都属于蒙古利亚人种中突厥语族的一支,而坚昆或契骨的文化与突厥文化中的若干相同之处对此说也是有力的支撑。

黠戛斯人与突厥人使用的语言、文字基本相似。《新唐书》说黠戛斯人"其文字、语言与回鹘正同"。从语言来看,黠戛斯人与回鹘人说的是突厥语,如黠戛斯人"谓月为哀(ay)","哀"是突厥语月亮的意思[1];黠戛斯语中的"汗"、"茂师哀"也是突厥语,其中"茂师哀"表示岁首,相当于突厥语之 bas ai;《突厥语大词典》在解释词语时,多次提到黠戛斯语或克普恰克(钦察)语。842 年(会昌二年),黠戛斯使者与唐朝商议结盟一事也透露了黠戛斯语的情况,时任翻译的石佛庆是回鹘人,宰相李德裕担心此次谈话泄露,建议从外地借调译语人。[2] 此记载似乎表明,两种语言之间有相通的地方。巴托尔德认为 7 世纪的黠戛斯,如果按语言分类,无疑是突厥人。[3]

从文字上看,突厥与回鹘使用的是被称为突厥鲁尼文的古代突厥文,这种文字除为突厥汗国所使用外,也为西迁前的回鹘人和古代居住在叶尼塞河流域的黠戛斯人(今柯尔克孜人的祖先)所使用。[4] 于是,学者们认为黠戛斯人使用的是与突厥和回鹘一样的突厥鲁尼文。目前,"能够认定属于黠戛斯人的碑文有 70 多块,它们多

---

1 〔苏联〕威廉·巴托尔德:《中亚突厥史十二讲》,罗致平译,第 32 页。
2 李德裕:《与黠戛斯可汗书》,《会昌一品集》卷 15,第 96 页。李德裕《论译语人状》全文如下:"右,缘石佛庆等皆是回鹘种类,必与本国有情。纥扢斯专使到京后,恐语有不便于回鹘者,不为翻译。兼潜将言语辄报在京回鹘,望赐刘沔、忠顺诏,各择解译蕃语人不是与回鹘亲族者,令乘递赴京。冀得互相参验,免有欺蔽。"
3 〔苏联〕威廉·巴托尔德:《中亚突厥史十二讲》,罗致平译,第 31—32 页。
4 耿世民:《古代突厥文碑铭的发现和解读——纪念汤木森解读古代突厥文一百一十年》,《西北民族研究》2004 年第 3 期。

为墓志铭,文句通常很短,多为'呜呼,吾今离开了吾之部落、妻子、儿女、民众……吾于……岁时离开了汝等'的内容,间或也有谈到墓主生前的事迹"[1]。在叶尼塞河流域发现的碑大多数没有标明时间,有关黠戛斯的情况是通过唐代李德裕给《黠戛斯朝贡图》所作序中了解到的。[2]

有唐一代,黠戛斯使用的语言文字都与突厥和回鹘相同,因此将他们归于蒙古利亚人种中说突厥语族者似乎毋庸置疑了。然而,新旧《唐书》对黠戛斯人外貌的记载却推翻了这一定论。据《新唐书》记,黠戛斯"人皆长大,赤发,皙面,绿瞳"。此后,唐人杜佑(735—812)的《通典》和晚唐学者段成式(803—863)的《酉阳杂俎》两书对黠戛斯人的记载都与两《唐书》一致:"身悉长大,赤色,朱发绿睛。"[3]"其人发黄、目绿、赤髭须。"[4]宋代学者王溥的《唐会要》:"人身悉长大,皙面绿睛朱发。"[5]乐史的《太平寰宇记》:"其人身悉长大,赤发、绿睛。"[6]可以推断杜佑、段成式、王溥和乐史等人的记载都源自两《唐书》,然而不可忽视的是,以上记载与阿拉伯史书中的记载是相同的。据11世纪阿拉伯学者迦尔迪齐的《记述的装饰》记:"黠戛斯人的起源与斯拉夫人有关,他们是红头发和白皮肤。"[7]更不可忽视的是,考古资料也反映了黠戛斯人的欧罗巴人种特征。

叶尼塞河中游米努辛斯克盆地、克拉斯诺亚尔斯克地区和克麦

---

[1] 耿世民:《古代突厥文碑铭的发现和解读——纪念汤木森解读古代突厥文一百一十年》,《西北民族研究》2004年第3期。
[2] 《太平寰宇记·黠戛斯传》,中华书局,2008年,第3821页。
[3] 《通典·边防十六》,中华书局,1988年,第5492页。
[4] 《酉阳杂俎》卷4,中华书局,2017年,第216页。
[5] 《唐会要》卷199,第2120页。
[6] 《太平寰宇记·黠戛斯传》,第3820页。
[7] 〔苏联〕威廉·巴托尔德:《中亚突厥史十二讲》,罗致平译,第31—32页。

罗沃州东部是早期铁器时代文化的发源地。[1] 苏联考古学家在塔施提克（Tashtyk）河畔的墓地出土了一些石膏面具，他们在分析塔施提克面具时提到叶尼塞黠戛斯人直到 11 世纪还在一定程度上保存着古代欧罗巴人种的特征。[2]

苏联学者吉谢列夫认为，无论从考古学、人类学还是历史学的事实看来，中国人的说法是相当可靠的。[3] 然而，从今天吉尔吉斯人的外貌来看，更多的却具有蒙古利亚人种的特征。因此，符合逻辑的推测是：黠戛斯人最初属欧罗巴人种，随着蒙古利亚人种的迁入，逐渐冲淡了欧罗巴人种因素。接下来的问题是：黠戛斯人是从什么时候开始从欧罗巴人种向蒙古利亚人种转变的呢？

苏联吉谢列夫认为，叶尼塞黠戛斯人出自约公元初的突厥人和坚昆人混合的丁零人。[4] 这一观点基于《史记》、《汉书》等汉代文献的记载。据《史记》记，在匈奴北面的鬲昆与丁零毗邻，都在贝加尔湖以北地区。此后的《汉书》、《魏略》等史书对坚昆与丁零毗邻而居的情况都有记载。《汉书》记，公元前 43 年匈奴郅支单于"西破呼偈、坚昆、丁令，兼三国而都之"[5]。《魏略·西戎传》记："坚昆国在康居西北，……丁令国在康居北。"[6] 与坚昆毗邻而居的"丁零"是中国史书对"铁勒"的最早称谓。秦汉至魏晋南北朝时

1　郭物：《南西伯利亚早期游牧王国王族墓地的景观、布局和形制》，《欧亚学刊》新 3 辑，商务印书馆，2015 年，第 14—34 页。

2　〔苏联〕С. В. 吉谢列夫：《南西伯利亚古代史》，王博译，新疆人民出版社，2014 年，第 621 页。

3　同上书，第 490 页。

4　同上书，第 490 页。我国持同一观点的学者，如周连宽：《丁零的人种和语言及其与漠北诸族的关系》，林幹编：《突厥与回纥历史论文选集》，中华书局，1987 年，第 76 页；薛宗正：《黠戛斯的崛兴》，《民族研究》1996 年第 1 期。

5　《汉书·陈汤传》，中华书局，1962 年，3008 页。

6　《三国志》，中华书局，1952 年，第 862 页。

期的史书记为丁零、敕勒或狄历，隋唐时期称铁勒。铁勒诸部属蒙古利亚人种，说突厥语。[1]

坚昆与丁零之间的融合很早就开始了。据考古资料，坚昆与丁零的融合可能始于公元一二世纪，蒙古利亚人种因素在叶尼塞河流域出现的时间是2世纪至3世纪，在这一时期的墓葬中可见到蒙古利亚人种的骨骼。苏联学者认为，公元前2世纪至公元前1世纪间，今蒙古高原的丁零人与米努辛斯克的坚昆人混居，拉开了黠戛斯人蒙古利亚人种化的序幕。

4世纪，铁勒部落众多，分布在东起贝加尔湖、西至巴尔喀什湖之间的地区内，坚昆与铁勒的融合频繁起来。受周边蒙古利亚人种的影响，黠戛斯文化逐渐铁勒化，或者说突厥化。从突厥文碑铭来看，黠戛斯语言的突厥化在唐代开始形成。在此时期，虽然语言文字已经突厥化了，但大部分人仍保持着欧罗巴人种的特征。《新唐书》记载结骨人的外貌时描述说"以黑发为不祥"[2]；唐晚期段成式《酉阳杂俎》记"其髭髯俱黑者，汉将李陵及其兵众之胤也"[3]。

如果说黠戛斯人的族源是欧罗巴人种，那么可以肯定的是，在迁入天山南北地区之前，他们已经与蒙古利亚人种发生融合，他们的文化已经具有突厥文化的特征。6世纪至9世纪迁徙到天山南北的黠戛斯人在此与该地区的突厥、葛逻禄、样磨、处月、回鹘等部落杂居和融合，加速了突厥化的过程。今吉尔吉斯人虽然具有欧罗巴人种的因素，但更多地呈现出蒙古利亚人种特征，他们说的吉尔吉斯语属阿尔泰语系突厥语族。

1　周连宽在《丁零的人种和语言及其与漠北诸族的关系》一文中认为丁零人原是白种人，自公元前2世纪以后，渐混入蒙古利亚人种的血统。
2　《新唐书·回鹘下》，中华书局，1975年，第6147页。
3　《酉阳杂俎》卷四，第216页。

第二节　中亚吉尔吉斯族的形成

中亚吉尔吉斯族是叶尼塞河流域的吉尔吉斯人在不同时期西迁中亚形成的。正是迁至中亚，吉尔吉斯民族才逐渐形成。关于吉尔吉斯人迁徙中亚的过程，目前仍无准确而翔实的叙述，但大致可以分为四个阶段。

第一阶段的早期迁徙始于公元前1世纪中叶。公元前1世纪中叶，在匈奴人的挤压下，坚昆从原居地叶尼塞河流域沿天山北缘向西迁移，3世纪初，该部已经出现在巴尔喀什湖以南，分布在今七河流域、塔拉斯河流域。坚昆初到中亚时，其人种没有发生根本的变化。他们所到地区，当时由印欧种人的塞克人居住。在牧地塞克人（即中国史书中的塞种人）的遗址上没有发现文字，他们的情况只能从遗留下来的墓葬和波斯、希腊的文献中了解。他们是碧眼赤须、深目高鼻的白种人；此后在牧地塞克人居地上建立政权的康居、乌孙和大宛诸族在汉朝使者看来都是具有欧罗巴人种特征的"异类"或"异族"：康居人"目深而鼻高"，乌孙人"其形最异，今之胡人青眼赤须状类弥猴者，本其种也"，大宛人"高鼻深目"。以上文献记载得到了考古资料的证实。从考古资料来看，牧地塞克人与尖顶帽塞克人一样，属于印欧种东伊朗语族人。20世纪30年代以来，以伯恩施坦为代表的苏联考古学家提出乌孙人属于东伊朗语族；50年代以后，更多的学者认为乌孙人是东伊朗语族塞克人的一支。考古资料还表明，从伊犁河右岸获得的乌孙人颅骨材料来看，这一地区的古代居民与该地区更早阶段的族群（青铜时代的塞克人）系同一种群。这里的人种主要是欧罗巴人种中的安德罗诺沃类型。从这一地区发现的55个乌孙人颅骨材料来看，44个有明显的欧罗巴人种特点，占所发现颅骨总数的88%；仅有5个具有蒙古利亚人种的特点，占所发现颅骨总数的 10%。[1]

坚昆人于 6 世纪开始了他们第二阶段的迁徙，此时，他们在中国史书上的族名是黠戛斯。突厥人建立汗国后，叶尼塞河流域的黠戛斯人参与了他们的对外战争，由此来到天山地区[2]；840 年，漠北的回鹘汗国灭亡，一部分黠戛斯人随回鹘西迁到天山南部，占据了今乌什，以及喀什以北的阿图什至乌恰等地。以后，黠戛斯人与回鹘、葛逻禄、样磨、处月等部共建了喀喇汗王朝。

今吉尔吉斯斯坦明显的蒙古利亚人种化是从 6 世纪中叶开始的。6 世纪中叶，蒙古利亚人种中说突厥语族者（简称突厥人）在楚河流域和伊塞克湖周边地区建立了西突厥汗国，这一政权为突厥人大批进入今吉尔吉斯斯坦创造了条件。西突厥人最初占据了没有定居居民的空地，随后逐渐靠近当地人居住的村镇，"毫无疑问，公元 7 世纪至 8 世纪，突厥民族阶层的大多数居住在塔什干和费尔干纳等地"[3]；于是，当地的欧罗巴人种在语言上出现了变化，塔什干绿洲和费尔干纳谷地的大部分定居居民开始了突厥化。8 世纪 90 年代初，原来驻牧于七河流域的部分葛逻禄人南下进入天山南麓的费尔干纳盆地和纳伦河流域。此后，今吉尔吉斯斯坦境内一直承受着蒙古高原的压力，几百年间来自蒙古高原的游牧民一波又一波，这些蒙古利亚人种的突厥人与欧罗巴人种的当地土著争夺牧地，在此博弈中，蒙古利亚人种最终取得胜利。原来在吉尔吉斯斯坦境内占支配地位的欧罗巴人种的印欧种人逐渐让位于蒙古利亚人种的突

---

[1]〔苏联〕К. А. 阿奇舍夫、Г. А. 库沙耶夫：《伊犁河流域塞人和乌孙的古代文明》，兰州大学出版社，2013 年，第 227 页。

[2] 马曼丽：《叶尼塞吉尔吉斯的西迁与中亚吉尔吉斯民族的形成》，《西北史地》1984 年第 4 期。

[3]〔苏联〕埃赫迈德里·埃斯卡洛夫：《乌兹别克族源考》，热夏提·努拉赫迈德译，《民族译丛》1988 年第 3 期。

厥人。

在今吉尔吉斯斯坦建立的突厥政权加速了土著居民的突厥化，其中，喀喇汗王朝统治时期是印欧种人突厥化的高潮时期。这一点从语言方面反映出来，据成书于11世纪的《突厥语大词典》记，"从东罗马地区直至马秦这整个突厥地域长达五千法尔萨赫，宽达三千法尔萨赫"[1]之地都操突厥语。此外，黠戛斯还参与了喀喇汗王朝的政治活动，并在喀喇汗军队中发挥了重要作用，随着他们地位的提升，他们与喀喇汗王朝的突厥、葛逻禄、样磨、处月、回鹘等部杂居和通婚，在血缘上也发生了变化。

这一阶段迁入中亚的黠戛斯人在后来形成的吉尔吉斯族主体中没有占据明显的地位，尽管如此，他们的迁徙地吸引着叶尼塞河畔的黠戛斯人。

11世纪中叶，蒙古族政权西辽取代了喀喇汗王朝的统治；13世纪初，蒙古利亚人种中说蒙古语族的人（简称蒙古人）在今吉尔吉斯斯坦境内确立了统治。西辽契丹人和蒙古人的西进促成了黠戛斯人第三阶段的迁徙。

13世纪，在蒙古征战期间来到天山北部的吉尔吉斯人壮大了以往来到这些地区的、已经突厥化的吉尔吉斯人的力量。据《吉尔吉斯斯坦百科全书》记："13世纪至15世纪，天山吉尔吉斯人已同化了邻近、同他们一起生活的其他突厥民族，组成若干个吉尔吉斯人氏族联盟。当时，一部分蒙古人被吉尔吉斯人同化，另一部分蒙古人（包括其上层人物）从天山被赶到喀什噶尔地区。"[2]在提到15世

---

[1] 麻赫默德·喀什噶里编著：《突厥语大词典》第1卷，校仲彝等译，民族出版社，2002年，第33页。

[2] 伊布拉伊莫夫等：《吉尔吉斯斯坦百科全书》，国语和百科全书中心，比什凯克，2001年，第124—125页，转引自刘庚岑、徐小云编著：《吉尔吉斯斯坦》，第38页。

纪末费尔干纳的居民时,巴布尔只提到两个集团,即居住在安集延及其附近的突厥人和居住在马尔吉兰的塔吉克人(东伊朗语族人)。苏联学者认为近代吉尔吉斯民族形成的时间应该在 15 世纪至 16 世纪。在此期间,天山地区的古代吉尔吉斯人与中亚的突厥和蒙古部落融合,不论是语言、地域,还是风俗习惯、心理等方面,都形成了一个新的民族共同体——近代吉尔吉斯民族。又有学者认为,虽然 15 世纪至 16 世纪中亚天山地区已有不少吉尔吉斯人部落,但构成现代吉尔吉斯族主体的吉尔吉斯人还居住在叶尼塞河流域。[1]

叶尼塞河的黠戛斯人于 10 世纪接受了契丹政权辽国的统治,辽国在黠戛斯设立"辖戛斯国王府";13 世纪初大蒙古国形成,包括吉尔吉斯人居地在内的地区成为成吉思汗弟弟豁儿赤的封地。在此时期,中国史书把吉尔吉斯人记为乞儿吉思或吉利吉思。蒙古帝国灭亡后,吉利吉思人成为西蒙古瓦剌部的属部;15 世纪前期瓦剌势力衰弱,吉利吉思人摆脱了瓦剌的统治;16 世纪,在叶尼塞河一带的吉利吉思人居地上形成了图瓦王国、叶泽尔王国、阿勒蒂尔王国和阿勒蒂萨尔王国四大政权;16 世纪末至 17 世纪初,准噶尔部强大起来,吉利吉思人大部分成为准噶尔人的属部。正在此时,沙皇俄国开始东扩,吉利吉思人在抵抗失败后,开始了他们第四阶段的迁徙。

18 世纪初(1703 年秋),吉尔吉斯人举族越萨彦岭,迁到额尔齐斯河东南草原。少数人留在萨彦岭与唐努山之间的河谷地带(今图瓦一带),大部分人迁到了伊塞克湖西部地区、费尔干纳盆地附近的山区,另一部分人迁到了帕米尔高原、兴都库什山和喀喇昆仑山一带的山脚下,与先期到达此地的同族汇合。18 世纪初到来的吉

---

[1] 刘庚岑、徐小云编著:《吉尔吉斯斯坦》,第 38 页。

尔吉斯人在优良牧场上过着单一的游牧生活。18世纪中叶，引用卡拉达里亚河和纳伦河之水灌溉的大水利工程出现，这在费尔干纳是从未有过之事。[1] 灌溉系统的开发，耕地面积的增加，使游牧转向定居农业的过程加速，牧民的占比逐渐降低，半游牧半定居人口在费尔干纳占据了重要位置。

一些学者认为，天山北部的吉尔吉斯人在16世纪已经形成稳定的共同体，然而，17世纪至18世纪期间，天山北部的吉尔吉斯人遭到了准噶尔人的冲击，溃散中的吉尔吉斯部落四处逃散。到18世纪50年代，在准噶尔人军事实力遭到削弱之后，费尔干纳盆地、帕米尔高原以及中国新疆一带的吉尔吉斯人才得以重返天山北部地区。可以说，直到18世纪中叶，吉尔吉斯人的地域才稳定下来。有了固定生活的吉尔吉斯人逐渐凝聚成一个稳定的实体，于是，他们在语言和文化上逐渐趋于一致。现代理论认为，民族认同是民族文化和民族思想被本民族全体成员体认、内化、弘扬、升华的过程，从此意义上说，这一过程发生在18世纪中叶。

吉尔吉斯人蒙古利亚人种化经历了很长时间，而他们以一支有别于周边民族面貌出现的时间在16世纪。到18世纪中叶，吉尔吉斯人在稳定区域内形成了文化共同体；18世纪下半叶，费尔干纳盆地成为一个民族成分复杂的地区，然而几乎所有人都会说突厥语，大部分地区以突厥语为通用语。19世纪，吉尔吉斯人出现了联合的趋势，各部落联合形成了两大部落联盟：内姓部（伊什克里克）和外姓部（塞尔特克）。

内姓部吉尔吉斯人其下再分为左翼和右翼。左翼的核心部落有克普恰克（钦察）、奈曼（乃蛮）、土罗斯（多乐士）；右翼的核

---

[1] V. V. Barthold, *Four Studies on the History of Central Asia*, Vol. I, p. 67.

心部落有凯塞克、铁依提（太依特）。左翼的核心部落克普恰克部原来在苏西谷以西游牧，后迁到纳伦河流域和楚河流域，今巴特肯州和伊塞克湖州都有该部民。吉尔吉斯的克普恰克部与哈萨克的克普恰克部同源，他们在7世纪至9世纪时被称为钦察人，以后来到吉境内的钦察人融入吉尔吉斯人中，成为吉尔吉斯人的一个核心部落。此外，源自古代乃蛮人的乃蛮部，是最早与黠戛斯发生联系的部落，他们与黠戛斯人一道西迁到帕米尔高原，并最终融合形成了乃曼吉尔吉斯部。乃曼吉尔吉斯部的左翼土罗斯部分布在今奥什州和贾拉拉巴德州境内；右翼有凯塞克、铁依提（太依特）。凯塞克部分布于费尔干纳盆地的西南地区、索鲁克塔南部，集中于今巴特肯州，据说该部起源于蒙古人；铁依提部原集中在费尔干纳盆地，现分布于吉尔吉斯斯坦全境。

外姓部吉尔吉斯人其下也分左翼和右翼。左翼主要分布在吉尔吉斯斯坦西部和北部平原地区，人口不多，经济发达；右翼分布在吉的南部山区，人口众多，经济不发达。[1] 外姓部左翼部落有巴斯兹、托博伊、芒杜兹、库什楚、契丹、萨禄乌、卡拉巴噶什、冲巴噶什等部。巴斯兹部主要集中在纳伦河谷上游，其下有八个分支部落；托博伊部集中在纳伦河谷上游，部分分布在伊塞克湖州；芒杜兹部集中在费尔干纳盆地东部到贾拉拉巴德州之间，其下有八个分支部落；库什楚部主要分布于费尔干纳北部地区（塔拉斯州、纳伦州），其下有两个分支部落；契丹部是外姓部左翼中最大的部落，分布地区很广，集中于吉西部地区；萨禄乌部原游牧于费尔干纳河谷北部、纳伦河谷下游地区，20世纪初移居塔拉斯州、伊塞克湖州

---

[1] 史谢虹、吴宏伟：《吉尔吉斯斯坦吉尔吉斯人传统社会探析》，《新疆师范大学学报》2014年第1期。

地区，其下有十几个分支部落；卡拉噶什部分布于楚河州和贾拉拉巴德州；冲巴噶什部在费尔干纳盆地北部游牧，以后有一部分迁移到中国喀什噶尔西部和北部，另一部分南迁到楚河州和奥什州。

外姓部右翼的核心部落有塔卡伊、额德格纳、芒古什（蒙阔希）、卡拉乔罗等部。塔卡伊是今吉尔吉斯人中人数最多的部落，下属13个分支部落；额德格纳部在吉尔吉斯斯坦西部的安集延河两岸放牧，下属八个分支部落；芒古什部聚居在伊塞克湖、纳伦州，以及贾拉拉巴德州部分地区；卡拉乔罗部是外姓部右翼中最小的部落，其下有巴勒塔、克勒地克、巴格什三个氏族，主要分布在纳伦州，部分分布于伊塞克湖州。

在以上内姓部和外姓部两大联盟中，不少部落直接源自突厥人或蒙古人。其中，克普恰克部、乃曼部的族源被认为是蒙古利亚人种中的突厥人，他们是突厥语的部落；而芒古什部、额德格纳部人被认为是蒙古利亚人种中的蒙古人；此外，外姓部左翼的契丹部是蒙古利亚人种中蒙古族契丹人与黠戛斯人融合的结果。从地缘角度来看，北吉尔吉斯斯坦在人种和文化上更多地融合蒙古利亚人种的因素；南部的环费尔干纳地带保留了较多的早期欧洲牧人的因素。

由于吉尔吉斯人与哈萨克人长期毗邻而居，加之两者都是游牧民族，部落之间相互来往，于是哈萨克人的一些部落在吉尔吉斯人中也有，如克普恰克、奇里克（克烈）、乃曼（奈曼）、弘吉拉特等部，它们可能本是同一部落，以后在不同的地域内与不同的部落融合而形成了不同的部落。因此，在俄国人试图从"科学的角度"为中亚居民划分民族属性之时，对哈萨克人和吉尔吉斯人一直不能正确区分，哈萨克人就被称为吉尔吉斯人，而真正的吉尔吉斯人却被称为"卡拉（黑色的）吉尔吉斯人"。在1911年人口调查时，俄国人甚至没有单独列出卡拉吉尔吉斯人，而是将他们包括在吉尔吉斯人（即哈萨克人）一栏中。直到20世纪初，俄国人才纠正了他们对哈萨克人的称谓。

20世纪初，吉尔吉斯人完成了现代意义上的民族形成过程。现代吉尔吉斯族除了分布在今吉境内，还有一些人生活在乌兹别克斯坦、塔吉克斯坦、哈萨克斯坦，在中国的新疆和阿富汗也有分布，这一分布与19世纪浩罕汗国和沙俄在中亚的扩张，以及20世纪初期苏联政府的民族识别和划界有关。苏联在中亚国家划界之时，以吉尔吉斯族为名建立了现代国家——吉尔吉斯苏维埃社会主义共和国。

第四章
吉尔吉斯斯坦近现代史

1864年，俄国以哈萨克草原为基地开始对中亚南部发起进攻；1867年，沙俄政府在塔什干组建突厥斯坦总督区，今吉尔吉斯斯坦北部地区被纳入沙俄版图；1875年，沙俄军队征服费尔干纳盆地，今吉尔吉斯斯坦南部地区接受沙俄统治。1917年十月革命以后，苏维埃政权在今吉尔吉斯斯坦境内建立；1918至1924年间，苏俄政府在中亚建立了四个独立或自治的共和国，今吉尔吉斯斯坦领土分属于突厥斯坦苏维埃社会主义自治共和国和吉尔吉斯（哈萨克）苏维埃社会主义自治共和国；1924年，苏俄政府在中亚进行民族识别和民族划界，同年10月14日，在今吉尔吉斯斯坦组建了归属于俄罗斯联邦的卡拉吉尔吉斯自治州；1925年5月25日，定名为吉尔吉斯自治州，1926年2月1日升格为吉尔吉斯苏维埃社会主义自治共和国；1936年12月5日，吉尔吉斯苏维埃社会主义共和国成立，吉尔吉斯人开始了现代民族国家的建设。

第一节 武力征服下的殖民统治

19世纪初期，浩罕汗国的领土从南面的帕米尔高原一直向东北延伸到伊犁河流域。虽然疆域广大，但浩罕汗国的中央集权微弱，浩罕汗的权力并不大。19世纪下半叶，浩罕汗国分裂为由伯克统治的若干伯利克。分裂的局面有利于沙俄的征服，沙俄军队对浩罕汗国的战争分两个阶段进行：1853 至 1868 年的第一阶段征服了浩罕汗国北部地区；1875 年开始的第二阶段征服了其南部的费尔干纳盆地。沙俄政府将浩罕汗国领土纳入突厥斯坦总督区下的锡尔河、七河和费尔干纳三省实行殖民统治；其中，七河省和费尔干纳省在今吉尔吉斯斯坦境内。

先看俄国对七河地区的征服和统治。俄国将军彼罗夫斯基于 1853 年夺取阿克麦切特要塞，拉开了征服浩罕汗国北部地区的战争，历经十年占据了今吉尔吉斯斯坦北部地区。1864 年，沙俄政府在巴尔喀什湖以南地区建立了七河省，1867 年突厥斯坦总督区成立，原浩罕汗国北部领地被分别划入锡尔河和七河省。七河省第一任省长是科尔帕科夫斯基。

1868 年 1 月，俄国草拟了与浩罕汗国签订条约的草案，条约共有五条：一、俄国商人有权游历汗国一切城市；二、俄国商人有权随意在各处开办商店旅舍；三、俄国商人有权在汗国的一切城市设置商队头目；四、浩罕对俄国商人与伊斯兰教徒课税一视同仁；五、俄国商队可以自由通过浩罕前往与其相邻的其他地区。[1] 该条约在贸易方面和保障来往于汗国从事各种活动的俄国臣民的安全方面都对俄国极为有利。

1882 年，切尔尼耶夫将军出任突厥斯坦总督区总督，因省长科尔帕科夫斯基的资格比切尔尼耶夫老，要他听从切尔尼耶夫的命令是困难的，于是七河省被划出来，与塞米巴拉金斯克省和阿克莫林斯克省组建草原总督区，科尔帕科夫斯基成为草原总督区的第一

---

1 〔俄〕捷连季耶夫：《征服中亚史》第 1 卷，武汉大学外文系译，商务印书馆，1980 年，第 463 页。

任总督。1898 年，中亚发生大规模反俄起义，为了加强控制，七河省又划归突厥斯坦总督区，这一划分一直保持到 1917 年革命时期。

七河省位于巴尔喀什湖东南，在楚河流域中游以东，所辖范围分属于今吉尔吉斯斯坦和哈萨克斯坦。七河省下辖的托克马克、比什凯克、普尔热瓦尔斯克等六个县原来是中国清朝的属地，19 世纪中叶被俄国人侵占。根据《突厥斯坦边区管理条例》，北吉尔吉斯斯坦的大部分地区被纳入七河省，大、小克明谷地和楚河流域先后属托克马克县和比什凯克县管辖。其中，比什凯克和纳伦是七河省的重要城市。

比什凯克城位于吉尔吉斯山北麓的楚河流域，始建于 1825 年；纳伦城位于吉尔吉斯斯坦中部的纳伦河左岸，考古发掘表明，纳伦河流域在远古时代就有人类居住和活动。19 世纪初，浩罕汗国在纳伦河流域有居民的地方修筑了小要塞，以后，俄国人占领了这些要塞，把它们改建成俄国的军事要塞。今纳伦城是纳伦河流域的经济和文化中心。

19 世纪 60 年代以后，七河省深受俄国移民之苦。早期俄国移民主要是哥萨克人、修筑运河来到当地的俄国工人，以及 1891 至 1892 年俄国饥荒时期来到中亚的难民[1]；1902 年，俄国派了一个调查组到七河省，调查组认为七河省有大片土地是本地人"不需要的"，可以被列为剩余土地；1906 年，俄国当局在七河省成立了移民机构，到 1911 年，七河地区的俄国移民已经增加到 17.5 万人[2]。大多数移民被安置在比什凯克、维尔内和普尔热瓦尔斯克三个县。有些移民对移民局安置的地方不满意，他们希望居住在自己看中的

---

1 〔美〕迈可尔·刘金：《俄国在中亚》，陈尧光译，商务印书馆，1965 年，第 17 页。
2 同上。

地方，移民局官员也顺从其意，剥夺土著居民的土地以满足他们的要求。

随着俄国农民的迁入，七河省的大量土地被俄国移民占有。据报道，1916年，在七河省的普尔热瓦尔斯克县，占全县人口21.1%的俄罗斯人拥有该县67.3%的土地；在比什凯克县，占全县人口38.1%的俄罗斯人拥有该县57.3%的可耕地。[1] 随着土地的丧失，七河省居民的生活贫困化，对沙俄的殖民统治日益不满。在1916年中亚大起义中，突厥斯坦边区共有2325名移民被杀，另有1384人失踪[2]，仅在七河省一地，就有9000俄国殖民户和农庄被摧毁[3]。

随着俄罗斯移民的迁入，俄国资本进入吉尔吉斯斯坦，资本主义生产方式开始在此出现，在耕地上广泛使用雇佣劳动。七河省的社会经济随之也出现了相应的变化，即大批牧民开始转向定居农业和畜牧业。七河省境内的居民绝大多数是吉尔吉斯人和哈萨克人，在1916年前夕，比什凯克县有85%的居民过着游牧和半游牧的生活[4]；20世纪初，在吉境内已有上百个吉尔吉斯人的定居村落。在定居和游牧的吉尔吉斯居民中，耕地面积不断扩大，农业在经济生活中起的作用越来越大。1914年，在吉境内的商品交易中，畜牧产品占44%，农产品已经占到33%。[5] 牧民向定居农业和畜牧业的转变可能与俄国的土地政策有关。1886年，沙俄通过有关规定，将吉尔吉斯牧民的牧场转归国家所有，一部分牧场被开垦。

---

1 《吉尔吉斯人和吉尔吉斯斯坦历史》第178页，《吉尔吉斯斯坦百科全书》第139页，转引自刘庚岑、徐小云编著：《吉尔吉斯斯坦》，第51页。
2 Geoffrey Wheeler Collection, *The Modern History of Soviet Central Asia*, p. 93.
3 北京大学历史系主编：《沙皇俄国侵略扩张史》（下），人民出版社，1979年，第128页。
4 马大正、冯锡时主编：《中亚五国史纲》，第118页。
5 同上书，第119页。

在沙俄统治时期，七河省的手工业得到发展，特别是农村手工业。在移民居住的托克马克等县的村落和城市，手工业日益发展。一些地主、富农开办榨油、干酪等手工业作坊。19世纪后期，吉北部市场上活畜还占据优势，然而，到20世纪初，市场上的商品以皮毛制品居多。

再看俄国对费尔干纳盆地的征服和统治。1875年，沙俄军队开始征服今吉尔吉斯斯坦南部的费尔干纳盆地。1874年，浩罕汗国发动政变，胡达雅尔的次子穆罕默德·阿明（马达明）被立为汗；政变没有成功，参与者被杀，马达明被监视。1875年7月，费尔干纳盆地大多数城市爆发了人民起义，一位名叫伊斯哈克的人在讹迹邗领导起义，他自称是爱里木汗之孙普拉德汗。为了平息叛乱，胡达雅尔汗出兵镇压，双方进行了激战。此次战斗以后，汗国各地的官员、贵族和军队纷纷加入起义军。起义军占领了奥什和安集延等地以后向浩罕城进军，在起义军逼近浩罕城之时，胡达雅尔长子纳斯鲁丁率浩罕城卫队、次子马达明以及胡达雅尔的兄弟马尔吉兰伯克穆拉德先后加入了起义队伍。起义军立胡达雅尔的长子纳斯鲁丁为新汗。1875年9月23日，纳斯鲁丁与考夫曼缔结了条约。按此条约，浩罕汗国被剥夺了外交和军事行动的独立权，可汗不能直接与除俄国以外的任何国家发生外交关系，也不能单独采取军事行动；锡尔河右岸和纳伦河流域许多地方划归俄国，浩罕答应付给俄国三百万卢布的赔偿。[1] 同年10月17日，沙皇批准了以上条约，并把新征服的地区划为纳曼干军分区。1876年2月19日，俄国沙皇亚历山大二世在他登基21周年的那天，签署了浩罕汗国归并于俄国的命令，今吉尔吉斯斯坦南部地区成为俄属费尔干纳省，隶属于

1　Gavin Hambly, ed., *Central Asia*, Dell Publishing, 1969, pp. 215-216.

突厥斯坦总督区,斯科别列夫将军被任命为省长。俄国战地记者捷连季耶夫认为:"将费尔干纳省这样一个在所有方面都是最富饶的地区并入我国,不仅绰绰有余地补偿了占领费用,而且还带来了另一种极为重要的好处,这就是我们取得了进攻中国,甚至攻击英国属地东印度的一个最好基地。我们获得了从这一方面通往这两个国家的唯一通道。"[1]

1895年8月,英俄划界委员会开始瓜分帕米尔,沙俄把帕米尔东部的吉尔吉斯牧民居地分成了帕米尔和奥罗绍尔两个县,把它们并入费尔干纳省。费尔干纳省下辖奥什、安集延、帕米尔、奥罗绍尔等五县,费尔干纳省所属地区今分属于乌、吉、塔中亚三国。

沙俄时期,费尔干纳盆地的经济得到迅速发展。在吉尔吉斯人生活之地,出现了定居农业和畜牧业。据统计,1917年前夕,费尔干纳省的36.2万吉尔吉斯人中已有20.6万人过着定居或半定居生活。[2]

费尔干纳谷地土地丰饶,与俄国本土建立起紧密的贸易关系以后,费尔干纳地区就成了俄国的原料产地,主要是棉花生产基地。1884年,费尔干纳移植美国棉种获得成功。1885年,植棉面积占耕地面积的14%,1915年,这一数字猛增至44%。[3] 费尔干纳省成为中亚重要的植棉中心,占了俄国所控制中亚植棉地的近74%。[4]

植棉地区的扩大使费尔干纳省成了中亚棉花的加工基地,加

---

[1] 〔俄〕捷连季耶夫:《征服中亚史》第2卷,新疆大学外语系译,商务印书馆,1983年,第505页。

[2] 《吉尔吉斯斯坦共和国史》第2卷,第120页,转引自马大正、冯锡时主编:《中亚五国史纲》,第118页。

[3] Edward Allworth, ed., *Central Asia: 130 Years of Russian Dominance, A Historical Overview*, Duke University Press, 1994, pp. 274-275.

[4] Ibid., p. 275.

工棉花的最初工序是在费尔干纳完成的，此外，与棉花有关的加工业，如纺织和榨油等手工业也发展起来。1880年，中亚引进了美国的轧棉机，是年引入费尔干纳的轧棉机只有两台，以后逐年增加，到1890年有21台，1901年增加到100台，1914年，该地区用轧棉机生产棉花的工厂已有159家[1]，棉花的生产效率大大提高。棉花加工业为居民提供了大量的就业机会，如棉籽油的生产，到1914年，费尔干纳地区有19家棉籽油厂。[2]

费尔干纳盆地蕴藏着丰富的矿藏，沙俄统治时期，俄国及其他西方国家的资本在费尔干纳建立了一些采矿、石油、有色金属等企业。1883至1913年间，吉尔吉斯斯坦境内的工业企业总数从165家增长到了569家。[3]

从19世纪90年代起，俄国移民进入费尔干纳省，在奥什县和安集延县有25个俄国移民组成的村庄。在吉尔吉斯人的南部居地，4500万俄亩土地中有300万被没收，这些土地被转交给了俄国移民。[4]1917年，费尔干纳省无地的吉尔吉斯人占了81%[5]，失去土地的农民被迫从巴依、玛纳普等有权者手中高价承租土地，其租金多从银行贷款。1912年11月，据沙俄官方统计，突厥斯坦居民的债务是：欠国有银行2750万卢布，欠私人银行12920万卢布，共计15670万卢布；其中，费尔干纳省就占到8030万卢布，占全部债务的51%。[6]

---

1 Edward Allworth, ed., *Central Asia: 130 Years of Russian Dominance, A Historical Overview*, p. 319.

2 Ibid., p. 320.

3 马大正、冯锡时主编：《中亚五国史纲》，第119页。

4 《吉尔吉斯斯坦百科全书》，第138页，转引自刘庚岑、徐小云编著：《吉尔吉斯斯坦》，第51页。1俄亩合1.09公顷。

5 马大正、冯锡时主编：《中亚五国史纲》，第121页。

6 万雪玉：《1916年中亚各民族起义原因探讨》，《新疆大学学报》1997年第4期。

费尔干纳省人民不断起义反对俄国的统治。在杜霍夫斯基将军任突厥斯坦总督区总督时（1898—1900），他采取强硬手段对付当地居民：首先，提高了俄国军队的权力，军队有权以提名的方式取代地区当局的选举，如果俄国当局认为必要的话，军队还有权废除人民审判官；其次，对司法进行了改革，从1899年5月14日起，费尔干纳省正式实施俄国的司法制度；第三，俄国在费尔干纳省增派警察部队，俄国移民也要武装起来。[1]

为了促进俄国人和中亚居民的相互了解，杜霍夫斯基采取消除文化差异的措施。他在俄国军政干部中传授中亚语言和宗教，同时在地区居民中选择少数优秀分子，帮助他们学习俄语。杜霍夫斯基企图依靠这批优秀分子，使地区居民脱离他们的宗教首领，走向以俄国为模板的近代社会。但是，文化和宗教的调和在殖民统治下不可能实现。反抗俄国统治的斗争一直持续到沙俄政府的垮台。

第二节　前赴后继的抗俄斗争

首先是武装斗争。在沙俄征服中亚期间，浩罕统治者与人民曾对沙俄入侵者进行过抵抗。1864年11月末，浩罕汗阿林沽率一万浩罕军向阿雷斯河进发，企图收复奇姆肯特城。他们阻断了突厥斯坦城与奇姆肯特城之间的道路。12月初，浩罕军与俄国军官谢洛夫大尉率领的哥萨克军队在伊坎城附近相遇，发生战斗。阿林沽战败，军队因伤亡过重而撤退。在退回塔什干城之前，他将伊坎村的居民全部迁走，烧毁该村。此后，今吉尔吉斯斯坦北部领土被纳入沙俄的版图。

1　Edward Allworth, ed., *Central Asia: 130 Years of Russian Dominance, A Historical Overview*, p. 170.

在俄军攻打今吉尔吉斯斯坦南部领土之时，费尔干纳盆地的军民也坚持抵抗。在俄军4000人进入浩罕汗国南部地区之时，考夫曼曾发表声明，要求费尔干纳盆地各城市放弃抵抗，归顺俄国，这一要求没有得到响应。浩罕将军阿弗托巴奇在马尔吉兰集结军队，抵抗了数月之后，俄军将领斯科别列夫追击阿弗托巴奇军直到奥什，奥什城最终投降。俄军对奥什的占领产生了很大的影响，在俄军的武力下，安集延、马尔吉兰等城陆续派人来表示归顺，吉南部的费尔干纳盆地归属于沙俄政府。

在俄国人统治时期，从1885年起，费尔干纳省的农民陆续展开了反抗俄国人的斗争，斗争遍及安集延、奥什、马尔吉兰等地。起义者希望以武力唤起塔什干居民重建中亚汗国的希望，他们一度拥立了自己的汗王。但起义很快被俄军镇压，大批起义者被捕或被处死。

1898年，费尔干纳省爆发了反殖民统治的战争，领导起义的是纳合什班底教团苏菲依阐玛达里（穆罕默德·阿里）。玛达里生于马尔吉兰城郊的一个乡村，为人仁慈，有众多崇拜者。他曾在费尔干纳盆地建立了一所伊斯兰教大学、两所清真寺和一所图书馆。1898年5月17日夜，安集延有两千多人在玛达里的率领下起来反对俄国统治，起义的口号是"唤起民众，重建汗国"。起义军袭击了俄国警备队，并很快发展到附近的奥什、纳曼干、马尔吉兰等地。

安集延起义是一次有组织、有计划的抗俄斗争。在战争中，以往汗国的统治人物成为起义的首领，他们成功地赢得了劳动人民的支持。[1]起义最终遭到俄军的镇压，沙俄政府以残酷手段对待起义者，玛达里等5名起义军首领于1898年7月18日在安集延被处绞

---

1 Edward Allworth, ed., *Central Asia: 130 Years of Russian Dominance, A Historical Overview*, p. 169.

刑；受审者高达 546 人。[1] 玛达里故乡的马尔吉兰城周围的几个村庄或小村落被摧毁，成为俄罗斯移民的安置地。[2] 俄国人移居其上，开始播种棉花，被驱逐的乡民迁居到在贫穷地区新建的马尔哈迈特村。[3] 俄国对那些被指控支持起义者的乡村也予以经济上的惩罚。

其次是政治斗争。20 世纪初，今吉尔吉斯斯坦境内出现了反对俄国统治的政治斗争。1905 年秋天，比什凯克出现了手工业者、职员、学生、城市贫民等组成的政治集会，集会者要求撤销他们痛恨的官员，满足人民的政治权利，要求通过无记名投票直接进行选举。随着俄国 1905 年革命的失败，沙俄殖民者对七河省的工农运动进行了镇压。1907 年，比什凯克的民主力量遭到破坏，领导人被捕。尽管如此，反俄运动继续发展，到第一次世界大战爆发前夕，比什凯克的民主力量已经强大起来，他们在城乡广泛宣传革命思想，发动群众斗争。

除政治斗争外，吉尔吉斯人民还掀起了反俄大起义，其中，1916 年起义的规模最大。1914 年第一次世界大战爆发，8 月 1 日，俄罗斯帝国参战，第二天，沙皇尼古拉二世发表战争宣言。作为俄国的殖民地，远离第一次世界大战中心的中亚也卷入了这场战争。在战争期间，沙俄政府对中亚经济的掠夺和劳役的摊派使中亚已经存在的民族和阶级矛盾尖锐化。1916 年 5 月，七河省普尔热瓦尔斯克县有 300 多名东干人因私自出售药材被关进监狱。[4]

此后，沙俄政府开始在中亚征调民夫，初步决定征调夫役 55

---

[1] Edward Allworth, ed., *Central Asia: 130 Years of Russian Dominance, A Historical Overview*, p. 168.

[2] 刘庚岑、徐小云编著：《吉尔吉斯斯坦》，第 52 页。

[3] Edward Allworth, ed., *Central Asia: 130 Years of Russian Dominance, A Historical Overview*, p. 169.

[4] 苏尚洛：《苏维埃东干族史纲》，伏龙芝，1967 年，第 100 页。

万人。[1] 预计在突厥斯坦边区征调 25 万人[2]；其中，在锡尔河省征 8.7 万人，在七河省征 6 万人，在费尔干纳省征 5 万人[3]。在征税或征集物资的过程中，乡、村一级官吏采用各种手段变本加厉地加大征税数额，以中饱私囊，甚至达到公开抢劫的地步。征兵任务落到了那些贫苦农牧民和城市贫民、手工业者身上。[4] 1916 年 9 月 21 日，地方官吏滥用职权、以权谋私的现象激化了中亚的阶级矛盾，广大贫苦农牧民和城市贫民以暗杀管理户籍的地方官吏、销毁户籍、逃进大草原等种种手段躲避夫役。

抗议沙皇征调夫役的斗争此起彼伏，最终与警察发生冲突，警察开枪打死打伤抗议者，激起民愤，由此引发了遍及中亚各地的大起义。起义集中在七河省、锡尔河省、费尔干纳省，以及草原总督区的图尔盖省。其中，以七河省和图尔盖省的起义规模最大，影响最深远。

在七河省的比什凯克县和普尔热瓦尔斯克县，起义者与镇压起义的俄国军队发生了大规模的武装冲突，其中，东干人在"江尔肯特劫狱事件"、"七河省大捷"和"普尔热瓦尔斯克攻城事件"等三场战役中表现突出。[5]

1916 年，由三娃子·伊斯马伊诺维奇组织了一个反征兵委员会，他们走村串户，发动群众。7 月 7 日，他们组织了街头游行，

1　X. T. 吐尔苏诺夫：《1916 年中亚和哈萨克斯坦起义》，乌兹别克苏维埃社会主义共和国国家出版社，1962 年，第 188 页，转引自汪金国：《1916 年中亚起义直接起因辨析》，《新疆大学学报》2005 年第 4 期。

2　Geoffrey Wheeler Collection, *The Modern History of Soviet Central Asia*, p. 92.

3　《1916 年中亚和哈萨克斯坦起义（文献汇编）》，苏联科学院出版社，1960 年，第 77 页，转引自汪金国：《1916 年中亚起义直接起因辨析》，《新疆大学学报》2005 年第 4 期。

4　刘庚岑、徐小云编著：《吉尔吉斯斯坦》，第 52 页。

5　王国杰：《东干族与 1916 年中亚起义》，《陕西师范大学学报》1997 年第 4 期。

有上百名东干人、维吾尔人、哈萨克人走上江尔肯特城街头，高呼"我们不去当兵"、"我们宁愿死在家乡，也不去为沙皇卖命"等口号。此后，800名反战群众被抓进监狱。8月4日，三娃子率领的武装群众冲进监狱，解救了被关押的同胞，还打死2名、打伤4名看守。[1] 江尔肯特劫狱事件在中亚各地引起了强烈的反响。

此后，七河省各支起义队伍的数千名起义者联合起来，由东干人吴三麦·尤素波夫统一指挥，他们迅速攻占了托克马克县城。8月中旬，起义队伍控制了通往比什凯克、托克马克、纳伦、普尔热瓦尔斯克诸县的公路、邮站、桥梁及村镇，控制了楚河两岸地区。[2] 沙俄政府组织了一支2000人的讨伐队，携带大炮等重型武器围攻托克马克县城。8月下旬，双方发生激战，讨伐队在死伤520人的情况下仓皇溃逃。8月底，沙俄政府又派出四支队伍轮番进攻托克马克城，9月13日托克马克县城被攻陷，吴三麦在守城战斗中阵亡，数百名起义者牺牲。

在大起义后期，七河省发生了普尔热瓦尔斯克攻城事件。普尔热瓦尔斯克县城内住有近3000名东干人。起义首领是东干人希拉子·乌缅拉洪诺夫和吉尔吉斯人江伊纳波夫。8月15日，他们攻破县城监狱，释放了被关押的群众，没收了城内富裕大户及不法商人财产。沙皇讨伐队攻城数天，未能攻克。城内的东干起义者身穿白衣、手执白旗，准备与讨伐队决一死战。9月21日，讨伐队用重炮轰城，除了少数人得以逃生外，大多数起义者壮烈牺牲，起义失败。[3]

七河省的起义最终被俄国军队镇压下去。七河省军事长官在1917年3月4日写给沙皇尼古拉二世的报告中谈到了七河省起义的

---

1 王国杰：《东干族与1916年中亚起义》，《陕西师范大学学报》1997年第4期。
2 同上。
3 同上。

原因，他认为，土著人由于俄国移民的到来而丧失了从前的土地和水源，特别是逐渐走向定居的土著人对此非常不满。移民竭力侵占其最好的土地和住地，用钱换取在土著人土地上的临时居住权。当七河省有几万自发移民时，相当一部分已不能遵守独立的、和睦相处的原则与土著人进行交易。[1]

在费尔干纳省，起义群众进攻当地官僚，甚至杀死他们，起义者占领邮电局，破坏电话线、道路和桥梁。在马尔吉兰和纳曼干县都出现了死亡者，在安集延和其他地方发生了有极端野蛮行为的事件，山区吉尔吉斯人一直坚持斗争到1916年深秋。沙俄政府成立了军事法庭，大约有350名起义者被处死，数百人被流放或关进监狱。在当时，七河省人口减少25%，而吉尔吉斯北部地区人口减少41.4%。[2] 在起义过程中，突厥斯坦边区总督库罗帕特金将军曾召开了有关处理起义者的会议，会议决定：把所有参加起义的本地人逐出他们原有的土地，赶到吉尔吉斯东部去，他们的土地拨给即将来到的俄国移民使用。起义被镇压以后，沙俄统治者烧毁了起义者的房舍，掠走财物，牵走牲口。这种情况一直持续了四个月，吉尔吉斯坦各地的经济受到严重破坏。到十月革命时期，中亚各地的经济普遍落后于1913年的水平。

1916年起义历时两个多月，在高潮时期，突厥斯坦总督区和哈萨克草原共有30多个大中型城镇及乡村参与到起义之中，各地起义队伍总数不下50万人。[3] 起义的主力是中亚各地的穷苦农牧民，城市贫民及小手工业者。然而，由于各地的起义多属自发性斗争，

---

[1] 《1916年中亚和哈萨克斯坦起义（文献集）》，第539—540页，转引自万雪玉：《1916年中亚各民族起义原因探讨》，《新疆大学学报》1997年第4期。

[2] 《吉尔吉斯加盟共和国百科全书》，伏龙芝，1982年，第69页。

[3] 同上书，第131页。

各支起义队伍始终没有联合起来,更缺乏统一的指挥和领导,因此,各支起义队伍分别被沙俄军队镇压下去。

1916年中亚起义虽然失败了,但是,这次起义使中亚的沙俄当局遭到了沉重的打击,沙俄在中亚的机构几乎陷于瘫痪,动摇了沙俄在中亚的殖民统治。起义加剧了沙皇统治的危机,为第二年俄国两次革命的到来创造了条件。1916年中亚大起义的第二年,在俄国统治了近四百年的沙皇专制统治结束了。1916年起义中涌现出了大批组织者,他们为中亚资产阶级民主革命和社会主义革命锻炼了人才、积累了经验;抗俄斗争唤醒和锻炼了中亚人民,为中亚进入新的历史时期做好了准备。

第三节 现代民族国家的组建

1917年二月革命时期,吉尔吉斯人居地的许多城市和乡村举行了集会、游行。二月革命以后,沙俄旧政府、临时政府和工农苏维埃政权在吉尔吉斯人居地并存。1917年3月6日,克孜尔-基亚矿工人建立了第一个工人代表苏维埃,选出了13名工人代表。[1]1917年4月,临时政府在比什凯克、普尔热瓦尔斯克、托克马克、奥什等城市及一些乡村建立了执行委员会。

1917年十月革命在俄国首都彼得格勒获得胜利后,第二天(即11月8日),布尔什维克在突厥斯坦总督区以和平方式投票否决了临时政府的机构——突厥斯坦委员会的权力,苏维埃掌握了突厥斯坦总督区的权力。十月革命以后,临时政府垮台,贾拉拉巴德、奥什、比什凯克、纳伦和卡拉库尔等地的工人和农民先后建立了苏

---

[1] 马大正、冯锡时主编:《中亚五国史纲》,第210页。

维埃政权。从1917年11月至1918年6月,临时政府各级执委会政权移交给各地苏维埃。苏维埃政权遵照列宁《关于土地的法令》的指示,于1917至1918年在吉尔吉斯人居地着手解决土地问题,把土地分给那些无地或少地的农民,仅普尔热瓦尔斯克县在1918年4至6月就把8万公顷的土地分给了吉尔吉斯的农民。[1]

与此同时,工会组织和革命法庭在吉尔吉斯人的居地建立起来,在比什凯克县有工人和手工业者协会,在奥什县有工人协会以及穆斯林工人和贫农协会。1918年3月,在比什凯克县建立了革命法庭,6名成员中有3名是吉尔吉斯人。[2]

1918年4月,莫斯科派遣俄国共产党员科波捷夫为特命人民委员到突厥斯坦总督区调查情况。科波捷夫在一次代表会议上做了《关于突厥斯坦自治》的报告,讨论了边区人民委员会的报告以及当前的形势、边区自治、边区中央执行委员会和人民委员会选举等问题。4月30日,在此次代表大会上通过了创建突厥斯坦苏维埃社会主义自治共和国(以下简称"突厥斯坦自治共和国")的《突厥斯坦苏维埃共和国条例》,根据条例,突厥斯坦自治共和国所辖范围是沙俄时期突厥斯坦总督区统辖的锡尔河省、撒马尔罕省、七河省、费尔干纳省、外里海省,首府在塔什干城。[3]

1918年建立的突厥斯坦自治共和国是苏俄政府在中亚地区建立的第一个苏维埃社会主义自治国家,它的建立为中亚各民族的苏维埃国家的建立铺平了道路。在武装推翻浩罕自治政府和镇压外里海省的武装叛乱中,突厥斯坦自治共和国和突厥斯坦共产党组织发

---

[1] 马大正、冯锡时主编:《中亚五国史纲》,第211页。
[2] 同上。
[3] 侯典芹:《突厥斯坦自治共和国及其历史地位》,《贵州师范大学学报》2017年第1期。

挥了重要作用，对巩固中亚的苏维埃政权做出了贡献。[1]

苏维埃政权建立之初，革命与反革命的斗争在吉尔吉斯地区十分激烈。吉尔吉斯各级苏维埃政府为保卫工农苏维埃政权做出了贡献。1918年，"巴斯马奇分子"在奥什和贾拉拉巴德地区破坏灌溉设施和工厂，阻止棉花的运输和粮食的收割，赶走牲畜，屠杀平民。据统计，1917—1920年，纳伦县的牲畜总头数减少了63.4%，比什凯克减少了32.6%；在农村，吉尔吉斯农耕地遭到破坏，谷物种植面积比1913年减少了45%。[2]

在此形势下，吉尔吉斯人率先建立了革命武装——赤卫队，第一支赤卫队就是由克孜尔-基亚和苏柳克塔矿工组建的。这支队伍在赫里普钦可和卡得罗夫的指挥下，加入到打击"巴斯马奇分了"的斗争之中。1918年夏秋之际，在比什凯克组建的两个营的武装也开赴七河省。1919年春，许多农民加入到保卫苏维埃的队伍中，比什凯克、托克马克、普尔热瓦尔斯克和纳伦等县的党组织有一半成员在七河省作战。在吉尔吉斯斯坦南部，里亚里克、乌孜干、萨鲁、纳纳衣、阿克苏等乡的贫民也组织起来，他们抢收粮食，防止"巴斯马奇分子"抢劫。托克马克、比什凯克、普尔热瓦尔斯克的共产党员和共青团员投入到平叛斗争之中，其中，普尔热瓦尔斯克有182名共产党员参加了平叛斗争，他们中的一半是吉尔吉斯人。1920年11月底，纳伦县的叛乱被平息，反苏维埃势力在吉尔吉斯人居地基本被肃清，苏维埃政权重新建立起来。

1924年6月，俄共（布）中央委员会中亚局做出决定，在吉尔

---

[1] 侯典芹：《突厥斯坦自治共和国及其历史地位》，《贵州师范大学学报》2017年第1期。

[2] 《吉尔吉斯共和国史》第3卷，第258页，转引自马大正、冯锡时主编：《中亚五国史纲》，第214页。

吉斯成立卡拉吉尔吉斯自治州，10月14日，卡拉吉尔吉斯自治州（1924—1927）成立，隶属于俄罗斯苏维埃联邦社会主义共和国，同年12月，州革命委员会从塔什干迁到比什凯克（1926—1991年改名为伏龙芝）。

1925年3月27日，卡拉吉尔吉斯自治州工人、农民、雇农和红军第一次代表大会在比什凯克开幕。大会决定卡拉吉尔吉斯族恢复吉尔吉斯的族名。1925年5月25日，全俄中央委员会批准将卡拉吉尔吉斯自治州改名为吉尔吉斯自治州，恢复了吉尔吉斯民族历史上的正确名字。

当时组建的吉尔吉斯自治州面积有19.5万平方千米[1]，州下设四个区：比什凯克区、卡拉库尔-纳伦区、奥什区和贾拉拉巴德区。区下设乡，全自治州共设75个乡。[2] 自治州居民大约近73.7万人，其中，吉尔吉斯人占63.5%，俄罗斯人占16.8%，乌兹别克人占15.4%，其他民族的居民占4.3%。[3] 以后，联盟中央对中亚国家领土进行了多次调整，到20世纪70年代，吉尔吉斯共和国的面积为19.85万平方千米[4]，除首都伏龙芝外，吉尔吉斯共和国划分为四个州、九个直属区。[5]

1926年2月1日，全俄中央执委会主席团决定在吉尔吉斯自治州组建吉尔吉斯苏维埃社会主义自治共和国（简称"吉尔吉斯自治

---

[1]《吉尔吉斯共和国史》第3卷，第329页，转引自马大正、冯锡时主编：《中亚五国史纲》，第213页。

[2] 马大正、冯锡时主编：《中亚五国史纲》，第213页。

[3]《吉尔吉斯共和国史》第3卷，第329页，转引自马大正、冯锡时主编：《中亚五国史纲》，第213页。

[4]《吉尔吉斯苏维埃社会主义共和国》，《英国大百科全书长编》第10卷，第487—490页，见《中亚史丛刊》1983年第1期。

[5] 丁笃本：《中亚通史》（现代卷），第308页。

共和国")[1]，11月18日，全俄中央执行委员会第三次会议批准了这一决定。据1926年人口普查，自治州共有100.2万人，吉尔吉斯人有66.1万，占全州总人数的66%。[2]

1927年3月7日，吉尔吉斯自治共和国苏维埃第一次代表大会在伏龙芝开幕，会议正式宣告了吉尔吉斯自治共和国的成立。[3]4月，全俄苏维埃第十三次代表大会批准成立吉尔吉斯自治共和国，并接纳该国加入俄罗斯联邦。乌拉兹别科夫任吉尔吉斯自治共和国人民代表大会中央执行委员会主席（？—1937）。

1936年6月，苏联宪法草案拟定，吉尔吉斯自治共和国改为吉尔吉斯苏维埃社会主义共和国，此项草案在全联盟苏维埃第八次非常代表大会上获得批准（1936年12月5日）。1937年3月23日，吉尔吉斯苏维埃社会主义共和国（本书简称"吉尔吉斯共和国"）正式成立。[4]与此同时，吉尔吉斯共和国加入苏联，成为苏维埃加盟共和国。

吉尔吉斯共和国是内陆国，其东南西北四面分别与中国、塔吉克斯坦、乌兹别克斯坦和哈萨克斯坦相邻。吉尔吉斯共和国境内多山，南部的柯克沙尔塔山、阿赖山、札赖山，费尔干纳山脉从东南向西北斜穿，将中部高原与西部的费尔干纳盆地分开，共和国东北部是一块凹地，中亚地区最好的天然湖——伊塞克湖在这片凹地上。共和国全境低地面积只占全国总面积的15%[5]，除了费尔干

1　王智娟：《中亚民族共和国的组建》，《东欧中亚研究》1998年第2期。

2　Edward Allworth, ed., *Central Asia: 130 Years of Russian Dominance, A Historical Overview*, p. 96, Table 3.1.

3　王智娟：《中亚民族共和国的组建》，《东欧中亚研究》1998年第2期。

4　《吉尔吉斯苏维埃社会主义共和国》，《英国大百科全书长编》第10卷，第487—490页，见《中亚史丛刊》1983年第1期。

5　同上。

纳盆地外,还有楚河流域和塔拉斯河流域,首都伏龙芝位于楚河流域。

1937年3月23日,吉尔吉斯共和国通过了共和国宪法,宪法规定最高苏维埃为国家最高权力机关,取代原先的苏维埃代表大会及中央执行委员会。最高苏维埃每四年选举一次,从等额的候选人名单中选举产生。

吉尔吉斯共和国最高执行机构是人民委员会(以后改称部长会议),早期担任人民委员会主席的有:阿卜杜拉赫玛诺夫、伊拉卡耶夫、萨利霍夫;60年代以后任部长会议主席的有:马姆别托夫(1961.5—1968.1)、苏尤姆巴耶夫(1968.1—1978.12)、阿勃莱莫夫(1978.12—1980.12)、杜伊舍耶夫(1981.1—?)。其中,马姆别托夫和苏尤姆巴耶夫是被解职的,阿勃莱莫夫是被暗杀的。苏联实行总统制以后,1990年10月24日,吉尔吉斯最高苏维埃主席签署关于设立共和国总统职位的决定,10月27日,原吉尔吉斯共和国科学院院长阿卡耶夫当选为独立后吉尔吉斯斯坦的第一任总统。国家元首改称总统,部长会议改称内阁。

吉尔吉斯加入苏联以后,权力核心是吉共产党中央委员会。1937年4月23日,根据联共(布)中央的决议,吉尔吉斯共产党成立,处于联共(布)中央的直接领导之下。同年6月5—16日,吉共第一次代表大会在伏龙芝召开,选出了中央委员会,沙赫莱当选为中央委员会第一书记。以后,担任吉共第一书记的有:别洛特斯基、阿莫索夫,拉扎科夫(?—1961)、图·乌苏巴利耶夫(1961—1985)、阿·马萨利耶夫(1985—1990)等人。其中,图·乌苏巴利耶夫任职时间长达24年,1969年,他50岁生日时获得一枚列宁勋章;1985年11月2日,他因工作不称职退休。

从吉尔吉斯人建立自治州开始,吉尔吉斯历史的发展基本上与联盟中央保持一致。在20世纪20年代的土地改革中，吉尔吉斯自治州做出了土地改革的决定。在土改中，有68608公顷土地分配给了16827农户，后来，依靠灌溉地和其他来源土地作为份地分给另一部分农民，总的来说，改革的结果是18587户农户分到土地。[1]在农业集体化时期，吉尔吉斯自治州参加合作社的农户占31%（截至1926年10月1日）。[2]

吉尔吉斯族在新建立的苏维埃政权中发挥了重要作用，政府和党的重要领导职务都掌握在吉尔吉斯族手中。1928—1935年，在处理游牧民和集体化问题上，吉尔吉斯族领导人与苏联中央政府产生了冲突，民族领导人逐渐被罢免。在1937—1938年的"大清洗运动"中，凡是反对过党的民族政策，对联共中央的高度集权、侵犯和损害共和国主权利益表示过不满的吉尔吉斯共产党和国家领导人，几乎无一幸免地遭到逮捕和处决。[3]其中，包括吉尔吉斯共产党的三位第一书记——沙赫莱、别洛特斯基、阿莫索夫；吉尔吉斯人民代表大会中央执行委员会主席乌拉兹别科夫；吉尔吉斯人民委员会的三位主席——阿卜杜拉赫玛诺夫、伊拉卡耶夫、萨利霍夫。赫鲁晓夫执政以后，斯大林时期遭受迫害的一些吉尔吉斯族领导干部得到平反。

在"大清洗运动"中，以俄罗斯族为代表的欧洲人在共和国政权中逐渐占据优势。据统计，1935年1月召开的吉尔吉斯苏维埃第四次代表大会，在吉尔吉斯最高机关的领导人中，非吉尔吉斯族占

---

[1] 苏联科学院经济研究所编：《苏联社会主义经济史》第3卷，生活·读书·新知三联书店，1982年，第463页。

[2] 苏联科学院经济研究所编：《苏联社会主义经济史》第2卷，生活·读书·新知三联书店，1980年，第262页。

[3] 邓浩：《苏维埃时期吉尔吉斯斯坦的民族自决问题（二）》，《喀什师范学院学报》1999年第3期。

了59%，在这59%的人中，大部分是俄罗斯族，而俄罗斯族在吉尔吉斯共和国总人口中仅占14%。[1]1958年，在吉共中央委员会中，以俄罗斯族为代表的欧洲人占了34%，在吉共中央委员会书记处中，以俄罗斯族为代表的欧洲人竟占了50%。俄罗斯族在共和国最高执行机构——部长会议中也占据了重要位置，据美国《波罗的海研究公报》（1971年出版）提供的情况，1971年，在吉尔吉斯共和国各部（不包括部级委员会）部长中，俄罗斯族12名，占到了48%。[2]

在第二次世界大战期间，吉尔吉斯人为战争做出了贡献。吉尔吉斯共和国青壮年劳动力踊跃报名参军，大约有36万名吉尔吉斯人奔赴前线，其中，8万多人为国捐躯，15万人荣获勋章和奖章，12名获苏联英雄称号。[3]

大战结束以后，20世纪40年代末至50年代初，苏联展开了一场批判"资产阶级民族主义历史观点"的意识形态领域的斗争。在这场斗争中，吉尔吉斯共和国历史学中的资产阶级民族主义遭到了错误批判。

赫鲁晓夫执政初期，在赫鲁晓夫与莫洛托夫、马林科夫、卡冈诺维奇等人的政治斗争中，吉共党中央坚定地站在赫鲁晓夫一边。1961年5月，吉共第一书记拉扎科夫因"地区民族主义"被解职。据说他赞同在吉尔吉斯共和国的俄语学校中把吉尔吉斯语定为必修课，在高等学校为吉尔吉斯族学生保留一定的名额。[4]

1964年，苏联国家安全委员会查出吉尔吉斯高层领导集团与

1　邓浩：《苏维埃时期吉尔吉斯斯坦的民族自决问题（二）》，《喀什师范学院学报》1999年第3期。

2　同上。

3　苏联科学院历史研究所编：《苏联民族-国家建设史》（下），徐桂芬等译，商务印书馆，1997年，第467—468页。

4　梅新育：《主体民众抛弃政权现象及其警示》，《战略与管理》2016年第6期。

黑社会性质的经济犯罪集团勾结，收取不义之财。1968年1月，吉尔吉斯部长会议主席马姆别托夫及一批官员被撤职，另有一名部长会议副主席被判刑。

勃列日涅夫执政时期，共和国一批知识分子对联盟中央的一些做法表示不满，首先起来反对联盟中央民族政策的是共和国科学院院士尤达欣。尤达欣于1973年在共和国科学院全体大会上说："把俄语作为本族第二语言的论点是否正确值得怀疑！"此后，共和国科学院院士塞迪克别科夫也发表了类似观点，他提出"吉尔吉斯民族语言要从根本上加以改善"，"要为纯洁民族语言而斗争"，由此引起了意识形态领域内反民族主义的斗争。这些言论被谴责为"企图将本族语言与伟大的俄语对立起来"[1]，以及过分注重吉尔吉斯人的落后习俗等等。

勃列日涅夫时期，吉尔吉斯共和国发生了针对党政官员的恐怖袭击。1967年5月17日，因一名被拘捕者被警察打死，吉尔吉斯共和国首都伏龙芝市发生了骚乱，近700人捣毁了区内务分局，冲突造成数人伤亡，18人遭到审判。最严重的恐怖事件是吉尔吉斯共和国部长会议主席阿勃莱莫夫的遇刺，1980年12月4日，阿勃莱莫夫在伏龙芝市以东的一个小镇旅馆里被人杀害。

戈尔巴乔夫执政以后，撤换了执政24年的吉共中央第一书记图·乌苏巴利耶夫。吉尔吉斯共和国也随苏联中央的步伐开始了政治改革。苏联实行总统制以后，吉尔吉斯共和国最高苏维埃主席于1990年10月24日签署了关于设立共和国总统职位，批准了有关修改、补充共和国宪法的法律。修改后的共和国宪法规定：总统为国家元首，部长会议改为内阁，直接受总统领导。10月27日，最高

---

[1] 《今日的苏联是各族人民的监狱》，人民出版社，1978年，第100页。

苏维埃会议选举吉尔吉斯加盟共和国科学院院长阿卡耶夫为吉尔吉斯共和国总统。

80年代末至90年代初,在苏联各加盟共和国要求独立的呼声中,吉尔吉斯共和国也开始走向独立。吉最高苏维埃于1990年12月15日发表了《国家主权宣言》,宣布吉尔吉斯共和国为主权国家。1991年8月31日,共和国最高苏维埃非例行会议通过了吉尔吉斯共和国的独立宣言,独立后改名为吉尔吉斯斯坦共和国。

由于吉尔吉斯民族长期以游牧业为生,社会组织松散,一直未能建立起本民族的国家。吉尔吉斯共和国的组建使吉尔吉斯民族有了自己的民族国家,这无疑是吉尔吉斯人历史上的巨大飞跃。

第四节 迈向现代社会的经济与文化

十月革命初期,吉尔吉斯人居地开展了土地改革。与中亚其他共和国一样,土地改革的第一阶段(1921—1922)是改革沙俄时期形成的殖民性质的土地关系,把被夺的土地还给本地居民。十月革命以前,七河省的俄罗斯富农占有50%到70%的土地。[1]1921年,在吉尔吉斯人居地比什凯克县、普尔热瓦尔斯克县、阿乌利阿塔县、贾拉拉巴德县率先开始了土地改革。俄罗斯移民擅自设立的移民村落被撤销,他们多余的土地被收回分给了农牧民;富农组织被解散,他们的财产被没收后分给了当地贫苦居民。到1923年前夕,几乎有6000雇农和贫农得到了大约20万公顷的可耕地。[2]在此期间,成立了农民协会;1921年7月,比什凯克县参加农民协会的农民已

---

1 〔苏联〕伊凡·麦斯特连柯:《苏共各个时期的民族政策》,人民出版社,1983年,第51页。

2 马大正、冯锡时主编:《中亚五国史纲》,第214页。

有1.2万多人。[1] 1925年以后,土地改革的第二阶段主要是消灭巴依、贵族、官吏、富商、高利贷者及教会寺院的土地,限制富农经济。

内战时期,吉尔吉斯地区实施了战时共产主义政策,实行严厉的粮食征集制度,据俄罗斯联邦突厥斯坦事务委员会委员萨法罗夫说,空前的旱灾加上严厉的粮食收集,使七河省三分之一的吉尔吉斯人死于饥馑。[2] 内战结束以后,1925年11月,吉尔吉斯自治州共产党代表大会决议实施新经济政策,决议指出:发展州内的商品货币关系,使它渗透到目前自然经济占优势的吉尔吉斯部分地区,是我们州经济上的中心任务。[3]

内战结束以后,吉尔吉斯共和国开始了农业集体化运动,共和国设立了专门机构领导农业集体化。到1933年,66.9%的农户加入了集体农庄。[4] 在集体化过程中,政府曾采取过激和违反自愿原则的强迫行为,激起一些农民,特别是牧民和半游牧民的不满和反抗,他们宰杀牲畜或将牲畜赶出境外,有的甚至加入了巴斯马奇的武装反抗运动。为此,吉尔吉斯民族领导人在1928—1935年间陆续被清除。

畜牧业在吉尔吉斯共和国建立之初具有重要地位。十月革命以前,吉尔吉斯地区的居民几乎90%过着游牧生活;十月革命以后,游牧居民定居化的过程加速;社会主义改造时期,一部分牧民和半牧民开始走向定居生活。在第二个五年计划中,共和国继续鼓励游牧和半游牧各族人民改为定居,1931—1933年间,吉尔吉斯共和

1　马大正、冯锡时主编:《中亚五国史纲》,第214页。
2　〔苏联〕格尼斯:《1921年从突厥斯坦逐出境的俄罗斯人》,《历史问题》1998年第1期,转引自丁笃本:《中亚通史》(现代卷),第143页。
3　苏联科学院经济研究所编:《苏联社会主义经济史》第2卷,第260页。
4　苏联科学院经济研究所编:《苏联社会主义经济史》第4卷,生活·读书·新知三联书店,1982年,第437页。

国改为定居生活方式的有 4.44 万户。[1]

在 20 世纪 30 年代的大规模工业化运动中，吉尔吉斯地区开始有了现代化工业，共和国经济逐渐从农牧业向工农业并重发展。社会主义工业化初期，吉尔吉斯地区首先发展起来的是农牧产品加工业。1926—1928 年间，一批皮革厂、轧花厂、锯木厂、缫丝厂、糖厂、发酵厂、肉类罐头厂等企业建立起来。

吉尔吉斯共和国拥有丰富的自然资源，其中矿产资源主要有黄金、煤、银、锑等，锑产量居世界第三。在第二个五年计划期间（1933—1937），共和国在工业方面的投资共 1.51 亿卢布（按 1955 年 7 月 1 日价值计算），其中 63.2% 的资金用于发展重工业。[2]

从 30 年代开始，重工业的发展受到重视，共和国的重工业企业几乎都是在 30 年代开始建立起来的。共和国的煤矿储量在中亚国家中首屈一指，被誉为"中亚煤斗"，在第二个五年计划期间，共和国改造了旧的煤矿并投产了新的，这些煤矿在提高采煤量后，向中亚其他共和国供应煤。共和国还兴建了具有全苏意义的稀有金属和有色金属采矿场，海达尔肯和卡达姆詹等地的锑、汞矿于 1936 年正式开采，锑和汞矿的开采使这些地区的重要性迅速上升。在第三个五年计划期间（1938—1942），共和国投资 8.67 亿卢布，其中 2.63 亿卢布投资工业，建成 40 多个大型企业，1940 年，工业产值在国民经济中所占比例已经达到 50.2%。[3]

第二次世界大战期间，吉尔吉斯人在 1926—1928 年间发展起来的农牧加工业有力地支持了卫国战争。共和国为前线和全苏生产

---

1 苏联科学院经济研究所编：《苏联社会主义经济史》第 4 卷，第 459 页。
2 马大正、冯锡时主编：《中亚五国史纲》，第 215 页。
3 《吉尔吉斯苏维埃社会主义共和国百科全书》，转引自马大正、冯锡时主编：《中亚五国史纲》，第 215 页。

了 135.5 万双皮鞋、47.7 万米纺织品、161.3 万双袜子、17.7 吨食糖和 9440 万听罐头。[1]1941 年，共和国集体农庄和国营农场上缴粮食、棉花、肉类均高出 1940 年。此外，共和国安置了从莫斯科、列宁格勒前线疏散来的大批工人、集体农庄成员，人数达 1.39 万。[2]

战争期间，苏联中西部地区的一些工矿开始向中亚疏散。在此期间迁入吉共和国的企业有 30 多个。这些企业迁到伏龙芝、托克马克等地，这些企业及技术人员的到来加速了共和国现代工业的发展，建立起生产武器、弹药、装备等的新型工业，其中，金属加工工业产量增长了 3 倍，机器制造业产量增长了 10 倍。[3]五年间，吉尔吉斯工人总数从 1940 年的 3.6 万人，增长到 1945 年的 4.6 万人。[4]战争期间，共和国青壮年劳动力踊跃上前线，吉尔吉斯妇女承担起农牧业工作，仅女拖拉机手和收割机手就有近 4000 名。[5]

战后，吉尔吉斯共和国通过了关于共和国 1946—1950 年国民经济重建和发展的法令，开始了战后经济的发展，重点发展重工业。"四五计划"期间（1946—1950），共和国向国民经济部门投资 1.909 亿卢布（按 1961 年价格计算），其中，工业投资 7190 万卢布，占投资总额的 37% 以上。[6]1948 年与 1940 年相比，重工业产品产量增长了 4 倍，重工业在国民经济中所占比重从 9.6% 提高到 31.4%。[7]

50 年代中期，赫鲁晓夫的经济体制改革扩大了加盟共和国的立

---

1 《吉尔吉斯斯坦百科全书》第 146 页，《吉尔吉斯人和吉尔吉斯斯坦历史》第 247 页，转引自刘庚岑、徐小云编著：《吉尔吉斯斯坦》，第 57 页。
2 刘庚岑、徐小云编著：《吉尔吉斯斯坦》，第 58 页。
3 同上书，第 57 页。
4 马大正、冯锡时主编：《中亚五国史纲》，第 216 页。
5 同上书，第 216 页："3193 名拖拉机手，616 名康拜因手"。
6 刘庚岑、徐小云编著：《吉尔吉斯斯坦》，第 58 页。
7 同上。

法和经济管理权限,这一时期也是吉尔吉斯共和国经济迅速发展时期。共和国形成了北方和西南方两大工业区:北方工业区主要有机器制造和金属加工工业、电力工业、建材工业和轻纺工业;西南方工业区主要有有色金属冶金工业、燃料工业和纺织工业。

吉尔吉斯共和国的有色金属冶金和煤炭工业、电力工业、机器制造业成为国家优势产业。铀、铅、锌、钨等有色金属的开采与冶炼发展起来,铀矿的开采和加工集中在奥什附近。到70年代中期,吉尔吉斯共和国的锑、汞产量分别居苏联第一和第二位。虽然共和国的重工业得到很大发展,但大多数重工业企业以原料生产为主。

战后,吉尔吉斯共和国电力工业发展迅速,建成的水电工程项目有:装机120万千瓦的托克托古尔水电站、装机80万千瓦的库普赛水电站,还有伏龙芝中央热电站。随着水电站的建设,卡拉库尔等城市兴起了。

战后,共和国的机器制造业进入了新的发展阶段,重点发展起来的机械工厂有:伏龙芝化工机械厂,以及生产汽车、电机、机床的机械厂。机械制造业不仅发展速度快,而且研制出先进的机器、仪表、仪器。1955年,采煤开始使用康拜因采煤机;1962年,矿井采用了浅灌采煤康拜因和成套采煤设备,生产过程全盘机械化。1955—1960年,共和国开始生产装配式钢筋混凝土构件、装饰板,促进了水泥工业的发展。

战后,以制糖业为主的轻工业发展很快。共和国经济作物以甜菜为主,中亚90%以上的甜菜产于吉尔吉斯共和国。1989年,吉尔吉斯共和国的食糖产量是41.48万吨,食糖的人均占有量为22.5公斤。[1]此外,奥什和托克马克新建了肉联厂等食品加工业。

---

1 谷松:《中亚五国:经济基础与经济改革》,《东欧中亚市场研究》2000年第2期。

战后，吉尔吉斯共和国的农牧业受到了联盟中央的重视。1946年2月，苏联人民委员会通过了《关于发展吉尔吉斯苏维埃社会主义共和国农业的措施》的决议。在1946—1947年间，苏联政府向共和国拨款980万卢布用以购买牲畜，拨款520万卢布用以购买肥料。[1] 在"四五计划"期间（1946—1950），农作物的种植面积在战后5年之中增长了14%。[2] 1948年底，共和国各类牲畜的头数已经超过了战前的水平。

苏联时期，吉尔吉斯共和国经济取得了巨大成功，就当时的国力来看，吉尔吉斯共和国的发展仅次于哈萨克和乌兹别克两个共和国。在苏联计划经济指令下，吉尔吉斯共和国的工业得到发展的主要是有色金属冶金、水力发电、机器制造、农牧业加工；农业发展主要为棉花和甜菜种植，结构比较单一。

80年代初，共和国的一些部门仍然维持着较快的发展速度。不过，从发展趋势来看，吉尔吉斯共和国的经济状况停滞不前，工农业产值年平均发展速度呈现出下降趋势。如1940—1970年吉尔吉斯斯坦工业产值的年平均增长速度为110%，1980—1985年的年平均增长速度为105%；而同期，农业产值的年平均增长速度分别为104%和102%。[3] 工农业在20世纪80年代之后均呈下降趋势。

苏联时期，吉尔吉斯共和国的教育事业得到较快发展。1933年，吉尔吉斯自治共和国建立了第一所正规的高等学校——吉尔吉斯兽医学院，后来改建为农学院；1939年，吉尔吉斯共和国又成

---

[1] 刘庚岑、徐小云编著：《吉尔吉斯斯坦》，第59页。

[2] 《吉尔吉斯苏维埃社会主义共和国百科全书》，第155—160页，转引自马大正、冯锡时主编：《中亚五国史纲》，第217页。

[3] 朱晓楠：《中亚各国社会主义建设的基本历程》，《中亚研究》1994年第1—2期合刊，第48页表8。

立了医学院。[1]

卫国战争期间，苏联科学院的遗传学、生物化学、生物学、进化形态学等研究所迁移到吉尔吉斯共和国，共和国的科研机关与这些研究所共同承担了许多国防和国民经济的研究课题。1943年8月13日，苏联科学院吉尔吉斯分院在伏龙芝成立，1954年12月30日，在吉尔吉斯分院的基础上成立了吉尔吉斯共和国科学院。共和国科学院下设三个学部：自然技术学部、生物学部和社会学部；各部下设的研究所有：地质研究所，自动化研究所，物理数学研究所，力学研究所，地震研究所，无机化学、物理化学研究所，有机化学研究所，生物研究所，生物化学和生理研究所，高山生理和实验病理学研究所，历史研究所，哲学和法学研究所，东方学研究所等。

吉尔吉斯共和国新闻事业在苏联时期得到了发展，1931年创建了吉尔吉斯共和国国家广播电台，用七种语言（吉、俄、英、东干、德、乌兹别克和维语）广播。1937年创建了卡巴尔国家通讯社。1958年，吉尔吉斯国家电视台建立，用吉、俄、英三种语言播出节目。

从全苏范围来看，吉尔吉斯共和国的经济位于落后之列。据苏联《论据与事实》周刊报道，在苏联解体前的1990年经济指标中，吉尔吉斯共和国国民生产总值与土库曼、塔吉克两共和国相同，只占全苏的0.9%，仅仅高于爱沙尼亚共和国（0.7%）；工业和农业产值分别占全苏的0.5%和1.3%，分别排在全苏的第13位和第11位。[2]

20世纪初期的民族划界是按民族特征进行的，但为了平衡各共

---

[1] 王沛主编：《中亚四国概况》，新疆人民出版社，1993年，第151—152页。
[2] 苏联《论据与事实》1991年第39期，转引自李华：《苏联解体与其经济状况"无直接联系"吗？——质询张睿壮先生》，《世界经济与政治》2002年第6期。

和国领土，一些地区被联盟中央人为分割，如费尔干纳盆地被中亚四个共和国（除土库曼共和国）瓜分，吉尔吉斯共和国的奥什州被划出两块小飞地分别归属于乌兹别克共和国和塔吉克共和国。尽管如此，民族划界和民族国家的组建加速了吉尔吉斯族的融合，使民族认同从超民族的种族观念迅速发展到现代民族的高度，促进了吉尔吉斯族的最终形成。民族国家的组建对吉尔吉斯社会和经济的发展也起到了积极的促进作用。苏联共产党和联盟中央政府为开发吉尔吉斯共和国投入了巨大的人力和财力，使之在不长的时间内赶上和保持了与世界其他地区同步发展的势头。

第五章

国土的形成

吉尔吉斯斯坦在今中亚五国中地处东南部，在北纬 39°至 43°，东经 69°至 80°之间，国土东西宽 925 千米，南北长 453.9 千米，面积 19.99 万平方千米[1]。吉尔吉斯人原居叶尼塞河流域，历经上千年的迁徙，今遍布吉尔吉斯斯坦全境；其中楚河流域、塔拉斯河谷地、费尔干纳盆地、帕米尔高原是他们的长期聚居地。20 世纪初，苏联中央在对中亚的民族识别和民族划界中，以吉尔吉斯人的聚居地为依据，先后组建了吉尔吉斯自治共和国和吉尔吉斯苏维埃社会主义共和国，今吉尔吉斯斯坦国土正是在此基础上形成的。

第一节　吉尔吉斯人的聚居地

吉尔吉斯斯坦国土处在天山和帕米尔-阿赖山之间，天山西段构成了其东北和东界，帕米尔-阿赖山构成了其东南边界，费尔干纳盆地是其西南边界，楚河流域是其北界。今吉尔吉斯斯坦领土被东西走向的天山和帕米尔-阿赖山分为南、北两个部分，在 20 世纪初的民族划界和民族国家组建之时，天山和帕米尔-阿赖山两侧是

1　关于吉尔吉斯斯坦的国土面积，苏联时期官方数字一直是 19.85 万平方千米。自 1992 年起，据吉尔吉斯斯坦国家统计署（后改为国家统计委员会）公布的统计资料，吉尔吉斯斯坦的国土面积为 19.99 万平方千米。

吉尔吉斯人的聚居地。

西天山的北部地区是西迁吉尔吉斯人的最早聚居地。叶尼塞河上游的坚昆于公元前1世纪中叶开始向中亚迁徙，公元3世纪出现在西天山的北部地区。他们先来到巴尔喀什湖以南的七河流域。6世纪至9世纪期间，作为突厥汗国和回鹘汗国属民的黠戛斯人参与了宗主国的对外战争，一部分黠戛斯人随突厥人来到天山地区。[1]零星的史料表明，至迟在6世纪至7世纪，已经有叶尼塞吉尔吉斯人留居天山北部地区，不过数量较少，因而留下的有关史料和遗迹也较少。[2]据10世纪成书的《世界境域志》记，西天山北部原九姓古思人的领地被黠戛斯人占据："过去其王代表九姓古思人，现在被黠戛斯人所占据"[3]。《苏联大百科全书》提道："到9世纪至10世纪时，在文字记载中初次提到天山的吉尔吉斯人。"[4]《吉尔吉斯斯坦百科全书》记载："从公元9世纪中叶起，一部分吉尔吉斯人从叶尼塞河向天山东部和喀什噶尔迁移。"[5]这些记载反映了吉尔吉斯人迁入天山北部的最初情况。

吉尔吉斯人在西天山北部的聚居地因13世纪追随蒙古人的吉尔吉斯人的到来而扩大。其中规模比较大的迁徙有两次。一次是在蒙古兄弟阿里不哥与忽必烈争夺汗位的斗争时期，不少吉尔吉斯人追随阿里不哥来到了伊犁河流域。另一次是迁入海都的封地。蒙哥

---

[1] 马曼丽：《叶尼塞吉尔吉斯的西迁与中亚吉尔吉斯民族的形成》，《西北史地》1984年第4期。

[2] 同上。

[3] V. Minorsky Translation and Explained, Ḥudūd al-'Ālam (With the Preface by V. V. Barthold) London, 1937, GWSNSXI, 1970, p. 97.

[4]〔苏联〕B. A. 卢宁：《吉尔吉斯苏维埃社会主义共和国》，韩高译，民族出版社，1957年，第20页。

[5]《吉尔吉斯斯坦百科全书》，第118页，转引自刘庚岑、徐小云编著：《吉尔吉斯斯坦》，第38页。

大汗曾经把巴尔喀什湖以南、伊犁河流域分给海都，海都在势力强大后，把东天山到叶尼塞河之间的部落联合起来，其中包括了窝阔台汗国的"直属部"吉尔吉斯人，这些吉尔吉斯人随海都来到他的封地，因此扩大了他们在巴尔喀什湖以南的七河流域的聚居地。

14世纪后期，帖木儿的军队频繁扫荡东察合台的地盘，即西天山北部地区，消灭或驱逐了此地的许多蒙古-突厥部落，原在西天山北部生活的吉尔吉斯人获得了很大的发展空间，伊塞克湖周边成了吉尔吉斯人的牧地。地处西天山北缘支脉之中的伊塞克湖，周边有面积达两万多平方千米的湖滨草原，是游牧民理想的栖息地，据《大慈恩寺三藏法师传》记载：大清池"周千余里，东西长，南北狭。四面负山，众流交凑，色带青黑"。伊塞克湖盆地在七河流域的南面，两地之间几乎没有任何地理障碍，在古代政权中，伊塞克湖及其周边地区与七河流域的伊犁河谷大多数都处于同一政权的统治之下，如统治伊犁河流域的塞克、月氏都控制过伊塞克湖地区。因此，无论是6世纪的黠戛斯人还是13世纪迁入七河流域的吉尔吉斯人，都毫无例外地继续向南移，在水草丰美的伊塞克湖高山盆地中放牧。

伊塞克湖往西的楚河流域和往南的卡拉套山区也是游牧民的理想牧地，地处昆格山和卡拉套山之间的塔拉斯河和楚河流域被视为黠戛斯人的摇篮。唐朝时期，中国的领土一度包括了楚河流域，唐朝诗人李白就出生在楚河流域的碎叶城。吉尔吉斯人在此生活了几百年，最终使它成为吉尔吉斯斯坦国土中最重要的政治、经济和文化中心。如今楚河流域的比什凯克是吉尔吉斯斯坦首都，唐朝的军事重镇碎叶城遗迹就在吉境内的托克马克城附近。

15世纪至16世纪，吉尔吉斯人在天山北部地区不仅人数增多，而且他们在此有了自己固定的牧地。这一时期来到西天山北部的吉尔吉斯人似乎建立过自己的政权，据《吉尔吉斯斯坦百科全书》记载："到 15 世纪 80 年代，天山吉尔吉斯人甚至建立起自己的国家——吉尔吉斯汗国。"[1]

15 世纪后期，塔拉斯河和楚河流域出现被称为哈萨克的突厥化蒙古人，他们在楚河流域建立了自己的汗国，七河流域成了吉尔吉斯人和哈萨克人共同放牧的地方。17 世纪初，哈萨克人分裂为大中小三个"玉兹"，游牧于巴尔喀什湖以南的七河流域，即从伊犁河到锡尔河之间的广阔地区成了大玉兹哈萨克人的牧地。

17 世纪末，叶尼塞河畔的吉尔吉斯人承受着沙俄东扩的巨大压力。为了避免吉尔吉斯人和沙俄发生冲突，准噶尔汗策妄阿拉布坦派 2500 名士兵，强迫其管辖下的吉尔吉斯人从叶尼塞河上游地区迁至西部伊塞克湖地区。[2] 又有学者认为，17 世纪 30 年代，蒙古准噶尔部强盛起来，与俄国人共同采取行动，把吉尔吉斯人迁往安集延和喀什噶尔之间的山区。[3] 吉尔吉斯人在此次迁徙中人数众多，几乎遍布天山南北地区，极大地加强了早先迁入的吉尔吉斯人的力量，在吉尔吉斯民族的形成过程中起到了重要作用。

西天山的南部地区也是古代吉尔吉斯人的聚居地。位于费尔干纳盆地东南的奥什城是今吉尔吉斯斯坦第二大城市，公元前 3 世纪到公元 6 世纪，匈奴和突厥人先后在奥什地区建立过政权，臣属于这些政权的坚昆是否在此时期来到奥什地区还未见文献记载和考古证实。学界认为，吉尔吉斯人是在 13 世纪初随蒙古人来到奥什的。[4]

16 世纪，天山以南地区已有吉尔吉斯人的踪迹。当时，费尔干

---

[1] 《吉尔吉斯斯坦百科全书》，第 124—125 页，转引自刘庚岑、徐小云编著：《吉尔吉斯斯坦》，第 38 页。
[2] 杜荣坤、郭平梁：《柯尔克孜族的故乡及其西迁》，《新疆社会科学》1982 年第 2 期。
[3] 王沛主编：《中亚四国概况》，第 161 页。
[4] 《"丝路"重镇奥什城的历史变迁》，《中国社会科学报》2023-04-17。

纳盆地的山前盆地由乌兹别克人和塔吉克人占据，而费尔干纳盆地边缘山区被以山地牧场为主的吉尔吉斯人占据，吉尔吉斯人对环费尔干纳山区的开发做出很大贡献。到18世纪初，吉尔吉斯人已经分布在西起费尔干纳盆地西南的苦盏，东至喀什噶尔、北起楚河和塔拉斯河中游地区，南至帕米尔-阿赖山一带。[1]

18世纪20年代，西天山北部的吉尔吉斯人遭到了准噶尔人的大举进攻，七河流域的吉尔吉斯各部未能抵抗准噶尔人的入侵，大多数人离开天山北麓的游牧区，向南迁移到天山南部的费尔干纳、卡拉捷金以及与它们相邻的帕米尔山前地带。根据费尔干纳流传下来的民间传说，吉尔吉斯人先占领了费尔干纳与喀什噶尔之间的阿赖山谷，以后从那里迁移到费尔干纳的东北坡。1733年，瑞典军官列纳特获得了一张卡尔梅克地图，地图在费尔干纳盆地上标出了吉尔吉斯人。[2]

1757年，清朝平定准噶尔汗国，在帕米尔、费尔干纳和中国新疆一带的一部分吉尔吉斯人重返天山北部故居。清朝沿用准噶尔人对吉尔吉斯人的称呼，将他们称为布鲁特人（意为高山居民），中国史书将他们的部落记为东、西布鲁特。东布鲁特五部的牧地在以伊塞克湖为中心的天山北部；西布鲁特十五部的居地在喀什噶尔以北和以西的天山南部地区。返回天山北部地区的吉尔吉斯人首先提出了归附清朝政府的请求。按史书记载，清朝平定准噶尔汗国的第二年（1758），天山北部地区的东布鲁特五部上表文说："我部久思投诚大皇帝，为准噶尔间阻，不能自通，今得为天朝臣仆，实望

---

[1] 马大正、冯锡时主编《中亚五国史纲》（第114页）提到"浩罕以东、伊犁西南、喀什噶尔西北、伊塞克湖周围、帕米尔和喀什昆仑山一带广大的吉尔吉斯地区"云云。

[2] 〔苏联〕帕·彼·伊凡诺夫：《中亚史纲》，《中亚史丛刊》1983年第1期，第63页。

外之幸。"[1]1759年，天山南部的西布鲁特十五部归附清朝。西布鲁特额德格纳部落头人阿济比向清军主帅兆惠表示："今将军自喀什噶尔传谕我部，颁给印文。谨已奉到，不胜踊跃，适慰心想，当率诸部，自布哈尔迤东二十万人众，皆作臣仆。"[2]至此，伊犁流域西南、伊塞克湖周围、喀什噶尔西北、帕米尔和喀喇昆仑山一带的吉尔吉斯人居地全部纳入清朝政府的管辖范围。

归附清朝的布鲁特各部在政治上要与清朝政府确定隶属关系，布鲁特头人（比）及其下的大小头目的官职必须得到清政府的任命和封赐；清政府驻守伊犁的领队大臣和驻守喀什噶尔的参赞大臣定期对布鲁特地区进行"稽查约束"，不定期地从布鲁特头人中挑选一些人去朝见皇帝。在经济上，清政府允许布鲁特人在原地自由放牧，不征收土地税；布鲁特在新疆进行贸易，税率比内地商人减少三分之一，以示优待；布鲁特各部每年向清政府进献一定数量的马匹，清政府回赐一定数量的羊只、绸缎、茶叶等。[3]在文化上，清朝不强迫布鲁特人改变原有的风俗习惯。清朝的睦邻政策和经济优惠政策给中亚东部带来了长达半个世纪的安定与繁荣："回部安静，其布鲁特、霍罕、安集延、玛尔噶朗等贸易之人络绎不绝。"[4]布鲁特人为清政府驻守西北边疆，当时，伊犁、乌什、喀什噶尔等地的主要边卡由他们防守巡逻。

从以上中国史书的记载中可以了解到，从18世纪下半叶起，吉尔吉斯人的聚居地为：北抵伊犁河流域，南达帕米尔山前地带，东抵喀什噶尔河流域，西达锡尔河东岸。在这片广阔区域内，吉尔

---

1 《钦定皇舆西域图志》，影印文渊阁四库全书本，第500册，第851页。
2 同上书，第855页。
3 周轩：《从乾隆帝西域诗看新疆与中亚之关系》，《西域研究》2012年第2期。
4 《清高宗实录》卷605，中华书局，1985年，第1776页。

吉斯人没有建立起统一的政权，他们分裂成许多部落。19世纪，吉尔吉斯部落出现了联合的趋势，在今吉尔吉斯斯坦境内出现了内姓和外姓两大部落联盟。被称为北吉尔吉斯人的外姓诸部占据了天山北部、西部以及南部的一些地区；被称为南吉尔吉斯人或帕米尔吉尔吉斯人的内姓诸部占据了费尔干纳盆地南部周边山谷和东帕米尔高原一带。

第二节 国土的形成

今吉尔吉斯斯坦国土的确定与19世纪浩罕汗国和沙俄的扩张，以及20世纪初的苏联划界有着密切的关系。

吉尔吉斯北部疆域的确定与浩罕汗国和沙俄的扩张有关。18世纪初形成的浩罕汗国地处今吉尔吉斯斯坦的中间地带，具体而言只是一个由安集延、纳曼干、马尔吉兰和浩罕等一些伯克领地组成的政权[1]，伯克领地周边是吉尔吉斯人生活的地区："襟带诸城之间，土膏沃饶，人民殷庶。其人奉回教，习帕尔西语，亦布鲁特种也。"[2] 据中国史书记，浩罕国东与东布鲁特接，南与西布鲁特接，西与布哈拉国接，可见东、西吉尔吉斯人的领地都不在浩罕国的版图之内。18世纪下半叶，在额尔德尼统治时期（1753—1769），浩罕汗国形成了统一政权。19世纪初，浩罕汗国开始对外扩张[3]，将臣属于清朝的吉尔吉斯部落纳入了自己的统治。

---

1 马大正、冯锡时主编：《中亚五国史纲》，第113页。
2 《清史稿·属国四》，中华书局，1997年，第14713页。
3 据吉尔吉斯斯坦历史学家对吉尔吉斯斯坦历史时期的划分，浩罕汗国对吉尔吉斯斯坦的统治时期大致是19世纪初至19世纪70年代中期。参见《吉尔吉斯人和吉尔吉斯斯坦历史》第131—145页,《吉尔吉斯斯坦百科全书》第131页，转引自刘庚岑、徐小云编著：《吉尔吉斯斯坦》，第45页。

19世纪20年代（玛达里统治时期），浩罕汗国开始侵占中国西北领土，在中国属部东布鲁特的领地奥利阿塔（今江布尔）、比什凯克、托克马克、维尔内等地建立要塞，在要塞驻扎军队，向这些地区的居民征税。布鲁特部落"受其欺凌，争求内徙"。在清朝属民布鲁特诸部遭受浩罕汗国压迫之时，清朝抱着"卡外之事，与天朝无涉"为由，没有保护他们。这一政策的失误使大批布鲁特部落成了浩罕汗国属民，他们所居之地也成了浩罕汗国的领土。19世纪30年代，巴尔喀什湖以南的吉尔吉斯人和在此游牧的大玉兹哈萨克人承认了浩罕汗国的宗主权。

18世纪后期，沙俄军队侵占哈萨克人的领地之际，曾企图将吉尔吉斯人的领地也纳入俄国的统治，但顾及英国的态度，没有采取行动。18世纪末，俄国使节来到吉尔吉斯人中，以俄国公民权诱惑吉尔吉斯人的上层分子，让他们写下自愿归并俄国的"保证书"。一些吉尔吉斯人首领或出于对浩罕汗国的不满，或出于本部的压力，曾向俄国政府提出过加入俄国国籍的要求。1825年6月，俄国人纽哈洛夫率领一支由50人组成的俄国小分队护送吉尔吉斯使者回国，据随行人员兹别尔什金的日记，他们到达伊塞克湖时，恰逢浩罕玛达里的3名使者在北吉尔吉斯布格胡部，玛达里汗向在伊塞克湖附近游牧的布格胡部人提出臣属浩罕汗国的建议，他的建议得到了一些部落首领的赞同。纽哈洛夫担心更多的吉尔吉斯人倒向浩罕汗国，于是，当即承诺，吉尔吉斯人将会得到俄国的庇护。在他的劝说下，布格胡部的乌里日拜和耶帕烈克部酋放弃了加入浩罕国籍的念头。19世纪中叶，沙俄入侵浩罕汗国北方领土，并且在大玉兹哈萨克人中确立了统治。接着，沙俄开始向东吉尔吉斯人的牧地推进。俄国对东吉尔吉斯人牧地的侵占先用武力，后以不平等条约使之成为事实。19世纪50年代初，俄国在维尔内修建堡垒，对吉尔吉斯人的居地进行蚕食。1855年，俄军进入伊塞克湖附近的吉尔吉斯人居地，遭到抵抗后返回维尔内。1860年，沙俄军队从维尔内出发，占领浩罕汗国的托克马克、比什凯克等吉尔吉斯人居地。同年英法联军占领北京，在俄国武力的逼迫下，清朝于1860年被迫与俄国驻华公使伊格那季耶夫在北京签订了《中俄北京条约》。条约的签订破坏了中国领土的完整，之后在一系列不平等条约中，将1758年归附中国的东布鲁特人的部分牧地割让给沙俄，巴尔喀什湖以东、以南的吉尔吉斯人、哈萨克人居地归沙俄所有，东布鲁特部落归附俄国。

1864年9月，俄国使者扎哈罗夫等人到达塔城与清朝商谈划界问题。清朝官员坚持在《中俄北京条约》的基础上继续划界，即按照自沙宾达巴哈界牌末处往西至斋桑泊的规定划界，但扎哈罗夫提出要按俄方"画定分界限道绘图作记，换约定案"，否则"立即回国，派兵看守分准地界"。在沙俄武力威胁的情况下，清朝只得按俄方的要求，与扎哈罗夫签订了不平等的《中俄勘分西北界约记》。按此条约的规定，巴尔喀什湖以东以南，斋桑湖、塔拉斯河流域等地的吉尔吉斯人和哈萨克人的牧地被俄国侵占。1871年以后，清政府在与俄国签订的一系列条约规定：地区分在何国，其人丁即随地归为何国管辖。于是，伊塞克湖、楚河、塔拉斯河和纳伦河流域的一部分吉尔吉斯人和哈萨克人随着土地成了俄国臣民。

1867年，沙俄政府在组建突厥斯坦总督区时，以上地区被纳入七河省。1882年，俄国组建草原总督区时，七河省被划归草原总督区。吉尔吉斯斯坦北部、西北部和东北部地区归七河省管辖。

苏联划界时期，七河省所辖地区分属于哈萨克共和国和吉尔吉斯共和国。天山北麓的外伊犁阿拉套山为吉哈两国的界山，原七河省所属的巴尔喀什湖东南、楚河流域中游以北地区归属于哈萨克共和国,外伊犁河流域,包括七河省的重要城市比什凯克在内的楚河流域中游地区归属于吉尔吉斯共和国。对于绝大部分国土在天山的吉尔吉斯共和国来说,保住楚河流域至关重要,以后,吉尔吉斯斯坦的首都所在地就在交通便利的楚河流域。

吉尔吉斯西部疆域的形成与浩罕汗国、沙俄和苏联的统治有关。19世纪,从楚河流域向西一直延伸到锡尔河以北以东地区的吉尔吉斯人牧地是浩罕汗国的领地。1800—1809年,浩罕军队征服了锡尔河中游东岸的一些城市,主要夺取目标是塔什干城。19世纪初,塔什干城是地区和卓统治的独立领地。为了夺取塔什干,浩罕汗爱里木曾在塔吉克人中征兵,浩罕军队控制了地处忽毡和塔什干之间、给塔什干供水的尼亚孜伯克要塞。1808年,浩罕军队围攻塔什干城,在双方伤亡都很大的情况下攻陷了该城。从1817年起,浩罕汗国在锡尔河下游沿岸建筑了一系列要塞。其中在距锡尔河河口约480千米的地方建阿克麦切特堡[1],并以它为关卡,对来往的商队和附近的游牧人征税。

19世纪上半叶,向东扩张的沙皇俄国开始侵占浩罕汗国的领土。1847年,俄国在锡尔河下游建雷姆要塞,截至1850年,俄国沿锡尔河下游构筑了一系列要塞,并把它们连起来形成一条防线,称锡尔河线。从1850年起,浩罕军队不断骚扰俄国要塞,他们抢劫在雷姆要塞附近放牧的哈萨克人的牲畜。1851年,雷姆要塞的司令官恩格曼少校出兵占领了浩罕汗国的科什库尔干要塞,摧毁了这个只有10人守卫的小堡[2];1852年,俄军围攻阿克麦切特要塞,7月19日发出通告称,浩罕军队不得驻扎在锡尔河俄方沿岸,所有

---

[1] 阿克麦切特堡最初建在锡尔河下游左岸,一年以后又迁到右岸。
[2] 〔俄〕捷连季耶夫:《征服中亚史》第1卷,武汉大学外文系译,第252页。

工事均须拆毁；1853年，阿克麦切特要塞被俄国攻占，锡尔河下游两岸都被俄国控制。1865年，沙俄军队占领塔什干，锡尔河中游地区被纳入俄国的版图。1867年，俄国在突厥斯坦总督区下设立锡尔河省。

锡尔河省在成立之时管辖着东起托克马克以西、北起咸海东北岸、南至塔什干以南地区，州府在塔什干。在苏联政府对中亚实施民族划界之际，锡尔河省所属地区在哈萨克共和国与乌兹别克共和国之间分割；塔什干归属于乌兹别克共和国。吉尔吉斯共和国组建之时，西北部边界在塔拉斯河上游地带。塔拉斯山构成了吉尔吉斯共和国的西部边界，西北部与哈萨克共和国相邻，西南部与乌兹别克共和国相接。当时在塔拉斯山区放牧的吉尔吉斯族苏勒图部成了跨界民族，大部分在吉境内，其余在哈乌两国。

吉尔吉斯共和国东部边界的形成与浩罕汗国和沙俄的扩张有关。18世纪初，吉尔吉斯诸部在环费尔干纳的山区放牧。根据费尔干纳地区的民间传说，18世纪初来到这里的吉尔吉斯人最初在费尔干纳与喀什噶尔之间的阿赖山谷放牧，以后从此地迁到费尔干纳的东北坡。1762年，浩罕汗国抢占了额德格纳部的领地奥什，后来，在清朝驻喀什噶尔大臣的干涉下，浩罕军队退出这一地区。19世纪20年代，在安集延河两岸游牧的额德格纳部再次被浩罕汗国征服，于是，费尔干纳河谷东部地区被纳入浩罕汗国。沙俄征服浩罕汗国以后，在此建费尔干纳省，纳伦河以西的吉尔吉斯诸部归附俄国。苏俄政府在民族划界时，将费尔干纳省东部吉尔吉斯人居地划归吉尔吉斯自治州，以后组建了吉尔吉斯共和国。生活于此的额德格纳部吉尔吉斯人成为跨界民族，其中一部分分布在中国新疆伊犁哈萨克自治州特克斯县和昭苏县境内，一小部分居克孜勒苏柯尔克孜自治州乌恰县。此外，纳伦河上游河谷和费尔干纳谷地北部的吉尔吉斯蒙古勒杜尔部也成为跨界民族，在中国的蒙古勒杜尔部民主要分布在中国新疆喀什地区的巴楚县、伽师县一带。在费尔干纳盆地东南地区游牧的芒古什部也成为跨界民族，其中，在中国的少数芒古什部人分布在克孜勒苏柯尔克孜自治州阿克陶县。在吉尔吉斯斯坦境内的芒古什部民于20世纪初向北迁往伊塞克湖、纳伦河流域。

吉尔吉斯斯坦南部边界在费尔干纳盆地南缘。19世纪上半叶，浩罕汗国占领了费尔干纳盆地南缘。据塔什干统治者于1834年写给俄国的信上说：浩罕汗"已经夺取了乌拉秋别、卡拉捷金、库拉伯和达尔瓦兹诸城，并使诸城各族臣服，任命了他亲自为各城挑选的统帅，又进一步征服了许多城镇和居民"[1]。从此信看，浩罕汗国的扩张抵达帕米尔南缘。不过，卡拉捷金地区（今塔吉克斯坦西部）的吉尔吉斯人聚居地于19世纪中叶被塔吉克人占领，当地的吉尔吉斯人移到费尔干纳盆地的东北地区。1876年，沙俄征服浩罕汗国，将这一地区纳入费尔干纳省。

浩罕汗国灭亡之后，费尔干纳盆地南缘的吉尔吉斯人最初并未接受俄国的统治。19世纪70年代末叶，俄国占领阿赖山区，西布鲁特额德格纳、希布察克等部归附于俄国；1884年，继1882年签订的不平等的《中俄喀什噶尔界约》之后，沙俄迫使清政府签订了不平等的《中俄续勘喀什噶尔界约》，据此，强占了阿赖山至帕米尔高原的吉尔吉斯人居地；到1894年，帕米尔高原上的吉尔吉斯人居地大部分归属于俄国，其中只有三分之一归属于中国，这些地区的大部分吉尔吉斯人逐渐成为俄国的属民。

20世纪20年代，苏俄政府对中亚地区进行了民族识别与划界，

1　Chabryar Adle, Irfan Habib, eds., *History of Civilizations of Central Asia*, Vol. 5, p. 75.

1924年10月14日,全俄中央执行委员会通过专门决议,在吉尔吉斯人聚居地区成立卡拉吉尔吉斯自治州,隶属于俄罗斯联邦,自治州面积有19.5万平方千米[1];1926年2月1日自治州升格为吉尔吉斯苏维埃社会主义自治共和国;1936年12月5日,吉尔吉斯自治共和国正式成为苏联加盟共和国。在此期间,联盟中央对中亚国家领土进行过多次调整,20世纪70年代,吉尔吉斯共和国的面积为19.85万平方千米。[2]

苏联中央政府在吉尔吉斯人聚居地的划界虽然以民族为主,但也兼顾了地缘平衡的分割方式。为了平衡势力,费尔干纳盆地南部地区在乌兹别克、吉尔吉斯、塔吉克三个共和国之间瓜分,如今这一地区形成了你中有我、我中有你的边境线犬牙交错的复杂局面。如在今吉之奥什州有属于乌兹别克斯坦的四块小飞地和属于塔吉克斯坦的两块小飞地;这种状况为独立以后的吉、乌、塔三国边界争端埋下了隐患。

---

[1]《吉尔吉斯共和国史》第3卷,第329页,转引自马大正、冯锡时主编:《中亚五国史纲》,第213页。

[2]《吉尔吉斯苏维埃社会主义共和国》,《英国大百科全书长编》第10卷,第487—490页,见《中亚史丛刊》1983年第1期。

中编
独立国家的创建

苏联解体前夕（1990年12月15日），吉尔吉斯共和国最高苏维埃发表《国家主权宣言》，宣布吉尔吉斯共和国为主权国家。1991年8月31日，吉尔吉斯共和国宣布独立，改国名为吉尔吉斯斯坦共和国，后又改为吉尔吉斯共和国（本书称独立后的吉尔吉斯共和国为"吉尔吉斯斯坦"）。1991年12月25日，苏联解体，吉尔吉斯斯坦成为独立的主权国家，开始了独立国家的创建。独立以后，吉尔吉斯斯坦进行了社会转型的改革，政治上追随西方三权分立的民主制度，经济上从计划经济转向市场经济，意识形态转向多元化。到2003年，吉尔吉斯斯坦基本完成了从社会主义制度向多党民主共和制度的转型。

第六章

走向独立

吉尔吉斯斯坦是中亚五个加盟共和国中最早脱离苏联的国家之一。在十月革命以后的七十多年中（1917—1991），吉尔吉斯斯坦在政治构建和社会经济发展上取得了巨大进步，为吉尔吉斯的独立建国打下了基础。在苏联经历经济、政治和社会危机以及解体的过程中，吉尔吉斯共和国通过了《国家主权宣言》；"8·19"事件以后，共和国走上了独立建国的道路。

第一节 独立的内外因素

20世纪初苏俄进行的民族识别和民族国家的组建，使在今吉尔吉斯斯坦境内生活了一千多年的吉尔吉斯人得以在一个稳定的生活环境中加速了民族认同，从超民族的种族观念迅速向现代民族发展。十月革命及其之后组建的吉尔吉斯共和国（1936.12.5—1991.8.30）对吉尔吉斯人的社会和经济的发展起到了促进作用。尽管加盟共和国缺乏独立国家的主权，但在联盟的统一领导和计划经济的统一安排下，吉尔吉斯共和国迅速进入了现代国家的行列，为其发展成为一个拥有独立主权的民族国家打下了基础。

苏联时期，吉尔吉斯共和国经济取得的巨大成功是共和国走向独立的内在因素。吉尔吉斯共和国是以农牧业为主的国家。十月革命以后,在吉尔吉斯人居地比什凯克县、普尔热瓦尔斯克县、阿乌利阿塔县、贾拉拉巴德县率先开展了土地改革,沙俄时期被俄罗斯富农占有的土地分给了当地农民。以后,苏俄国内爆发内战,影响了吉尔吉斯共和国农牧业的发展。内战结束以后,吉尔吉斯共和国开始了农业集体化运动,政府设立了专门机构领导农业集体化。在集体化的过程中,政府曾采取了过激和违反自愿原则的强迫行为,激起了当地农牧民的不满和反抗,他们宰杀牲畜或将牲畜赶出境外,因此,在二战爆发之前,吉尔吉斯共和国农牧经济的发展是缓慢的。

二战以后,联盟中央高度重视吉尔吉斯共和国的农牧业发展,共和国的经济发展迅速。1946年2月,苏联人民委员会通过了《关于发展吉尔吉斯苏维埃社会主义共和国农业的措施》的决议。在1946—1947年间,苏联政府向共和国拨款980万卢布用以购买牲畜,拨款520万卢布用以购买肥料。[1]在"四五计划"期间(1946—1950),农作物的种植面积在战后5年之中增长了14%。[2]1948年底,共和国各类牲畜的头数已经超过了战前的水平。20世纪60年代,吉尔吉斯共和国农业取得了很大发展,粮食产量由1950年的43.4万吨增加到1989年的164.48万吨;农业机械化速度也在加速发展,1940年有拖拉机5200台,1980年数量达到2.63万台。[3]

吉尔吉斯共和国的现代工业是在苏联时期发展起来的。在20世纪30年代的苏联大规模工业化运动中,吉尔吉斯共和国经济逐渐从农牧业向工农业并重发展。社会主义工业化初期,吉尔吉斯共和国首先发展起来的是农牧产品加工业。在1926—1928年间,一

---

[1] 刘庚岑、徐小云编著:《吉尔吉斯斯坦》,第59页。
[2] 《吉尔吉斯苏维埃社会主义共和国百科全书》,第155—160页,转引自马大正、冯锡时主编:《中亚五国史纲》,第217页。
[3] 刘庚岑、徐小云编著:《吉尔吉斯斯坦》,第107页。

批皮革厂、轧花厂、锯木厂、缫丝厂、糖厂、发酵厂、肉类罐头等企业建立起来。二战时期，苏联许多大型工厂疏散到中亚，其中有30多个大型工厂从苏联中部疏散到吉尔吉斯共和国，这些企业及技术人员的到来加速了共和国现代工业的发展。据统计，1940—1980年，吉尔吉斯共和国工业产值年均增长10.2%，1980年国内工业产值已经占国内总产值的55.6%，大小工业部门已达130个。[1]吉尔吉斯共和国已经从一个农牧业国家发展成为一个工农业并重的国家。

苏联时期，吉尔吉斯共和国在文化上的成就也是共和国走向独立的内在因素。沙俄时期，大多数吉尔吉斯人是文盲，据1897年沙俄第一次人口统计，吉尔吉斯人中只有0.6%的人识字。十月革命以后，苏维埃政府展开了扫盲运动，吉尔吉斯共和国各地成立了脱盲站，办起了扫盲班。到1939年，农牧区78.3%的人口、城市85%的人口脱盲。此项工作因卫国战争而停止，战后才恢复。到1959年，吉尔吉斯共和国基本扫除了文盲。[2]美国学者梅尔文·布伦说："共产党俄国的最杰出的成就之一就是战胜了文盲。"[3]

除扫盲外，苏联政府很早就在吉尔吉斯人中实施正规教育，到20世纪30年代，吉尔吉斯自治共和国已建立起包括学前教育，初等、中等普通学校和中等专业学校，以及高等学校在内的完备教育体系。截至1956年1月，与1927—1928学年相比，全苏吉尔吉斯族大学生增加了50倍。[4]吉尔吉斯共和国文化的发展，为共和国培

---

1 刘庚岑、徐小云编著：《吉尔吉斯斯坦》，第107页。
2 阿斯卡尔·居努斯：《苏维埃时期吉尔吉斯人的文化变迁和族际关系》，《贵州师范大学学报》2005年第3期。
3 〔苏联〕米哈伊尔·戈尔巴乔夫：《戈尔巴乔夫对过去和未来的思考》，徐葵等译，新华出版社，2002年，第37页。
4 《苏联国民经济统计年鉴》，莫斯科，1956年，第193页，转引自寇亮：《前苏联中亚地区国民教育的发展》，《陕西师范大学继续教育学报》2007年第4期。

养了一批人才。

政治、经济和文化方面的成就为以后吉尔吉斯共和国的独立建国打下了基础。在苏联经济衰退，政治形势恶化之际，吉尔吉斯共和国开始走向独立。

苏联的政治体制改革是吉尔吉斯共和国走向独立的外部因素。1985年，戈尔巴乔夫当选苏共中央总书记后，旨在扭转经济局面的改革开始了。在经济改革没有进展的情况下，戈尔巴乔夫开始了人事改革。吉尔吉斯共产党中央第一书记图·乌苏巴利耶夫首当其冲，成为第一个被撤职的干部，1985年11月2日，他因工作不称职被迫退休。1986年，莫斯科市委第一书记叶利钦在苏共二十七大上指责中央组织党务工作部忽略了最重要的干部工作，他说："难道苏共中央没有看到乌兹别克、吉尔吉斯以及其他一些地方的干部在蜕化变质吗？把近几个五年计划经济速度下降同党和国家的领导联系起来是完全有道理的。"[1]

然而，人事改革对经济改革并未产生明显的推动作用，改革的步伐仍然缓慢。在此形势下，戈尔巴乔夫认为制约经济发展的关键是苏联的政治体制，要促进经济根本改变必须进行政治体制改革。1988年6月28日至7月1日，苏共第十九次全国代表会议在莫斯科召开，戈尔巴乔夫做了《关于苏共二十七大决议的执行情况和深化改革的任务》的报告，报告阐述了进行政治体制改革的必要性，以及政治体制改革的方案。政治体制改革首先应该改革长期主宰和统治国家和社会生活的苏联共产党，为打破苏联共产党对权力的垄断地位，引入了政治竞争原则。

---

[1] 黄宏、纪玉祥主编：《原苏联七年"改革"纪实》，红旗出版社，1992年，第22页。

1988年12月,苏联的宪法修正案出台。修正案改革了选举制度,人民代表大会实行差额选举,代表候选人提名数额多于该选区应选代表的名额,实行代表候选人的竞选制度,允许代表候选人提出竞选纲领,发表竞选演说,组织竞选机构,进行宣传活动。1990年,苏共中央二月全会提出关于共产党领导地位的条文,"放弃了苏联共产党在政治上的领导作用",会议宣称:"苏共同其他社会政治团体和群众运动一样,参加国家和社会事务的管理,将自己的代表推举到人民代表苏维埃。党将不再独揽国家大权。它的作用是成为通过共产党员发挥作用的、经民主认可的政治领袖,不觊觎特权和在苏联宪法中巩固自己的特殊地位。"[1]随着苏共领导地位的丧失,联盟中央失去了凝聚力,统一的苏联失去了存在的基石,苏联的解体不可避免,而民族矛盾的尖锐化加速了苏联的解体。

苏联民族矛盾的尖锐化是吉尔吉斯共和国走向独立的另一外部因素。在进行经济和政治改革期间,戈尔巴乔夫对苏联国内长期潜伏的民族矛盾的严重性、尖锐性和复杂性缺乏认识。在戈尔巴乔夫经济改革的第二年,即1987年7月,卫国战争时期被强迫迁到中亚的克里米亚鞑靼人举行集会和示威,要求返回克里米亚,重建民族自治共和国。此后,苏联境内要求建立民族自治共和国的呼声日益高涨,1988年4月,波罗的海地区的三个加盟共和国陆续建立了民族主义组织人民阵线,开始有组织和有纲领地从事建立独立国家的活动。为了防止联盟解体,苏联中央政府拟定了旨在扩大加盟共和国权力的《新联盟条约》。1990年2月5—7日,苏共召开扩大的中央全会,通过了向苏共二十八大提出的行动纲领草案。草案的

---

[1]《走向人道的、民主的社会主义——苏共中央向党的第二十八次代表大会提出的行动纲领草案》,苏联《真理报》1990-02-13,转引自潘德礼主编:《俄罗斯》,社会科学文献出版社,2005年,第86页。

一项内容是：准备建立各种形式的联邦关系。戈尔巴乔夫认为，要改革我们的联邦，进一步发展苏联联邦制的条约原则，创造法律条件，为存在各种联邦关系形式开辟可能性。[1] 然而，这一举措未能遏制加盟共和国的独立倾向。

1990年12月15日，吉尔吉斯共和国最高苏维埃发表《国家主权宣言》，宣布吉为主权国家。《国家主权宣言》指出：吉尔吉斯斯坦在社会生活各领域拥有主权国家的一切权力，共和国宪法和法律在其境内具有至高无上的地位，共和国在政治生活中实行多元化原则；共和国现有领土不可侵犯，共和国境内的土地、领空、矿藏、森林、水资源及其他自然资源均为国家财富，归人民所有。联盟财产是各共和国的共同财富，其分配问题要在各共和国之间通过谈判解决。[2]

担负起领导吉尔吉斯共和国走向独立使命的是吉尔吉斯人阿斯卡尔·阿卡耶维奇·阿卡耶夫。在苏联实行总统制之时，1990年10月24日，吉尔吉斯共和国最高苏维埃主席签署了关于设立共和国总统职位和修改、补充共和国宪法的法律。[3] 10月27日，阿卡耶夫在最高苏维埃会议上当选为共和国第一任总统（1990—2005）。

阿卡耶夫于1944年11月10日出生在吉尔吉斯斯坦楚河州克兹勒巴依拉科村一个农民家庭，1962—1968年在列宁格勒精密机械和光学仪器学院学习；大学毕业以后，先后在列宁格勒精密机械和光学仪器学院、伏龙芝工学院工作。1981年，阿卡耶夫加入共产党，从此走上领导岗位。先后出任吉共中央科学和高教部部长、共和国科学院副院长、院长，并于1989年当选为苏联人民代表，

---

1 黄宏、纪玉祥主编：《原苏联七年"改革"纪实》，第239—240页。
2 刘庚岑、徐小云编著：《吉尔吉斯斯坦》，第62—63页。
3 丁佩华：《吉尔吉斯议会制转型前景未明》，《社会科学文献》2010年第8期。

1990年10月27日当选为吉尔吉斯共和国总统。

在阿卡耶夫总统的领导下，吉尔吉斯共和国发表了《国家主权宣言》；1991年2月7日，首都伏龙芝恢复原名比什凯克。尽管如此，当一些共和国要求解散联盟之时，吉尔吉斯共和国领导人和吉尔吉斯人民仍然希望保留联盟，愿意加入戈尔巴乔夫极力倡导的主权国家联盟。1991年3月17日，苏联中央就是否保留苏维埃联盟的问题举行全民公决，吉尔吉斯共和国有92.9%的全民参加了公决，其中94.5%的人投了赞成票。[1]

然而，"8·19"事件以后，一些以复兴和发展本民族的文化价值观、振兴民族精神为宗旨的文化中心与号召民族和睦的协会纷纷出现，吉尔吉斯共和国在此洪流中走向了独立的道路。

第二节 顺应形势的独立进程

在走向独立的过程中，中亚五个加盟共和国领导者和人民都存在着矛盾心理。一方面，他们期望有自己独立自主的国家，成为国际社会的真正成员；另一方面，由于与苏联其他加盟共和国在经济上的紧密联系，他们仍希望保持联盟。在就是否保留联盟进行公投的前一天，吉尔吉斯共和国《言论报》说："谁也不会从联盟解体中得到好处，各共和国、各民族、每个人全都要遭受损失。而且，倘若我们不能保住强大而独立的国家，子孙后代是永远不会宽恕我们的。"[2]

在《新联盟条约》正式签订的前一天，1991年8月19日凌晨，苏联副总统根纳季·伊万诺维奇·亚纳耶夫趁戈尔巴乔夫总统

---

1 黄宏、纪玉祥主编：《原苏联七年"改革"纪实》，第471页。
2 刘庚岑、徐小云编著：《吉尔吉斯斯坦》，第63页。

在克里米亚休假之机发动政变,组成国家紧急状态委员会,发表了《告苏联人民书》,书中说戈尔巴乔夫倡导的改革政策已经走入死胡同。亚纳耶夫宣称:"将采取最果断的措施使国家和社会尽快摆脱危机。"苏联国防部命令部队处于紧急状态,莫斯科卫戍司令宣布首都宵禁,坦克和大炮出现在莫斯科街头。[1]

俄罗斯联邦第一任总统叶利钦对名为"8·19"事件的政变发表了态度鲜明的讲话,他说:"国家紧急状态委员会是违反宪法的组织,必须对委员会的领导者追究刑事责任。"在叶利钦的鼓动下,示威群众聚集在议会大厦,宣誓誓死保卫议会,于是,莫斯科形成了两种政治势力对峙的局面。21日下午,苏联国防部命令军队撤回驻地,国家紧急状态委员会的领导人放弃了行动,当晚8点,戈尔巴乔夫得以重新行使总统职权。

"8·19"事件发生之时,吉尔吉斯共和国总统阿卡耶夫向该国人民呼吁:"吉尔吉斯斯坦的各族人民在这严峻的时刻保持平静、理智和智慧,团结一致,遵守苏联吉尔吉斯共和国的宪法和法律,必须在安定的环境里继续坚守工作岗位,保持高度的组织性和纪律性。"[2] 在以上呼吁书中,既看不到反对国家紧急状态委员会的只言片语,也看不出支持叶利钦或戈尔巴乔夫的任何暗示,连声明的措辞也平淡无奇。[3]

与此同时,吉尔吉斯共产党中央政治局对"8·19"事件向全国人民发表的声明却持有鲜明态度,声明中历数戈尔巴乔夫改革以来出现的政局混乱、经济联系遭破坏、人民贫困化、投机倒把、物

---

[1] 《告苏联人民书》,《人民日报》2003-08-11。
[2] 阿卡耶夫总统呼吁书的全文,见马大正、冯锡时主编:《中亚五国史纲》,第266—267页。
[3] 马大正、冯锡时主编:《中亚五国史纲》,第267页。

价上涨等现象,认为"空话连篇"和"无休止的争论"加剧了经济和政治形势的不稳定。吉共中央号召全国人民支持国家紧急状态委员会的措施,声明指出:由于戈尔巴乔夫因健康原因不能履行职责,由副总统亚纳耶夫代行总统职务。在这种情况下,为了防止国家出现混乱和无政府状态,苏联领导宣布自1991年8月19日起在苏联部分地区实行为期6个月的紧急状态。吉共中央政治局呼吁人民服从苏联领导的声明,坚决反对致使国家瓦解、经济崩溃和人民生活下降的各种"破坏活动"。[1]

"8·19"事件发生后,阿卡耶夫总统给予激烈谴责。他说:"毫无疑问,最近两天发生的事件是反宪法的政变……很明显,政变发动者……渴望保住即将失去的国家权力和极权制度。"[2]

戈尔巴乔夫重新掌权之后,于8月24日辞去了苏共中央总书记职务,宣布苏共中央书记处、政治局和中央委员会自动解散,同时宣布各共和国共产党和地方党组织的命运由它们自己决定。在此后短短的几个月中,包括吉尔吉斯共和国在内的各加盟共和国纷纷宣布独立。

8月23日,阿卡耶夫发布了在政府机构中停止党派活动的"非党化"命令。8月24日,吉共中央召开全会,对吉共中央政治局成员在"8·19"事件中的立场进行清算。吉共中央第一书记等5人被开除出党中央,中央局和书记处全体成员被解职。8月27日,吉尔吉斯共和国最高苏维埃通过《关于停止吉共活动和处理其财产的决议》。吉尔吉斯共产党于1937年6月在联共(布)吉尔吉斯州党组织的基础上成立,此后,一直是吉尔吉斯加盟共和国内唯一的执政

---

[1] 马大正、冯锡时主编:《中亚五国史纲》,第267页。
[2] 同上。

党。在长达半个多世纪中，吉尔吉斯共产党组织不断壮大，到1990年初，共产党员总数达15.465万人，基层组织5393个。[1] 苏联时期，吉尔吉斯共产党紧跟苏共中央，长期执行苏共的方针路线。吉尔吉斯共和国独立以后奉行政治多元化，国家开始由一党制转向多党制。1991年8月31日，吉尔吉斯共产党停止活动。至此，具有50多年历史的吉尔吉斯共产党解体，部分共产党员重新成立了共产主义者党。

1991年8月31日，吉尔吉斯苏维埃社会主义共和国宣布独立，改国名为吉尔吉斯斯坦共和国，后又改为吉尔吉斯共和国（简称"吉尔吉斯斯坦"）。吉尔吉斯斯坦进入独立建国时期。

---

1 胡振华主编：《中亚五国志》，中央民族大学出版社，2006年，第71页。

第七章
独立国家的创建

1991年至2003年是吉尔吉斯斯坦独立国家的创建时期。1993年5月5日,吉尔吉斯斯坦颁布了独立后的第一部宪法。宪法规定:吉尔吉斯斯坦是法制的、世俗的、享有主权的民主共和国;吉尔吉斯斯坦政权以宪法为基础,采取立法、行政、司法三权分立的政治体制。然而,在实践过程中,吉尔吉斯斯坦根据本国国情形成了"强总统、弱议会"的总统集权制政权形式。

第一节 富含民族文化的国家象征

1991年8月31日,吉尔吉斯苏维埃社会主义共和国脱离苏联,宣布独立,8月31日被定为国家独立日。[1] 独立后,吉尔吉斯斯坦的领土在北、西、南面分别与哈萨克斯坦、乌兹别克斯坦、塔吉克斯坦接壤,东南部与中国新疆相邻。全国领土面积19.99万平方千米,人口529.62万(截至2008年11月1日)。[2] 吉尔吉斯斯坦划分为7个州(楚河、塔拉斯、奥什、贾拉拉巴德、纳伦、伊塞克湖、巴特肯)和两个直辖市(首都比什凯克市和奥什市),在州(市)以下设区、镇、村。截至2003年1月1日,全国有40个区、

---

1 陈联璧:《独立后中亚国家的政治走向》,《东欧中亚研究》1996年第1期。
2 《吉尔吉斯共和国·国家概况》,中华人民共和国外交部2009-07-30。

23个市、29个镇和439个村。[1]吉尔吉斯斯坦依据人文、习俗、传统，又有南北之分，伊塞克湖州、楚河州、塔拉斯州、纳伦州在北方，奥什州、贾拉拉巴德州和巴特肯州在南方。

直辖市比什凯克是吉尔吉斯斯坦首都，全市面积130平方千米。比什凯克城始建于1878年，原名皮什佩克，1926年进行了大规模扩建，改名为伏龙芝；独立后恢复原名并成为吉首都。比什凯克城地处吉尔吉斯斯坦北部，在美丽富饶的楚河盆地中央，交通便利，是国内主要的交通枢纽。比什凯克是吉尔吉斯斯坦最大的工业中心，其西是老工业区，其东是新工业区，南部是文教机构集中的文化区。比什凯克也是中亚地区重要的中心城市。

独立后，吉尔吉斯斯坦采用了新的国旗、国徽和国歌。国旗呈长与宽之比约为5:3的长方形。旗面是象征胜利的红色。旗面中央是一轮象征光明的金黄色太阳，太阳图案周边有光芒四射的40条光线，代表着40个吉尔吉斯部落；太阳图案中间有两组相互交叉的红色三线环，这一图案是吉尔吉斯游牧民常用的帐篷的鸟瞰图，象征家庭、家族和民族的团结。

1992年6月2日，吉尔吉斯斯坦启用新国徽。国徽为圆形；以蓝、金为主色调；国徽中间是白雪的天山，其上有一轮光芒四射、象征繁荣富强的太阳，其下是一只象征自由的展翅高飞的雄鹰；国徽周边是用本族语书写的"吉尔吉斯共和国"和以棉桃与麦穗束的装饰。

1992年，吉尔吉斯斯坦启用新国歌。国歌由纳希尔·达夫勒索夫和卡勒伊·摩尔多巴萨诺夫作曲，贾米勒·萨迪科夫和埃舍曼贝特·库卢埃夫作词。歌词大意："高山、峡谷和田野——我们亲爱、

---

[1] 刘庚岑、徐小云编著：《吉尔吉斯斯坦》，第3页。

神圣的疆域。我们的先辈曾生活在阿拉套山,他们一直忠实地捍卫自己的祖国。前进,吉尔吉斯人民,在自由的道路上前进!强盛起来,人民,繁荣起来,开创我们的未来!我们的人民自古以来珍视友谊,他们把团结友爱铭记心里。吉尔吉斯斯坦大地,我们的祖国,到处都充满和谐的光芒。前进,吉尔吉斯人民,在自由的道路上前进!强盛起来,人民,繁荣起来,开创我们的未来!人民的理想和愿望已经实现,自由的旗帜高高升起,我们将把父辈的遗产传给子孙后代,以造福人民。前进,吉尔吉斯人民,在自由的道路上前进!强盛起来,人民,繁荣起来,开创我们的未来!"[1]

1993年5月5日吉尔吉斯斯坦通过了独立以后的第一部宪法。该宪法由序言和主体部分组成。1993年宪法作为吉尔吉斯斯坦的一张国家名片向世界表明:吉尔吉斯斯坦是以实施基本法为基础构建起来的宪政国家,它将民主作为新兴独立国家的政治目标。

独立国家象征的另一标志是本国货币的发行。独立初期,吉尔吉斯斯坦继续使用苏联时期发行的卢布。直到1993年5月10日才开始发行本国货币索姆(som)。以1索姆比200卢布的兑换率取代了苏联卢布。发行面额分别为1、5、10、20、50索姆。第二套于1994年发行,面额分别有1、5、10、20、50和100索姆。第三套于1997年发行,面额分别有1、5、10、20、50、100、200、500和1000索姆。[2]

在现在流通的索姆中,20索姆纸币的正面是吉尔吉斯族诗人托戈洛克·莫尔多(1860—1942),反面为纳伦州的塔什拉巴特;50索姆纸币的正面是女政治家库尔曼江·达特卡(1811—1907),

---

[1] 刘庚岑、徐小云编著:《吉尔吉斯斯坦》,第75—76页。
[2] 同上书,第164—165页。

反面为宣礼塔、陵墓;100索姆纸币的正面是著名民间歌手、诗人托克托古尔·萨特尔干诺夫(1864—1933),反面为贾拉拉巴德州的托克托古尔水库;200索姆纸币的正面是吉尔吉斯族诗人阿雷库尔·奥斯莫诺夫(1915—1950),反面为伊塞克湖州的伊塞克湖;500索姆纸币的正面是吉尔吉斯族诗人萨亚克巴伊·卡拉拉耶夫(1894—1971),反面为塔拉斯州的玛纳斯陵墓;1000索姆纸币的正面是11世纪的塔吉克诗人玉素甫·哈斯·哈吉甫(1019—1085),反面为苏莱曼山;5000索姆纸币的正面是吉尔吉斯族作家苏伊曼库尔·乔克莫洛夫(1939—1992),反面为比什凯克的阿拉多广场。

第二节 国体与政体的确立

1993年5月5日,吉尔吉斯共和国宪法通过,5月5日被定为国家宪法节。从此,吉尔吉斯斯坦开始了以制度变迁为核心的政治转型。

鉴于伊斯兰教的影响,吉尔吉斯斯坦强调建立世俗国家,实行政教分离。1993年宪法第1条第1款明确规定了吉尔吉斯斯坦国体:吉尔吉斯斯坦共和国是根据法制、世俗原则建立起来的,享有主权的单一制民主共和国。

国家权力的归属与划分是政治制度构建的核心。1993年宪法对国家政权的划分做了明确的规定:国家实行立法、行政和司法三权分立的政体。1993年宪法规定由最高苏维埃代表行使立法权。独立之前,吉尔吉斯共和国追随戈尔巴乔夫的政治改革,将一切权力转交给在多党制基础上建立的人民代表大会,人民代表大会的常设机构仍称"最高苏维埃"。1990年2月25日,吉尔吉斯共和国通过选举产生了最高苏维埃。这届最高苏维埃在吉尔吉斯共和国独立前夕的 1990 年 10 月 27 日,主持选举了共和国总统;同年 12 月 15 日,发表了《国家主权宣言》,制定了总统选举法。

独立以后,吉尔吉斯斯坦将 1990 年 2 月选举产生的最高苏维埃一直保留到 1994 年 9 月,最高苏维埃以吉尔吉斯斯坦共和国最高苏维埃的名义继续着立法工作;在 1993 年宪法中,国家议会仍称"最高苏维埃"。随着吉尔吉斯斯坦改革的深入,最高苏维埃对总统和政府的限制成为吉尔吉斯斯坦政治、经济改革的障碍,于是,本该在 1995 年结束工作的最高苏维埃于 1994 年 9 月提前解散。同年 10 月 22 日,吉尔吉斯斯坦举行全民公决,通过了修改宪法的决定。按宪法修正案的规定,议会改名为"最高会议",最高会议由立法院(下院)和人民代表会议(上院)组成,议员共 105 人。最高会议的代表由选区根据平等原则以无记名投票方式直接选举产生,任期 5 年。凡年满 25 岁、提名前在国内至少居住 5 年并有选举权的国家公民均可被推荐为代表候选人。[1] 最高会议的立法院有如下职权:对宪法进行修改和补充;确定军衔、外交职衔、法官官衔及其他专业职衔;弹劾总统和让总统辞职;等等。

最高会议的人民代表会议有如下职权:在宪法规定的情况下对立法院通过的法律进行审议;批准国家预算和预算执行情况的报告;指定总统的选举和审议对政府成员的任命;听取政府完成预算情况的报告;要求政府就其执行的对内对外政策或就某一具体问题进行解释;等等。两院议员不能担任国家公职,甚至无权从事经营活动。

1995 年 2 月,吉尔吉斯斯坦进行了第一届最高会议的选举,全国共划出 35 个最高会议选区,各选 1 名议员;同时划出 70 个人民

---

[1] 刘庚岑、徐小云编著:《吉尔吉斯斯坦》,第 86 页。

代表会议选区,各选 1 名人民代表会议议员。[1] 五年之后,吉尔吉斯斯坦于 2000 年 2 月选举了第二届最高会议,设 60 个议席,议员由单一选区和政党比例代表制选举产生,其中 45 名通过选区选举产生,15 名分配给政党和社会组织。人民代表会议设 45 个议席,实行区域代表制度。[2]2000 年 4 月 14 日和 4 月 18 日,埃尔凯巴耶夫、阿卜迪干内·埃尔凯巴耶维奇,博鲁巴耶夫、阿尔泰·阿瑟尔坎诺维奇,分别当选为本届最高会议立法院院长和人民代表会议议长。

1993 年宪法规定,吉尔吉斯斯坦最高行政权属于总统及其领导的内阁。宪法规定:总统是国家元首和最高官员,是人民和国家权力统一的象征,是国家宪法以及公民权利、自由的保障者。凡年龄不小于 35 岁和不大于 65 岁、通晓国语、在提名前已在国内至少居住 15 年的吉尔吉斯斯坦公民,可被选举为总统。总统职位候选人数额不限,凡征集到不少于 5 万选民签名者,均被登记为国家总统候选人。1991 年 10 月 12 日,阿卡耶夫以 95.3% 的得票率当选为吉尔吉斯斯坦第一任总统[3];1993 年宪法颁布以后,阿卡耶夫在 1995 年 12 月的大选中获得连任。

吉尔吉斯斯坦政府称内阁,内阁是国家的最高执行权力机关。内阁由议会选举中获得多数席位的政党组建。内阁总理由总统提名,并在征得议会同意之后任命;内阁成员由总理提名,经最高会议同意,由总统任命;各行政部门领导人由总理提名,总统任免。

出任吉尔吉斯斯坦第一届政府总理的是图尔松别克·成吉雪夫(1992.2.10—1993.12.13),任期不到一年,他的政府即被

---

[1] 任允正、于洪君:《独联体国家宪法比较研究》,中国社会科学出版社,2001 年,第 193 页。
[2]《吉尔吉斯共和国·国家概况》,中华人民共和国外交部 2009-07-30。
[3] 刘庚岑、徐小云编著:《吉尔吉斯斯坦》,第 79 页。

迫解散。当天，由无党派人士阿·马图布赖莫夫代行总理之职（1993.12.13—1993.12.14），第二天，阿帕斯·朱马古洛夫出任第二届总理（1993.12—1995.4）。在第一届两院制议会选举产生之后，1995年4月20日，组建了以朱马古洛夫为总理的政府（1995.4—1998.3）。此届政府包括4名副总理和22名部委领导人。1996年底，根据总统令，政府直属部委精简为16个。1998年3月，阿卡耶夫总统解除了朱马古洛夫的总理职务，任命原总统办公厅主任茹马利耶夫为总理（1998.3—1998.12）；同年12月，阿卡耶夫以经济形势不佳为由解散了以茹马利耶夫为首的政府，任命原国务秘书伊布拉伊莫夫为总理（1998.12—1999.4）组建了新一届政府。1999年4月4日，伊布拉伊莫夫总理病逝；4月12日，原奥什州州长阿·穆拉利耶夫受命总理一职（1999.4—2000.10）。2000年10月，以阿·穆拉利耶夫总理为首的政府自动解散；同年12月，总统阿卡耶夫任命库·巴基耶夫为总理（2000.12—2002.5）。2002年3月中旬，吉尔吉斯斯坦南部阿克瑟区发生流血骚乱事件，以库·巴基耶夫为首的政府于5月22日宣布辞职，由第一副总理尼·塔纳耶夫出任代总理（2002.5.22—2005.3.24）。5月30日，吉尔吉斯斯坦议会经过表决，通过了总统对尼·塔纳耶夫的总理提名；6月14日，以尼·塔纳耶夫为总理的新政府组成。政府的频繁更换反映出议会与政府之间的关系紧张，双方的不和睦使政府在解决国家重大问题时举步维艰。

吉尔吉斯斯坦司法权由司法机关行使，司法系统由法院和检察院组成。法院系统有宪法法院、最高法院、地方法院，以及军事法院；宪法规定，吉尔吉斯斯坦可以建立专门法院。宪法法院是维护国家宪法的最高司法机关。宪法法院由院长、若干副院长和7名法官组成；最高法院是民事、刑事和行政诉讼程序，以及国家法律规定的其他案件方面的最高司法机关。最高法院对地方法院的司法活动进行监督。[1]

年龄在35岁以上和70岁以下、受过高等法学教育、法学专业工龄至少10年的吉尔吉斯斯坦公民方可成为宪法法院或最高法院法官；宪法法院法官和最高法院法官由最高会议根据总统提名选举产生，任期分别是15年和10年。年龄在25岁以上和65岁以下、受过高等法学教育、法学专业工龄至少5年的吉尔吉斯斯坦公民有资格担任地方法院法官；地方法院的法官由总统任命，经最高会议同意，任期7年。[2]

宪法规定，检察院对执行立法文件实行监督，检察院各机构可以进行刑事追诉，并依照法定情况和程序参与案件的法庭审理。经最高会议同意，总统有权任免总检察长的职权。

1993年宪法的颁布，标志着吉尔吉斯斯坦以立法、行政、司法三权制衡的原则在理论上确立起来。然而，在实践过程中，吉尔吉斯斯坦的政权结构却不符合三权分立的原则，其中，行政权过大，议会职权过小，司法权没有起到宪法所赋予的职能。

第三节 总统集权制的形成

在政治体制的改革中，吉尔吉斯斯坦在理论上确立了以三权分立为原则的政治体制。1993年以后，议会与总统争权，总统与议会的矛盾逐步加深。在双方的角逐中，最高权力逐渐向总统倾斜，最终，在吉尔吉斯斯坦形成了总统集权的政治体制。

1990年，苏共中央总书记戈尔巴乔夫修改宪法，实行总统制，

1　于洪君：《吉尔吉斯斯坦的权力架构与政治局势》，《和平与发展》1995年第2期。
2　刘庚岑、徐小云编著：《吉尔吉斯斯坦》，第93页。

吉尔吉斯共和国随之也开始实施总统制。1990年10月27日，阿卡耶夫在吉尔吉斯共和国最高苏维埃第二次非常代表大会上当选为吉尔吉斯社会主义加盟共和国总统。独立以后，在1991年10月12日的第一次大选中，阿卡耶夫又以高票当选为吉尔吉斯斯坦第一届总统。作为总统，阿卡耶夫在吉尔吉斯斯坦创建时期的政治变革和经济改革中起到了重要作用。

独立初期，阿卡耶夫对西方模式十分推崇，曾设想以西方三权分立、自由市场经济的模式改造国家，将吉尔吉斯斯坦建设成一个"人权、自由、合法利益以及人的尊严优先的社会"[1]。因此，在独立以后的中亚五国中，吉尔吉斯斯坦在政治上西化的倾向尤为明显，三权分立、权力制衡原则成为国家政治体制建设的目标。为此，阿卡耶夫得到了西方国家的一致好评，有评论说："在吉尔吉斯斯坦，一位能够进行决定性改革的卓越的领袖掌了权。"[2] 西方一度将吉尔吉斯斯坦称为中亚的"民主岛"，并对这个面积只有20万平方千米的山地小国给予了大量的经济援助，希望以此带动整个中亚地区朝着所谓西方民主政治的方向发展。

然而，理论上的三权分立在实践过程中产生了问题，议会（最高苏维埃）与总统在国家体制、权限划分、经济发展政策等一系列问题上产生了对立，政府的改革措施因与立法机构的意见相左而无法执行。阿卡耶夫开始认识到，受本国经济发展水平和民主传统的影响，吉尔吉斯斯坦完全照搬西方的民主原则是行不通的，即由于文化历史背景的不同，对民主应有不同的理解和取向，如果一国民主化的进程脱离了该国社会政治经济现实，那么这种进程就不可能

---

[1] 晓君：《转轨时期的吉尔吉斯斯坦政治体制》，《东欧中亚研究》1997年第3期。
[2] 〔吉尔吉斯〕Π.库普耶夫：《吉尔吉斯斯坦改革中亟待解决的问题》，边及译，《东欧中亚市场研究》1999年第2期。

有什么成绩。[1] 吉尔吉斯斯坦尚处在过渡时期，尽管这条新选择的道路或将把人民领向自由、富足和顺遂，但是，这一阶段比开始时想象的要长得多。于是，阿卡耶夫改变了全盘西化的初衷，他指出："我们的目标都是建立民主国家，法制社会。但各国做法不一"，应该"将西方的自由民主思想同我们民族的好的民主传统结合起来"。[2] 塔吉克斯坦的内战、克里米亚争端等事件让阿卡耶夫看到，在独立与主权尚很脆弱的情况下，吉尔吉斯斯坦只有强有力的政权才能确立民主制度和市场机制并使之正常运转。[3]

然而，议会（最高苏维埃）的多数代表深受"一切权力归苏维埃"的影响，最高苏维埃一直成为权力中心，议员们认为议会应该对总统权力加以限制，于是，总统与议会之间的冲突频繁发生。

首先，议会与政府围绕改革问题产生的矛盾全面激化，内阁因议会的干涉和牵制而频繁更替，政局处于动荡之中。1993年12月13日，最高苏维埃以非法动用国家黄金储备和未能很好处理与邻国关系为由，迫使以成吉雪夫为总理的第一届内阁集体辞职。原吉尔吉斯共产党领导人、曾任部长会议主席的楚河州州长朱马古洛夫受命组阁，新政府继续贯彻总统的改革方针，反对派对政府的批评有增无减。议会与政府的矛盾冲突使总统的意图得不到贯彻，政令执行不畅。

其次，由于议会整天忙于政治斗争，无暇解决任何实质性问题，许多法律未能及时审议，甚至一再搁置。本届议会只通过了24个法律文件，其中的几个法律文件仅仅做了一些修改和补充，尚有

---

1 〔吉尔吉斯〕Π. 库普耶夫：《吉尔吉斯斯坦改革中亟待解决的问题》，边及译，《东欧中亚市场研究》1999年第2期。

2 《阿卡耶夫答记者问》，吉尔吉斯《言论报》1994-11-03，转引自晓君：《转轨时期的吉尔吉斯斯坦政治体制》，《东欧中亚研究》1997年第3期。

3 晓君：《转轨时期的吉尔吉斯斯坦政治体制》，《东欧中亚研究》1997年第3期。

120 多个重要的法律草案迟迟不予通过。立法工作的滞后使议会成为顽固地阻挠改革进程的堡垒，严重阻碍了转轨时期政治、经济体制变革的发展。

为了改变这种状况，总统阿卡耶夫开始着手解决议会揽权的问题。1993 年 4 月，阿卡耶夫成立了支持总统工作的总统办公厅，5 月 5 日，吉尔吉斯斯坦第一部宪法颁布。1993 年宪法赋予总统的权力超过了原加盟共和国共产党第一书记所拥有的权力。宪法取消了地方苏维埃选举地方苏维埃执委会主席的规定，改由总统任命州、直辖市行政长官，由州、直辖市行政长官任命下级行政长官，建立起隶属于总统的垂直领导体制。

1994 年 6 月，阿卡耶夫总统以挑拨民族关系为由关闭了最高苏维埃机关报。[1] 接着，总统召开了州、区长会议，提出将最高苏维埃的部分权力转给地方行政部门的意见。1994 年 8 月底至 9 月初，再有两月即将届满的议会与行政当局的关系再度激化。议员们在确定新议会选举日期等问题上发生严重分歧，134 名议员拒绝参加议会例会。反对派议员于 9 月 15 日召开会议，一些支持总统的议员拒绝出席最高苏维埃会议，于是，自苏联时期沿袭下来的最高国家权力机关——最高苏维埃自行解散。[2] 最高苏维埃的解散标志着阿卡耶夫总统与议会（最高苏维埃）斗争取得了初步胜利。

紧接着，楚河州州长库洛夫等人发起倡议，要求将议会改为两院制，此举得到阿卡耶夫总统的支持，却引起反对派的强烈反对。于是，自由吉尔吉斯斯坦党、共产主义者党、争取进步与民族尊严协会等 9 个政党和团体发表了《我们不会为独裁让路》的联合声

---

[1] 晓君：《转轨时期的吉尔吉斯斯坦政治体制》，《东欧中亚研究》1997 年第 3 期。
[2] 刘庚岑：《独立后的吉尔吉斯斯坦》，《东欧中亚研究》1995 年第 2 期。

明,指责阿卡耶夫总统在向民主成就发动进攻,为自己的利益而粗暴地改变宪法。[1]1994年10月,吉通过全民公决对宪法进行修改,建立两院制议会的决议获得通过。

1995年春,吉尔吉斯斯坦举行了议会大选。在新一届议会中,阿卡耶夫的支持者占了70%[2];以前议长梅·舍利姆库洛夫为首的政府反对派代表纷纷落选。同年3月10日,阿卡耶夫任命伊希莫夫和阿卜杜拉扎科夫为总统助理,以总统全权代表的身份分别派驻最高会议和人民代表会议;4月1日,阿卡耶夫总统提名的政府总理人选朱马古洛夫在议会两院获得通过,4月20日,以朱马古洛夫为首的新一届政府组成。

1995年以后,议会与总统之间的分歧和矛盾得以缓解,新议会为了免遭解散的厄运,开始采取与总统合作的态度。1995年12月24日举行总统大选,阿卡耶夫以71.59%的选票[3]击败反对派政党吉尔吉斯共产主义者党的候选人伊·马萨利耶夫和前议会议长梅·舍利姆库洛夫,获得连任。

1996年2月10日,吉尔吉斯斯坦就修改宪法举行全民公决,94.3%的选民赞成总统提出的修宪草案。[4]1996年宪法修正案表述说:民选国家首脑——吉尔吉斯斯坦总统——所代表和保障的人民政权至高无上。国家政权分为立法、行政和司法,它们行使各自的职权又互相协作。国家政权表现和实施为总统、最高会议、政府与地方行政、司法机构,强调总统是吉尔吉斯斯坦的最高负责人。显然,修改后的宪法赋予了总统至高无上的权力,并把总统置于立

---

1 于洪君:《吉尔吉斯斯坦的权力架构与政治局势》,《和平与发展》1995年第2期。
2 晓君:《转轨时期的吉尔吉斯斯坦政治体制》,《东欧中亚研究》1997年第3期。
3 刘庚岑、徐小云编著:《吉尔吉斯斯坦》,第79页。
4 晓君:《转轨时期的吉尔吉斯斯坦政治体制》,《东欧中亚研究》1997年第3期。

法、行政、司法三权之上。把三权分立的混合管理形式转变为权力集中的总统管理形式。[1]

1996年宪法修正案将原属议会的一些权力转给了总统。根据修改后的宪法,总统可以多种方式干预议会的活动。如总统有权提前召开最高会议和人民代表会议,以及确定会议主题;总统有权驳回议会通过的法律草案;在人事任免上,总统在征得议会同意的情况下任命政府总理,议会无权单独另提出总理人选,如果议会三次驳回总统对总理的提名,则总统可以解散人民代表会议并自行任命总理;原来内阁成员由内阁总理提名,修改后的宪法规定,总统与内阁总理协商之后任命;等等。尽管宪法修正案规定议会有弹劾总统的权力,但如果弹劾总统的提议被法院驳回,则最高会议要自行解散。

20世纪90年代中期,邻国土库曼斯坦、乌兹别克斯坦、哈萨克斯坦绕过选举程序,以全民公决的方式将总统任期延长,这一做法影响了吉尔吉斯斯坦。总统阿卡耶夫的支持者开始利用媒体制造舆论,在报纸上刊登要求延长总统任期的文章,并在各地召集签名运动。反对派和部分议员坚决反对延长总统任期,他们认为根据宪法的规定,除了选举没有其他途径可以使总统延期。一部分议员、政党和社会组织的代表在政府和议会大厦门口抗议示威和绝食,反对以公决形式延长总统的任期。议会为此召开了数次会议,最后最高会议否决了以全民公决形式延长总统任期的议案,阿卡耶夫总统接受了最高会议的决定,参加了2000年的全国总统大选。在此次大选中,阿卡耶夫以74.47%的选票,连任总统。[2]

吉政府在总统集权的过程中强大起来。1998年以前,吉政府

---

1 季志业:《吉尔吉斯斯坦共和国修改和补充宪法》,《国际研究参考》1996年第4期。

2 刘庚岑、徐小云编著:《吉尔吉斯斯坦》,第79页。

被公众评价为"软弱的政府,腐败的内阁"。1993年,第一任总理图·成吉雪夫因涉嫌贪污,内阁被迫集体辞职。1998年,总统签署了《关于加强打击经济犯罪和腐败行为作斗争的命令》,同年12月,司法机关逮捕了一批被指控犯有贪污盗窃和滥用职权罪的政府高级官员,其中包括财政部、工业部和环保部的3个副部长,以及农业部和财政部一些下属部门的领导人。[1]1998年以后,政府进行了人事制度改革,实行公开竞争、协议聘任、定期考核的政府官员聘任制,提高了政府官员的素质。时任总理的伊布拉伊莫夫认为,唯有果断地消除一切贪污腐败之徒,新政府才能赢得公众信任。1999年,总统提出"全民反腐败"的口号,对国家机关、企业中的腐败堕落分子开展斗争,这些措施得到民众的拥护。

在加强中央政府的同时,地方政府自治在吉尔吉斯斯坦得到确立和巩固。总统阿卡耶夫认为,强有力的地方自治是民主的重要保证,人民权力的政权形式首先就是分权给地方。他强调,如果没有底层人民的支持,吉尔吉斯斯坦的民主就不会有前途,对此问题的迟悟将使国家在经济、政治和社会各方面付出重大代价。[2]于是,地方自治成为国家政治民主发展的基本模式。在吉尔吉斯斯坦中央政府中成立了地方自治委员会,制定了地方自治的一些基本原则,主要职责是处理地方自治机关与国家政府机关的关系,这些措施旨在通过地方自治建立起有效的中央和地方的协调关系。

1994年10月22日,吉尔吉斯斯坦进行了第一次地方议会选举。1996年3月20日,根据总统令,首都比什凯克市政府也改为

---

1 徐海燕:《论吉尔吉斯斯坦共和国的政治、经济与对外关系》,新疆大学硕士学位论文,2001年,第9页。
2 《没有民权的民主是无力的民主》,吉尔吉斯《言论报》1994-11-23,转引自晓君:《转轨时期的吉尔吉斯斯坦政治体制》,《东欧中亚研究》1997年第3期。

地方自治政府，其首脑仍称市长。其他各州州长改称州督，同年4月2日，总统签署命令任命各地州督。州督有权处理本州征税、发放工资、退休金等事务。

到20世纪90年代末期，随着总统集权的确立，吉尔吉斯斯坦实际上形成了形式上的民主制和实质上的总统集权制。国家权力的集中有利于总统对国家全局的控制与把握，有利于改变无政府状态和政令不畅的状况。在《难忘的十年》一书中，总统阿卡耶夫总结了独立后取得的成就：吉尔吉斯斯坦成功地创建了民族国家；实现了吉尔吉斯人民多少世纪以来渴望拥有自己的家园的愿望；制定并有效实施了多民族和睦相处政策，避免了民族间激烈的冲突；吉尔吉斯斯坦得到了国际承认并成为世界组织受尊敬的一员。阿卡耶夫呼吁他的同胞们："珍藏好对我们独立自主发展所走过的岁月的宝贵记忆，……我们的后代们就会把这些记忆当成最宝贵的纪念品加以收藏。"[1]

尽管如此，总统与议会的冲突仍然是吉尔吉斯斯坦政坛斗争的主线，也是影响国家政局发展的一大因素。民主制度是吉尔吉斯斯坦政治发展的趋势。2003年2月2日，吉尔吉斯斯坦通过全民公决修改宪法。按2003年宪法修正案，总统的部分权力将转交给议会和政府，内阁的组成、总理和内阁成员的任免均须经议会同意，地方行政长官的任免也改为由政府提名，总统任命。

第四节 作用有限的政党制度

苏联政权时期，吉尔吉斯共和国实行一党制，吉尔吉斯共产党

---

[1] 〔吉尔吉斯〕阿斯卡尔·阿卡耶夫：《难忘的十年》，武柳等译，世界知识出版社，2002年，第292—293页。

在共和国一统天下。戈尔巴乔夫执政后期，在政治多元化思潮的影响下，吉尔吉斯共和国出现了一些以建立所谓民主社会为宗旨的民主运动。1990年4月12日，苏联第三次人民代表大会取消苏联宪法第6条中关于苏共领导地位的规定。紧接着，吉尔吉斯共和国最高苏维埃通过了关于废除吉尔吉斯共产党的领导作用和主导力量的法律，并在《国家主权宣言》中宣称：共和国在政治生活中实行多元化原则。

独立以后，吉尔吉斯斯坦以法律的形式保证了多党制存在的合法性。1993年宪法确立了多党制原则，实行自由选举和多党制。1996年6月12日，吉尔吉斯斯坦政党法颁布。1999年通过的新政党法规定，10人倡议就可以建立政党。1999年出台的选举法规定，在立法机构中给政党保留专门的席位。2003年新宪法规定，可以在自由表达意志和利益共同性的基础上成立政党、工会和其他社会组织。

独立前后，吉尔吉斯斯坦出现了组建政党的热潮，政党组织如雨后春笋般在吉尔吉斯斯坦涌现；一些以复兴和发展本民族文化、振兴民族精神为宗旨的文化中心和协会也纷纷成立。截至1996年，在政府司法部获得登记注册的政党、运动和文化中心已超过550个。[1] 党派林立、国小党多成为吉尔吉斯斯坦政治生活的一大特点，这也是吉政党脆弱的原因，表现为政党机制化程度低，组织机构不健全。

吉尔吉斯斯坦政党可分为支持总统和政府的政权党和反对政府的反对党。政权党主要有社会民主党，反对党主要有吉尔吉斯共产主义者党、争取联盟与人民和睦运动等。以下简要介绍一些政党。

---

1 晓君：《转轨时期的吉尔吉斯斯坦政治体制》，《东欧中亚研究》1997年第3期。

自由吉尔吉斯斯坦党在1991年12月4日注册,在1997年2月又重新注册。其目标是:走议会道路,以文明方式建立民主法治国家,保护人民宪法权利;进行社会市场经济改革,确保经济自由和各种所有制平等;促进道德、文化、宗教复兴,维护和谐,反对分裂主义和地区本位主义。

阿萨巴党(又名"旗帜党")于1991年12月注册,该党主张建立民主国家,保护吉尔吉斯族的利益。

吉尔吉斯共产主义者党于1992年6月在原吉尔吉斯共产党的基础上组建,于1992年9月17日在司法部注册。其宗旨是:保障劳动者的生存权利,在社会主义原则基础上建立民主法制国家,实现社会公正、人道主义、自由平等,建立社会市场经济,强调国家、集体经济成分的主导地位,主张各民族平等,消除贫困。该党组织严密,党的最高领导机关是党代表大会,常设机构是中央执行委员会,该党在全国30多个城市和地区建立了600多个基层组织。[1] 该党是主要的政府反对党,中央执委会主席阿勃萨马特·马萨利耶维奇·马萨利耶夫参与了1995年的总统大选,获得24.42%的选票。

社会民主党于1992年9月25日成立,1994年12月在司法部重新注册。其宗旨是:建立真正的民主法制社会,全面深化政治、经济、社会领域的民主进程,提倡人文、发展和自由。在1995年议会选举中,该党有3人进入最高会议,7人进入人民代表会议。该党的目的是成为执政党,舆论戏称该党为"官党"。

尊严党(又名"阿尔纳莫斯党")于1999年8月在司法部获得注册。该党主张建立法制、民主国家,保障人民安全和公民的政

---

[1] 蒋莉:《原苏联地区左派政党在复苏》,《现代国际关系》1995年第4期。

治、经济、社会权利与自由,恢复人们的自信、自尊,复兴民族文化遗产,反对带有政治色彩的宗教极端主义,要求以议会制取代总统制。

吉尔吉斯共产党于1999年9月在司法部注册,该党主张改变经济体制,保持基本日用品价格稳定,对具有战略意义的物资出口实行国家垄断,对商业银行的行为进行国家监督,复兴经济基础和国家科学潜能,为学者创造性的劳动创造良好条件。

祖国党(又名"阿塔梅肯党")于1992年12月16日注册,后于1999年12月重新注册,是政府反对党之一。该党宣称在承认差异的基础上代表全民利益,主张妥协和相互接纳。

总的来说,各党派人数不多,影响有限,真正能够发挥影响和起主导作用的政党还未形成。除在原吉尔吉斯共产党基础上重新组建的共产主义者党外,吉尔吉斯斯坦的政党通常在选举进行之前建立,其活动更多地表现为领导人个人的作用,在大多数情况下政党没有意识形态价值观,缺乏战略,政策方针分散。议会选举结果表明,在选举中获胜的政党有的是凭借掌握的权力,有的是凭借雄厚的财力,依靠思想、理念、纲领赢得选举的政党很少。加之,阿卡耶夫在独立前提出内务部非党化的建议,独立后,吉尔吉斯斯坦实行党政权力分开政策,总统、总理、上院和下院议长、宪法法院院长等国家主要领导人都是无党派人士,便于领导人在各党派之间的协调。因此,吉尔吉斯斯坦政党在国家政治生活中并没有起到重要作用。

但是,为了体现多党参政的民主形象,阿卡耶夫让一些政党成员在政府中任职。如社会民主党副主席塔卡耶夫任第一副总理,企业家联盟主席阿·穆拉利耶夫担任副总理,共产主义者党主席伊·马萨利耶夫担任国家体制委员会主席,农业党主席朱·阿曼巴耶夫担任主管农业的副总理。他们之中有些人是反政府政党的代表人物，这些安排在形式上体现了多党参政。不过，由于反政府政党人数不多，社会基础不扎实，这些代表人物都缺乏与阿卡耶夫总统抗衡的基础。

在独立国家创建的过程中，吉尔吉斯斯坦在形式上确立了三权分立、议会民主、多党制等新的政治体制框架。其中，政党制度的建设和政党对议会选举进程的参与被视为政治民主的重要原则。阿卡耶夫认为："反对派对监督政府工作有重要的作用，无此我们在民主的道路上前进就会很困难。"[1]

2007年议会改革之后，议会多数党获得了组阁权，政党在吉尔吉斯斯坦政治生活中的地位和作用有所上升。国家希望通过政党的建设，在社会大众与国家权力之间设立一个中间人，扩大政治参与的范围与渠道。2010年4月通过的新宪法确定了吉尔吉斯斯坦议会采取按政党名单进行比例选举的制度，这一规定有助于吉尔吉斯斯坦政党的发展。

第五节 从无到有的军队建设

吉尔吉斯斯坦一直强调自己是小国，没有更大的军事奢望，希望本国成为和平的国度。独立初期，领导人不止一次宣称，将仿效中立国瑞士，严格奉行中立政策，既不倾向东方，也不倾向西方，走所谓"第三条道路"，因此，放弃组建本国武装力量。不过，这一立场不久就被抛弃。1992年5月29日，总统阿卡耶夫下令接管在吉尔吉斯斯坦驻扎的原苏联军队，并在此基础上组建本国军队；

---

[1]《阿卡耶夫答记者问》，吉尔吉斯《言论报》1994-11-23，转引自晓君：《转轨时期的吉尔吉斯斯坦政治体制》，《东欧中亚研究》1997年第3期。

5月29日被定为建军节。

吉尔吉斯斯坦军队组建工作经历了两个阶段。其中1992—1998年为创建时期,这一阶段的主要任务有三。第一,确定军事战略思想。1993年宪法确立了吉军事战略思想:吉尔吉斯斯坦没有扩张、侵略和以军事力量解决领土要求的目的。它不使国家生活军事化,也不使国家及其活动服从进行战争的任务。吉尔吉斯斯坦武装力量根据自卫和纯粹防御的原则建设。第二,制定军事学说。1994年制定了本国的军事学说,除进一步强调宪法的战略思想外,还指出吉武装力量的建设以下述原则为基础:进行自卫和纯粹防御;绝对遵守国家法律;军事机构接受国家最高权力机关的监督;军队的组织机构、战斗人员及其数量同保证国家安全相适应;军队实行一长制;国家防御实行集体领导;随着军事威胁的增长而相应地扩大战斗力;部队保持动员和战斗状态,以能够应付当时所面临的形势;考虑国家的历史传统;遵循国际法准则和借鉴他国军事建设的经验。第三,构建军事体系。吉在独立以后建立了各级军事机构。1993年宪法规定:总统为武装力量的总司令,是国家军事安全保障系统的最高统帅,总统有权任免军队高级将领,常设的军事政治领导机关有国防部和武装力量总司令部、总参谋部。国防部具有以下职能:制定和实施武装力量建设构想;实行国家统一的军事技术政策;制定国家武器装备发展纲要;制定国防预算和拨款计划;对武装力量进行军事技术保障。总参谋部的主要任务是:协调制定武装力量建设和发展计划,以及武装力量战役、战斗和动员训练计划;组织并实施武装力量战役作战计划。国防部通过总参谋部领导武装力量的日常工作。

1999年为第二阶段,这一时期主要是组建边防军。1999年5月31日,阿卡耶夫总统签署命令,决定建立吉尔吉斯斯坦国家边防军。吉尔吉斯斯坦开始了边防军的建设。早在1993年5月,吉尔吉斯斯坦与俄罗斯达成协议,俄罗斯驻吉边防军为吉守卫边境,吉尔吉斯斯坦为其提供军事基地。1999年7月18日,俄边防局局长托茨基和吉尔吉斯斯坦国防部部长苏班诺夫在比什凯克签署边界换防协议和边界合作协议。根据这两项协议,自苏联解体以来一直由俄边防军驻防的吉尔吉斯斯坦国界将移交给吉边防军守卫;俄驻吉边防军物资和技术装备将无偿移交给吉方。[1]此外,吉尔吉斯斯坦内卫军隶属于内务部下设的内卫军局;国民卫队隶属于国防部,归总统直接指挥。吉武装力量由现役部队和准军事部队组成。截至2002年,总兵力为1.4万人。其中,现役部队9000人,包括陆军6600人,空军2400人。[2]

吉尔吉斯斯坦军队组建之初实行义务兵役制度。根据《吉尔吉斯斯坦公民普遍义务兵役法》规定,公民的起征年龄为18岁,服役期为18个月,拥有高等教育学历者为12个月。2002年3月,《兵役法修正案》颁布,与此同时,国家通过了《2010年前过渡时期的军事学说》,规定吉尔吉斯斯坦在国防和军事安全领域的基本政策与主张,提出了建立职业化军队的目标。为此,义务兵服役期缩短为12个月。[3]2002年11月16日,吉尔吉斯斯坦总统阿卡耶夫在本年年终总结会上称,为使吉尔吉斯斯坦军队不断步入正规化和职业化轨道,国防部制定了《2010年前吉尔吉斯斯坦武装力量发展规划》。根据规划,未来吉尔吉斯斯坦军队中将有70%的军人是合同制军人,30%的军人是义务兵。[4]2002年12月2日,吉尔吉

---

[1] 刘庚岑、徐小云编著:《吉尔吉斯斯坦》,第224—225页。

[2] 同上书,第225页。

[3] 王凯:《吉尔吉斯斯坦的军事战略和军事力量》,《国际资料信息》2004年第4期。

[4] 亚兵:《2002年中亚国家兵役制改革进展情况》,《中亚信息》2003年第1期。

斯斯坦议会下院通过了《全国义务兵役法》草案。征召新兵年龄从18岁改为20岁，最高年龄改为27岁，并将其服役年限从1年半减至1年。草案还规定，凡符合应征入伍条件者可以选择服兵役，也可以选择免服兵役，符合入伍条件而不服兵役者每人须向国家缴纳2.5万索姆（约合550多美元）。[1]

吉尔吉斯斯坦重视军队建设，军事预算逐年上升，到2003年，军事预算达到19.689亿索姆（约2400万美元）。从总体上看，由于受经济实力影响，吉的军费预算水平较低，导致军事基础设施破旧不堪，严重影响了部队的战斗力。2005年以后，吉尔吉斯斯坦加强了军队和执法机关的力量，每年国防和安全支出大约2.23亿美元，占预算支出总额的13%。[2] 尽管如此，在中亚国家当中，吉尔吉斯斯坦军费的投入是最少的。根据伦敦国际战略研究中心的统计，2012年，哈萨克斯坦和乌兹别克斯坦的军事支出均为14亿美元，是吉尔吉斯斯坦军费的45倍。[3] 吉军队数量不多，截至2012年，吉有军队大约2万人。吉政府希望得到外国的军事援助，俄罗斯宣布准备拨款11亿美元，帮助吉军队更换武器装备。[4]

1　亚兵：《2002年中亚国家兵役制改革进展情况》，《中亚信息》2003年第1期。
2　《俄媒称中亚只想购高端武器，中国的暂时谈不上》，环球网2012-12-31。
3　《俄媒：中国积极向中亚推销武器，与美俄争利益》，环球网2013-01-04。
4　《俄媒称中亚只想购高端武器，中国的暂时谈不上》，环球网2012-12-31。

第八章

经济体制改革

　　独立之前，吉尔吉斯共和国已经对计划经济进行局部改造；独立以后，吉尔吉斯斯坦推行以非国有化和私有化改造为中心的经济体制转型。独立初期的经济改革任务：一是打破国家对经济的垄断，建立适合市场经济的多种所有制；二是对不合理的经济结构进行调整；三是建立对外开放的外向型经济。在此过程中，吉尔吉斯斯坦采取了激进的休克式改革，在放开价格的前提下基本上形成了完全开放的市场；结构改革的任务在独立以后没有发生根本性变化；对外开放取得了成效，1998年12月20日，吉尔吉斯斯坦加入世界贸易组织（WTO），成为独联体国家中最早加入该组织的国家。

第一节　激进的市场经济建设

　　独立以后，吉尔吉斯斯坦从计划经济走向市场经济，开始了市场经济诸要素的建设。

　　苏联时期，吉尔吉斯共和国经济取得了很大的发展，这些成果在一定程度上得益于苏联中央的财政拨款。苏联时期，吉每年得到的财政补贴占其全年财政收入的75%，直至1991年，来自苏联中央的补贴还占吉财政收入的35%。如在1990年至1991年间，吉尔吉斯共和国获得苏联中央预算的无偿援助占其国内生产总值

(GDP)的11.2%—12.5%。[1]尽管如此,吉尔吉斯共和国在15个加盟共和国中仍然属于经济落后的国家之一,到1990年苏联解体前夕,人均国民生产总值仅为苏联平均水平的53%,居全苏第12位;工业劳动生产率和工业产值均居全苏第13位;人均消费水平是苏联平均水平的60%,居全苏第11位。[2]独立以后的吉尔吉斯斯坦正是在此基础上开始了独立国家的经济转型和经济建设。

吉尔吉斯斯坦在独立初期确立了发展市场经济的方向,市场经济有助于刺激经营活动,对吉尔吉斯斯坦经济将起到促进作用。1993年,总统阿卡耶夫表示吉尔吉斯斯坦必须走市场经济的道路,舍此别无他途。1994年11月,他在地方自治首脑会议讲话时将吉尔吉斯斯坦的发展目标定为国内和平、民族和睦、市场经济、广泛而有效的社会保障制度、加强国家机制以确立法律秩序和抑制犯罪。[3]吉尔吉斯斯坦领导人认为,吉尔吉斯斯坦的经济改革不会照抄别国的做法,要走一条不同于西方也不同于社会主义计划经济的第三条道路。[4]实际上,吉尔吉斯斯坦的经济改革最初深受俄罗斯的影响,采取的是激进方式。

吉尔吉斯斯坦经济改革首先放开了市场价格。1990年,吉尔吉斯共和国成立了国家反垄断和支持经营活动委员会,制定了发展企业经营的计划,建立了国家经营活动基金。1992年初,在俄罗斯实施激进经济改革政策之时,吉尔吉斯斯坦开始试行全面放开物价的休克疗法。1992年1月3日,吉尔吉斯斯坦内阁通过决议,决定

---

1 刘庚岑:《独立后的吉尔吉斯斯坦》,《东欧中亚研究》1995年第2期。

2 同上。

3 《没有民权的民主是无力的民主》,吉尔吉斯《言论报》1994-11-23,转引自晓君:《转轨时期的吉尔吉斯斯坦政治体制》,《东欧中亚研究》1997年第3期。

4 陈江生、李沛霖:《中亚的转轨:吉尔吉斯斯坦》,《中共石家庄市委党校学报》2007年第3期。

从1992年1月4日起全面放开物价。除食品（特别是面包、牛奶和食盐）、运输、能源、药品和房租的价格由国家调节外，其他商品实行价格自由化，放开了80%—90%的零售商品价格。[1]与此同时，对农产品的收购也采用自由市场价格。在中亚五国中，吉尔吉斯斯坦是市场经济发展较快、市场开放程度较高的国家。

但是，由于缺少必要的市场前提，价格自由化导致了通货膨胀，财政赤字扩大。从1991年底到1993年初，通货膨胀率直线上升了将近350倍，国家预算出现了巨大的赤字[2]，1992年和1993年的通货膨胀率分别为1259%和1363%。居高不下的通货膨胀不仅有导致经济崩溃的危险，也威胁到社会稳定。[3]1993年5月3日，吉尔吉斯共和国最高苏维埃通过决议，决定发行本国货币索姆，此举使通货膨胀下降了93%[4]，为国民经济的复苏创造了前提。

改革原有的所有制是从计划经济向市场经济过渡的必要条件之一。阿卡耶夫总统认为，如果不消灭国有财产的垄断制度，在吉尔吉斯斯坦就不会出现认真工作的劳动者，只会养出更多的懒汉；如果不发展私营经济，不发挥私营企业主的主动精神，吉尔吉斯斯坦的生产就不能得到更快发展，也不可能摆脱危机。[5]因此，阿卡耶夫高度重视非国有化和私有化在经济改革中的地位，他说："吉尔吉斯斯坦私有化计划是经济改革的最主要的优先方向之一。"[6]

---

[1] 孙壮志、刘清鉴：《对中亚五国经济转轨进程、背景的若干分析》，《东欧中亚研究》1996年第1期。

[2] 〔吉尔吉斯〕阿斯卡尔·阿卡耶夫：《直言不讳——吉尔吉斯共和国总统阿·阿卡耶夫访谈录》，社会科学文献出版社，2005年，第78页。

[3] 〔吉尔吉斯〕阿斯卡尔·阿卡耶夫：《难忘的十年》，第92页。

[4] 吴伟：《逝去的岁月难忘的经历——〈难忘的十年〉读后》，《东欧中亚研究》2002年第6期。

[5] 刘庚岑：《独立后的吉尔吉斯斯坦》，《东欧中亚研究》1995年第2期。

[6] 陈江生、李沛霖：《中亚的转轨：吉尔吉斯斯坦》，《中共石家庄市委党校学报》2007年第3期。

吉尔吉斯斯坦在独立初期通过了《私有化法》等一系列法律，以保证非国有化和私有化的改造。吉尔吉斯斯坦是一个农业国，经济改革率先在农业领域展开。1991年，吉尔吉斯斯坦开始了农业领域的私有化。改造的对象是国营农场和集体农庄。在国营农场和集体农庄上建立了私人农场、农户、农业合作社及其他所有制形式的生产单位。其中，私人农场从1991年的216个增加到1992年的4070个，1993年又猛增到16700多个。[1] 1994年8月22日，政府颁布《关于批准和进行土地改革和农业改革条例》的第632号决议，决定向公民分配份地和颁发份地使用权证书。[2] 根据国家统计委员会的数据，截至2001年1月1日，在149.17万公顷的农业用地（牧场除外）中，有108.18万公顷已经分配给农民，占灌溉地、旱地、割草场和多年生植物地带总面积的72.5%。[3] 到2003年，国有企业的农业生产值只占农业总产值的0.9%，集体所有企业的产值占4.1%，农户和农场的产值占61.9%，私人所有的农产值占31.8%。[4]

按宪法规定，农民最初对土地只有使用权。随着改革的深入，1998年10月21日，吉尔吉斯斯坦就修改宪法实行全民公投，此次修宪的内容之一关系到土地私有制，90%以上的人赞成土地私有化和土地自由买卖。[5] 为了具体落实修改后的宪法，1999年6月2日，吉尔吉斯斯坦《土地法》出台。《土地法》规定土地私有者的权利

---

1 刘庚岑:《独立后的吉尔吉斯斯坦》，《东欧中亚研究》1995年第2期。

2〔吉尔吉斯〕拉·乌·尤苏波夫:《吉尔吉斯斯坦的农业和土地改革》，刘庚岑译，《俄罗斯中亚东欧市场》2003年第12期。

3 同上。

4 刘庚岑、徐小云编著:《吉尔吉斯斯坦》，第121页。

5 陈江生、李沛霖:《中亚的转轨：吉尔吉斯斯坦》，《中共石家庄市委党校学报》2007年第3期。

有三：第一，有权独立经营土地，按照一定用途使用土地；第二，有权播种农作物及其他作物，有权拥有由于利用所分土地而获得培育出来的农作物及其他作物以及拥有出售这些作物的收入；第三，有权从事同土地所有权有关的、同土地法典规定限制有关的民事法律规定的交易。与此同时，《土地法》还规定了土地私有者应承担的义务，其中包括土地私有者必须保证按照规定用途和提供土地的条件使用土地，如果土地私有者违反了使用土地的规定，如在耕地上建造房舍，国家将没收他所分得的土地。[1]2001年1月18日，议会通过了《农业用地管理法》，其中规定：一个公民所拥有的土地面积至多不能超过所在农业管理区人均份地的20倍；土地（份地）可以作为遗产移交给一个继承人；土地（份地）不能用作赠品；吉尔吉斯斯坦禁止向外国人、无国籍人以及其中有一方是外国公民或者无国籍人的吉尔吉斯斯坦法人、合资企业和夫妇提供和转让农业用地。《农业用地管理法》还确定了土地（份地）在土地市场上交易的法律制度，如份地所有者有权将其份地出卖给本地区的其他份地所有者并免缴税；农民所分得的土地只能在同一农业管理区范围内与其他地块相调换；农业用地再分配基金会的土地不得出卖，只能在公开竞争的条件下实行租赁。从2001年9月1日起，调整农业用地买卖制度的法律生效，土地的买卖必须在国家登记署注册。[2]

截至2003年，国营农场和集体农场在吉尔吉斯斯坦已不复存在，取而代之的是7.1万个私人生产单位和573个集体农民生产单位（其中有292个农业合作社、233个集体农民生产联合组织和45

---

[1]〔吉尔吉斯〕拉·乌·尤苏波夫：《吉尔吉斯斯坦的农业和土地改革》，刘庚岑译，《俄罗斯中亚东欧市场》2003年第12期。

[2] 同上。

个股份公司）。[1]

  与此同时，城市的所有制改造也开始起步。1991年12月20日，吉尔吉斯斯坦通过了《非国有化、私有化和企业主活动总则法》、《关于加速国家和公共财产非国有化和私有化的紧急措施的命令》等一系列法令法规。依照这些法令法规，吉尔吉斯斯坦以股份制、租赁制、招标拍卖等形式将大部分商业、服务业和一些工厂企业转化为私人所有。

  从1991年末开始，吉尔吉斯斯坦开始了小企业私有化阶段。在此期间，小企业私有化进展很快，到1993年10月，吉尔吉斯斯坦私有化企业的形式是：租赁制67个，股份制522个，拍卖出售263个，招标形式出售927个，个人购买709个，集体赎买891个。[2] 截至1997年，吉尔吉斯斯坦的非国有企业已占到74.3%，国有制企业只占25.7%。[3]

  2000年以后，吉尔吉斯斯坦开始了大私有化阶段，政府推出了私有化企业纲要和名单，其中包括电信公司、航空公司、电力公司、热力公司、天然气公司、黄金公司、出版印刷公司等命脉企业，以及棉纺厂、汞业公司、灯泡厂、半导体厂等大型知名国企。然而，大企业的改造并未完成，在2004年新一轮的所有制改造中将继续。尽管大型企业的改造还未完成，但这些成果已经使吉尔吉斯斯坦成为独联体国家中贸易自由化程度最高的国家之一。[4]

---

  1 〔吉尔吉斯〕拉·乌·尤苏波夫：《吉尔吉斯斯坦的农业和土地改革》，刘庚岑译，《俄罗斯中亚东欧市场》2003年第12期。
  2 王大成：《浅析中亚各国国有资产非国有化与私有化的现状和特点》，《东欧中亚研究》1994年第3期。
  3 赵常庆：《中亚五国新论》，昆仑出版社，2014年，第66页。
  4 王海燕：《吉尔吉斯斯坦经济发展模式选择与策略》，《俄罗斯中亚东欧市场》2008年第4期。

在所有制的改造中，金融改革是国家的重要任务之一。1991年，国家开始了银行、财政信贷的改革，实行了金融-信贷部门自由化。为了实行独立的经济政策，1993年5月3日，吉尔吉斯斯坦发行本国货币索姆。索姆发行初期与美元的比值为1美元比4索姆，到1993年9月，索姆贬值为1美元比12—13索姆，导致经济形势进一步恶化。尽管如此，发行本国货币是吉尔吉斯斯坦经济独立的重要措施之一，它制止了滥发的卢布对其脆弱经济形成的强大冲击，防止俄罗斯突然采取单独换币行动。自1993年起实行了独立的金融和货币-信贷政策，吉尔吉斯斯坦才能够宏观掌控国家的经济形势。1995年11月2日，阿卡耶夫总统在谈到经济形势时说，吉尔吉斯斯坦已经确立了稳定的税收体系和金融秩序，实现了预算平衡，为阻止生产下滑创造了条件。

吉尔吉斯斯坦的企业私有化是在市场条件准备不足的情况下进行的，因此，在私有化初期，许多高度专业化企业被迫停产，一些企业改行生产最简单的低级产品，另一些企业则面临破产、倒闭。阿卡耶夫总统认为政府在私有化中曾出现过一些问题：一些企业和组织的领导人把私有化的实质仅仅理解为一次占有资产的机会，而没有意识到除了占有之外，还要善于管理这些资产。[1] 尽管存在着以上一些问题，但建立多种所有制结构是吉尔吉斯斯坦实行市场经济必须完成的进程。

经过十多年的经济改革，吉尔吉斯斯坦的市场经济基本建立起来。首先，市场准入比较宽松，经济自由度较高；其次，以私有化和非国有化为中心的多种所有制体系基本形成。这些成就使吉经济

---

[1] 〔吉尔吉斯〕阿斯卡尔·阿卡耶夫：《直言不讳——吉尔吉斯共和国总统阿·阿卡耶夫访谈录》，第80页。

走出独立初期的困境,并在转轨过程中保持了增长态势。

独立初期,吉经济形势是严峻的。因与其他加盟共和国的传统经济联系中断,又失去了联盟中央的财政补贴,经济陷入持续不断的严重衰退之中。在1991年到1995年的五年中,吉国内生产总值(GDP)呈现负增长,增长率分别是：-5.0%、-19.0%、-16.0%、-20.0%、-5.4%。[1]1996年,经济下滑的趋势得到遏制,经济形势开始好转,同年GDP为225亿索姆,比1995年增长了5.6%。1997年GDP为304.38亿索姆,比1996年增长了10.4%。[2]2000年以后,经济的上行趋势稳定下来,2003年的GDP增长率达到了7.03%。1996—1999年,每年的通货膨胀率成功地压到了40%以下,2000年为18.7%,2001年后则再没有超过7%。这些成绩是吉尔吉斯斯坦经济改革的结果。

第二节 难以实现的结构调整

吉尔吉斯斯坦经济改革的另一个重要任务是产业结构的调整。吉经济结构深受苏联计划经济体制的影响,按照苏联经济大分工的计划,吉尔吉斯共和国主要负责畜牧业生产和有色金属的开采,为苏联提供畜牧产品和工业原材料;而吉尔吉斯共和国所需要的大部分工业品和差不多70%的生活消费品由其他加盟共和国供应。[3]这样的产业结构对于一个独立国家来说显然是不合理的。

独立初期,不合理的经济结构给吉尔吉斯斯坦经济造成了严重困难,许多工厂的生产因无原料或无市场而处于瘫痪,生产急剧

---

1 冯绍雷、相蓝欣主编：《俄罗斯经济转型》,上海人民出版社,2005年,第20页。
2 刘庚岑、徐小云编著：《吉尔吉斯斯坦》,第109—110页。
3 刘庚岑：《独立后的吉尔吉斯斯坦》,《东欧中亚研究》1995年第2期。

下降。吉政府从独立初期起就致力于经济结构的调整，出台了经济发展战略，制定了经济发展的优先领域，确定了能源、农业、轻工业、矿山开采、信息技术和旅游业为经济发展的优先方向。

吉尔吉斯斯坦的现代工业兴起于 20 世纪 30 年代苏联中央政府开展的工业化运动。在此期间，吉尔吉斯共和国建设了一些现代工厂。在第二次世界大战期间，苏联中西部的大型工厂向中亚地区疏散，吉尔吉斯共和国的现代工业得到了进一步发展。经过半个世纪的发展，到 1980 年，吉有大小工业部门 130 个，工业产值占社会总产值的 55.6%。[1] 独立的吉尔吉斯斯坦正是在此基础上开始了对本国工业的设计，于是，能源和矿山开采被定为优先发展方向。

能源自给是国家经济必须首要解决的问题。与哈萨克斯坦和土库曼斯坦等中亚国家相比，吉尔吉斯斯坦的能源资源缺乏，能源自给的目标还未达到。截至 2003 年，吉尔吉斯斯坦大约 98.4% 的天然气、72% 的成品油和 60% 的煤炭依靠进口。[2] 如果有充足的财政支持，通过开发大型的卡拉-科切矿及其他石油、天然气矿，到 2005 年可将石油和天然气的开采量增加 70%[3]，但实现能源自足的目标是十分艰巨的。

尽管天然气和石油资源缺乏，但吉尔吉斯斯坦拥有丰富的水力资源。其水电资源仅次于俄罗斯和塔吉克斯坦，在独联体国家中居第三位。[4] 利用这一特点，政府大力发展水电事业，以电能为能源，减少能源进口。到 2003 年，吉尔吉斯斯坦有电站 18 个，其中水电站 16 个，热电站 2 个，水力发电占的比重已由 1990 年的 67% 提高到

---

1 陈江生、李沛霖：《中亚的转轨：吉尔吉斯斯坦》，《中共石家庄市委党校学报》2007 年第 3 期。
2 《吉尔吉斯斯坦的电力工业》，《中亚信息》2003 年第 10 期。
3 《吉尔吉斯斯坦应大力发展采矿业》，聂书岭译，《中亚信息》2002 年第 10 期。
4 《吉尔吉斯斯坦资源和产业情况》，中华人民共和国商务部 2014-05-30。

2003年的93%以上。[1] 电力工业发展起来以后，电力出口的比重不断上升。

在产业结构的调整过程中，采矿业继续成为经济发展的优势产业。吉尔吉斯斯坦境内矿藏丰富，锑产量在世界排名第三，锡和汞在独联体国家中居第二。丰富的矿藏资源为采矿业的发展奠定了基础。独立初期，由于俄罗斯籍技术人员的外迁和资金缺乏等因素导致了这些企业的倒闭，采矿业一度处于低迷状态。在此形势下，黄金和其他有色金属的开采、加工被列为国家发展的优先产业，政府希望通过开采金矿摆脱经济危机。在黄金开采中，吉尔吉斯斯坦最有开采前景的金矿库姆托尔的贡献最大，该矿的采金企业让国家矿山冶金部门的产值在1996年至2002年增长了24倍。[2]

独立以后，吉尔吉斯斯坦加快了轻工业的发展。在食品加工业中，农牧产品的加工业和服装加工业发展迅速。服装加工业以首都比什凯克市为中心向周边地区辐射，逐渐形成了按照独联体国家居民特点设计、加工、销售的服装加工产业链。到2008年，国内已有几千家中小型服装加工厂，正在形成中亚地区最大的服装产业群。[3]

尽管如此，吉尔吉斯斯坦在工业领域的产业结构调整仍没有取得明显的成效。独立十多年来，吉工业结构基本上仍以矿业开采和电力发展为主，没有形成合理的结构。截至2003年，生产正常或基本正常的大型骨干企业集中在采矿和水电部门，主要有库姆托尔金矿、吉尔吉斯黄金总公司、吉尔吉斯石油天然气总公司、托克托

---

1 《吉尔吉斯斯坦的电力工业》，《中亚信息》2003年第10期。
2 《吉尔吉斯斯坦应大力发展采矿业》，聂书岭译，《中亚信息》2002年第10期。
3 王海燕：《吉尔吉斯斯坦经济发展模式选择与策略》，《俄罗斯中亚东欧市场》2008年第4期。

库水电站、卡拉克切煤矿。轻工业的发展滞后，2004年，吉工业产值为1991年的48%，其中消费品产量为1991年的35%，轻工业品产量为1991年的14%。[1]

与工业领域不同，农业结构的调整取得了一定成果。阿卡耶夫总统在《难忘的十年》一书中说，在吉尔吉斯斯坦经济中，最优先发展的部门是农业和食品工业，以及保证人民衣食问题的纺织和缝纫、皮革和裘皮加工、民间工艺品生产等轻工业。

吉尔吉斯斯坦多山，有"中亚山国"之称，一半国土是牧草丰盛的草甸，经济以畜牧业为主，畜牧业主要是养羊业。独立初期，羊毛产量在独联体国家中居第3位。[2]据国家统计局局长介绍说，1993年吉农业生产与1991年相比下降了16.8%，粮食短缺40%，即食品生产靠本国原料根本无法满足需要。[3]农村产业结构调整的主要方向是减少低效牧草种植面积，扩大粮食作物播种面积，争取粮食自足。1996年的经济形势好转以后，农业复苏，耕地面积逐渐扩大。2000年，吉农业总产值超过1991年的水平，以两位数的速度增长。[4]2003年，吉农业灌溉面积达到107万公顷[5]，成为粮食基本能够自给的农业国。粮食作物以小麦、玉米、燕麦为主。

吉尔吉斯斯坦的经济作物以棉花、烟叶、甜菜、油料为主。2002年，在平均进口关税不到10%的情况下，政府对进口蔬菜、

1　王海燕：《吉尔吉斯斯坦经济发展模式选择与策略》，《俄罗斯中亚东欧市场》2008年第4期。

2　《吉尔吉斯共和国·国家概况》，中华人民共和国外交部2003-09-29。

3　孙壮志：《中亚五国贫困化问题初探》，《东欧中亚研究》1995年第1期。

4　王海燕：《吉尔吉斯斯坦经济发展模式选择与策略》，《俄罗斯中亚东欧市场》2008年第4期。

5　李湘权等：《吉尔吉斯斯坦水资源及其开发利用》，《地球科学进展》2010年第12期。

水果、干果、肉类等农牧产品实行10%—17.5%的关税[1]，以保护本国农牧业的持续发展。

在经济结构调整中，吉尔吉斯斯坦注意发展第三产业，尤以旅游业的发展值得一提。在独联体国家中，吉尔吉斯斯坦是最早加入国际旅游组织的国家。吉境内有大量的高山风景和成百的高山湖泊，意为"热湖"的伊塞克湖是休闲游的好去处，在伊塞克湖区已经建起了300多个度假村，据估计，到吉境内旅行的人中，大约有60%—70%的人要到伊塞克湖区。此外，冰川、洞穴、河流也是探险游的理想地方，开展的登山、攀岩、打猎、漂流和徒步等项目深受国内外游客的青睐。这里还是古丝绸之路的必经之地，吉旅游部门开展了"丝绸之路游"，旅游者可以沿着连接古代中国和乌兹别克斯坦的贸易之路旅行。

旅游业在吉尔吉斯斯坦预算增收中起到了决定性的作用，其产值在吉国内生产总值中最少也占4%—5%，其中还不包括伊塞克湖旅游业的拉动。[2] 休闲游已经成为旅游管理部门税收来源的首要类型之一。此外，伊塞克湖区还吸引了国外投资者，2007年，旅游业中对伊塞克湖区投资占比最大，哈萨克斯坦对伊塞克湖区的直接投资占国际直接投资的近67%；据国家统计委员会的统计数据，美国是吉尔吉斯斯坦旅游业的第二大投资国。[3]

20世纪90年代末，吉农业、工业和服务业在国内生产总值中所占比重大体相等。[4] 2000年至2005年在农业贡献率不变的情况

---

[1] 王海燕：《吉尔吉斯斯坦经济发展模式选择与策略》，《俄罗斯中亚东欧市场》2008年第4期。
[2] 《"郁金香"革命后的吉尔吉斯斯坦经济》，凡婕译，《大陆桥视野》2006年第9期。
[3] 李宁：《近年来吉尔吉斯斯坦旅游业研究》，《衡水学院学报》2013年第4期。
[4] 《吉尔吉斯斯坦社会经济简况》，谷维译，《中亚信息》2006年第10期。

下，表现出了这样的变化趋势：工业所占的比重不断下降，而服务业的比重明显上升。[1] 在经济结构调整过程中，吉尔吉斯斯坦经济已经从"工业－农业"走向"农业－服务"的模式。

从吉尔吉斯斯坦的资源状况和资金条件来看，要在吉建立一个所谓完整的国民经济体系是有困难的，政府对调整经济结构和建立什么样的国民经济体系仍在思考和摸索之中。

第三节　开放型经济的建设

打破封闭的经济状况，建立开放型经济是独立国家吉尔吉斯斯坦经济改革的重要任务之一。独立初期，与吉发展贸易关系的是以俄罗斯为首的独联体国家，如哈萨克斯坦、乌兹别克斯坦、土库曼斯坦、塔吉克斯坦、乌克兰等；独联体国家在吉进出口总量中的占比分别为96%和88%，而非独联体国家的占比仅为4%和12%。[2] 为了与世界各国发展对外贸易，吉加强了与独联体以外国家的经济联系。

吉尔吉斯斯坦的出口产品主要以原料和初级产品为主，其中黄金、原材料、纺织品和缝纫品在出口份额中占很大比重。独立初期，国家大力支持出口导向型和进口替代型产业的发展，希望通过机械、仪表制造和一些具有高科技含量产业的现代化，确立由传统的原料出口型向成品出口型的转变；希望通过导向政策引导外资对涉及民生的企业进行投资，以减少对进口产品的依赖。然而，由于引进的资金不足，直到2003年，吉进出口商品的结构基本未能摆

---

[1] 岳萍：《吉尔吉斯斯坦的劳动力达284.24万人》，《中亚信息》2004年第12期。
[2] 〔吉尔吉斯〕T.科伊丘耶夫：《艰难抉择中的吉尔吉斯斯坦经济、社会政策和思想战略》，张珑译，《现代国际关系》1994年第1期。

脱原来的模式，出口商品仍以黄金、农产品、畜牧产品等原料产品为主，它们在出口总额中的占比达到70%左右。[1]

　　由于缺少资源，吉尔吉斯斯坦不可能像哈萨克斯坦和土库曼斯坦那样选择资源密集型的出口发展战略，而是采用了大力发展过境贸易的发展战略。吉地处欧亚大陆交汇处，向东背靠中国大地，向西北可以辐射到东欧和欧盟，这一有利的地理位置决定了其具有中转贸易的优势。独立初期，政府确立了"新丝绸之路"的过境贸易政策。在此定位下，吉已经成为周边国家商品进出口的集散地和转口贸易中心，大批从事边境贸易的商人将货物运到吉境内，再通过吉的集市把货物分销出去，于是，在吉境内形成了南北两个最大的国际性集贸市场，即卡拉苏和多尔多伊。其中，吉南部最大的集贸市场卡拉苏巴扎紧靠中国新疆喀什地区，从中国进口的商品经哈乌两国输送到俄罗斯南部；从哈乌两国进入吉境内市场的商品也经卡拉苏巴扎输往中国。

　　转口贸易拉动了吉尔吉斯斯坦服务业的发展，如仓储、车辆维修、信息通讯、宾馆饭店及金融保险等行业。吉将转口贸易作为本国的支柱产业，为了边境口岸车辆往来便利，政府按欧亚经济联盟的标准建设吐尔尕特公路口岸；此外，依靠中国国防部提供的4200万元人民币的无偿援助，吉完成了中吉边境的伊尔科什坦公路口岸的建设。[2]截至2016年，中吉之间有两个公路口岸常年开放，此外，中吉铁路建设已在筹划之中。吉经济的持续发展与巴扎贸易的繁荣分不开。有学者认为，吉的黄金虽然在经济中占有重要地位，但黄金开采并未拉动经济，推动经济发展的动力主要来自吉作为中国与

---

　　[1] 王海燕：《吉尔吉斯斯坦独立15年经济发展评析》，《新疆社会科学》2008年第4期。

　　[2] 《吉方开始建设吐尔尕特公路口岸》，中华人民共和国商务部2016-08-01。

中亚国家间的转口贸易平台。[1]

独立以后，吉尔吉斯斯坦努力发展与国际经济组织的关系。1993年，独联体国家首脑草签了《独联体经济联盟条约》；1994年4月15日，独联体国家签署《独联体自由贸易区协议》。跨国经济委员会由各国经济部长组成，负责协调独联体成员国经济机构之间的合作，推动商品、劳务、资本和劳动力自由流通的统一市场的建立。2000年，独联体国家通过了《独联体至2005年的发展行动计划》，计划提出在2003年以前完成为商品和劳务自由流动、保证自由过境创造条件的具体措施；计划还提出在2005年建立自由贸易区是独联体国家经济一体化的任务。[2]

1994年，吉尔吉斯斯坦与哈乌两国成立了中亚经济联盟。中亚经济联盟的最初目标是建立商品、劳务、资本自由流动制度；在发展交通运输领域采取协调一致的政策，协调信贷、结算、预算、税收、价格、关税和货币政策；取消关税，减少各种税费和限制；简化海关手续等。[3]1998年，中亚经济联盟更名为中亚经济共同体。

1996年3月，吉尔吉斯斯坦加入了由俄罗斯、白俄罗斯和哈萨克斯坦三国组成的海关联盟，该联盟的目标是撤销成员国之间贸易税率和数额上的限制，在盟国之间建立统一的关税边界，取消盟国之间的海关监管。2000年，海关联盟国签署了《成立欧亚经济共同体条约》，于是，欧亚经济共同体取代海关联盟。[4]1998年，吉加入

---

1 王维然、吴唯君：《对外贸易在吉尔吉斯斯坦经济中的影响》，《新疆大学学报》2013年第6期。

2 段秀芳：《独联体各国经济一体化对中国与其贸易的影响》，《欧亚经济》2006年第7期。

3 段秀芳：《中亚与独联体国家经济一体化发展综述》，《新疆社科论坛》2006年第2期。

4 王树春、万青松：《上海合作组织与欧亚经济共同体的关系探析》，《世界经济与政治》2012年第3期。

世界贸易组织（WTO），开始实施全方位开放的政策。

吉尔吉斯斯坦的外贸政策比其他独联体国家宽松、透明，平均进口关税低于其他独联体国家，仅为5%—6%。[1] 20世纪末，吉成为非关税贸易壁垒相对较少、经济开放程度较高的市场经济的国家。

引进外资是吉尔吉斯斯坦经济开放的主要任务。独立初期，政府成立了外资投资委员会，委员会拥有在外国官方贷款、技术援助、建立货币监控制度以及退出卢布区后实行本国货币的调控工作等多方面的权利。政府制定了一些引进外资的法律法规，1991年出台了第一个《外国投资法》，该法于1993年和1997年做了修订。为了保护外国投资，该法明确规定了投资市场准入条件、海关管理和外汇出入境等，此外，还确立了能源生产和运输等建设作为引进外资的优先领域。

吉尔吉斯斯坦对外国投资者实行国民待遇，在法律允许的范围内外国投资者可在吉境内独立自主进行投资活动，不受行业限制，其财产、投资及合法权利受到吉法律保护，并可将在吉境内经营所得利润及人员的工资收入自由汇往境外。政府给予外商投资者优惠待遇：第一，凡外商投资者超过企业注册资本的20%，或达到30万美元者，该合资企业10年内可免缴25%的企业所得税。第二，凡外商投资额达到企业注册资本的30%，或达到80万美元者，前5年中可减免30%的企业所得税，后5年可减免50%。第三，如外商对政府鼓励的行业进行投资，则前5年可免企业所得税，后5年免缴60%的所得税。[2] 以上措施为吸引外资和推动经济发展创造了

---

1 《吉尔吉斯斯坦当前宏观经济简况》，《中亚信息》2003年第8期。
2 《吉尔吉斯斯坦吸引外资优惠政策》，《世界机电经贸信息》1995年第21期。

条件，如果引资成功，也为建设自己的能源企业和基础设施提供了可能性。

引进外国投资的一个主要措施是建立自由经济区。1992年12月6日，总统阿卡耶夫签署《吉尔吉斯共和国自由经济区法》，在此法律的基础上，政府陆续建立了比什凯克、纳伦、卡拉科尔和玛伊玛克4个自由经济区。入住自由经济区的外资企业免缴进出口关税及其他税费；对在自由经济区注册的外资企业输入经济区的货物免征增值税、消费税及其他税费。入住自由经济区的企业产品有洗涤用品（洗衣粉和香皂）、茶叶、食用油、面粉、啤酒、塑料装饰材料、饮料瓶坯、家具、服装等人民生活必需品。这些经济区中只有比什凯克经济区对吸引外资起到了积极作用。

参与吉尔吉斯斯坦私有化也是政府吸引外资的手段之一。1996年春，吉尔吉斯斯坦国家财产基金会声称，准备转让或者出售100家工业企业给外国公司，其中包括能源、电力、通信及矿业等部门。[1]

尽管积极对外开放，然而，与其他中亚国家相比，吉尔吉斯斯坦引进的外资是不多的。据政府官方统计，1995年至2002年，累计吸引外国直接投资11.68亿美元。[2] 自2000年以来，国家引进外资金额以每年10%的速度递减，最近两年一共才引进外资8000万美元。[3] 截至2002年，在向吉输出资本的国家中，土耳其占据主导地位，其次为德国和加拿大。土耳其在吉拥有近1400家合资企业和驻外分公司；德国在吉约有140家至150家合资企业；加拿大的

---

[1] 赵惠、杨恕：《中亚国家利用外资情况简析》，《东欧中亚市场研究》2001年第2期。
[2] 《吉尔吉斯斯坦当前宏观经济简况》，《中亚信息》2003年第8期。
[3] 《吉尔吉斯斯坦总统说未来政府的主要任务是引进外资》，新华网2002-05-30。

一些中型公司进入了吉尔吉斯斯坦。[1]

2002年,总统阿卡耶夫在一次引进外资政策的会议上说,引进外资是政府未来的最主要任务。2003年,吉颁布的新投资法生效。新投资法规定给予外国投资者税收优惠等,然而,由于吉投资环境没有发生令人振奋的改善,因此,新投资法的实施并未引起外国投资者的投资兴趣和投资信心;相反,经济法律法规的频繁修改,政策缺乏连续性和稳定性,这些因素阻碍了外国投资。

---

[1] 张璐:《吉尔吉斯斯坦外商投资状况分析》,《兰州工业学院学报》2002年第1期。

第九章
意识形态与宗教、文化

吉尔吉斯斯坦政治转型的首要任务是创建一套与独立国家相匹配的政治制度与政治体制框架,以及一种能够促进独立国家持久发展的文化价值体系。因此,重构国家意识形态,培植人们对新独立国家的认同和增强人们对未来的信心是独立初期的主要任务。围绕这项任务,吉尔吉斯斯坦提出了以爱国主义为核心的意识形态,并且坚持包容和弘扬各民族文化的多元性原则。

第一节 意识形态的构建

苏联时期,吉尔吉斯共和国与联盟中央保持一致,以马克思列宁主义思想作为国家最高意识形态,提倡弘扬共产主义理想、苏维埃爱国主义和无产阶级国际主义精神。在此期间,吉尔吉斯共和国人民对以上意识形态和价值观有着程度不一的认同。独立以后,吉尔吉斯斯坦在政治上从一党制向多党制过渡,经济上从计划经济向市场经济体制过渡,在此背景下,该国的意识形态也随之发生了根本转变,苏联时期的价值观被否定,马克思主义的主流意识形态地位丧失,吉尔吉斯斯坦开始着手构建本国的社会意识形态。

苏联解体前夕,苏共中央于1990年2月做出取消一党制,实行多党制的决定,与此同时,各种思潮开始活跃起来。在吉尔吉斯共和国,长期受到压抑的宗教情绪复苏,伊斯兰运动迅速蔓延,泛突厥主义和泛伊斯兰主义思潮抬头,社会各阶层经历了一场前所未有的精神危机。独立初期,吉尔吉斯斯坦领导人为了赢得主体民族吉尔吉斯族的支持,以吉尔吉斯族的传统信仰伊斯兰教为武器来巩固新生的政权,于是,伊斯兰教成为填补吉尔吉斯斯坦社会意识真空的首选信仰。

苏联执政70多年来,宗教在吉尔吉斯共和国虽然影响力已经大为削弱,但是,压制宗教的政策并未彻底根除人们的宗教情结。独立初期,宗教信仰自由受到尊重,已经淡化了的伊斯兰教信仰和伊斯兰文化传统开始恢复,信教人数迅速增加,伊斯兰教的影响不断扩大。

吉尔吉斯斯坦将伊斯兰教的诺鲁孜节、古尔邦节和开斋节等传统民族节日和伊斯兰宗教节日定为国家节日,每逢这些节日,国家总统都要发表电视讲话,以示祝贺;独立以来,在古尔邦节和开斋节这天,首都的穆斯林在政府广场上集体做礼拜。据报道,1995—2000年间,阿卡耶夫当选总统后举行就职仪式时,一只手放在吉尔吉斯斯坦宪法上,另一只手放在《古兰经》上宣誓。

随着宗教热情的增长,吉尔吉斯斯坦信教人数迅速增加,宗教场所和清真寺不断扩建。据统计,1985年吉尔吉斯共和国只有30座清真寺,1990年有60多座,1995年增至200多座,到了1996年达到2000座。[1] 1992年6月,俄罗斯《消息报》曾报道指出,伊斯兰教正在日益扩大自己的思想阵地。在吉尔吉斯斯坦,伊斯兰教人士提出了一个口号:"在每个村庄建一所清真寺!"当时,学校

---

1 《伊斯兰教与中亚地区的稳定问题》,郑羽主编:《独联体十年——现状·问题·前景》(下卷),世界知识出版社,2002年,第519页。

尚未恢复，住房也未重建，但清真寺工程却在不断上马。[1]

吉尔吉斯斯坦的许多地方都开办了伊斯兰宗教学校，以解决宗教专业人员不足的问题。在比什凯克、卡拉科尔、奥什和贾拉拉巴德等大城市相继开办了三所高等伊斯兰宗教学校、15 所以上中等专业伊斯兰宗教学校。[2] 从 1996 年起，吉尔吉斯斯坦还向沙特阿拉伯、科威特等阿拉伯国家神学院选送了大约 200 名学生。[3]

独立以后，吉尔吉斯斯坦公民到麦加朝觐者明显增多，1991 年去麦加的朝圣者有 599 名，1992 年增加到 1500 名。[4] 随着与国际联系的加强，各种伊斯兰教思潮进入吉尔吉斯斯坦。1991 年 8 月，沙特阿拉伯拨款 45.7 万美元帮助吉尔吉斯斯坦修建清真寺和经文学院。从 1991 年起，境外的伊斯兰教各派在吉尔吉斯斯坦建立了 9 家慈善基金会、1 所孤儿院和 2 家报纸编辑部，它们免费发放《古兰经》，提供技术设备和免费培训教师，资助年轻人赴国外学习。最先来到吉尔吉斯斯坦的境外伊斯兰教派别是沙特的瓦哈比派，1993 年，沙特的瓦哈比派在吉南方主要城市奥什修建了一个规模宏大的清真寺。1996—2003 年，243 名伊斯兰教传教士从土耳其、埃及、巴基斯坦、伊拉克和沙特等国先后来到吉尔吉斯斯坦。

随着伊斯兰教的复兴，吉尔吉斯斯坦涌现出一批极端的伊斯兰政治组织。这些组织以伊斯兰原教旨为目标变革社会，主张回归所谓的伊斯兰正道；这类组织把宗教价值置于一切价值的准则之上，把一切政治和社会问题都归结于宗教问题。因此，这类组织被称为宗教极端组织。吉境内费尔干纳盆地是伊斯兰原教旨主义传播的主

1　郑天星：《中亚三国的伊斯兰教现状》，《东欧中亚研究》1994 年第 6 期。
2　赵常庆主编：《十年巨变——中亚和外高加索卷》，东方出版社，2003 年，第 152 页；郑天星：《中亚三国的伊斯兰教现状》，《东欧中亚研究》1994 年第 6 期。
3　赵常庆主编：《十年巨变——中亚和外高加索卷》，第 152 页。
4　邓浩：《伊斯兰教与当代中亚政治》，《国际问题研究》1999 年第 3 期。

要地区，也是极端组织的重要基地。独立初期，在此活动频繁的极端组织是伊斯兰解放党和瓦哈比派。其中，以乌兹别克人为骨干的伊斯兰解放党成员鼓动吉境内的乌兹别克人进行"民族自决"，制造分裂。他们认为民主是邪恶的西方商品，是一种罪孽深重的制度，独立初期，吉政府在此未能有效地行使国家主权。

为了遏制伊斯兰极端组织的活动，吉尔吉斯斯坦政府采取了多项措施。1993年宪法第8条明文规定：宗教和所有的崇拜应与国家分离，不允许宗教和民族政党及宗教组织带有政治目的和任务；不允许宗教组织的神职人员和宗教仪式妨碍国家机关的活动；不允许建立损害宪法建设、国家和社会安全的政党、社会联合会、宗教组织及其他组织，并进行相关的活动。吉尔吉斯斯坦组建了一支专门部队，用来对付瓦哈比派和其他极端宗教势力。政府高度重视吉尔吉斯斯坦南部存在的大批乌兹别克族非法移民，并制定完善的移民法规，用制度来规范乌兹别克族移民。[1]

伊斯兰教早在8世纪初就传入天山北部，9世纪中叶成为该地区占主导地位的宗教。然而，由于吉尔吉斯人长期处于游牧或半游牧状态，伊斯兰教对吉社会政治生活的影响显然比对乌兹别克斯坦和塔吉克斯坦弱，据比什凯克工学院社会学家的调查资料，在宗教氛围浓厚的奥什州，只有10%的吉尔吉斯人赞成建立伊斯兰国家。[2]可见，泛伊斯兰思潮在吉尔吉斯斯坦的影响和伊斯兰极端组织的活动都未成为构建国家意识形态的严重威胁。真正阻挠国家认同的是部族矛盾和冲突，要使吉尔吉斯人从部族思维过渡到国家思维，还

---

[1] 郎正文、雷琳：《阿坦巴耶夫时代吉尔吉斯斯坦南部面临的困境与挑战》，《青年与社会》2014年第22期。

[2] 沈冀鹏：《中亚五国的宗教问题及其对政局的影响》，《东欧中亚研究》1994年第3期。

是一个艰难的过程。

吉尔吉斯斯坦处于天山和阿赖山山脉之中,境内北部、中部和南部耸立着海拔 5000 米以上的高山,南北交通困难。生活在封闭山区的吉尔吉斯人以部落或部族的形式过着游牧生活,部族之间经济独立,政治分裂,最高形式的联合是以军事为基础形成的部落联盟。16 世纪以后,当其他中亚民族正在创建自己国家之时,吉尔吉斯人仍未建立统一的民族国家,而是接受了在今吉尔吉斯斯坦境内的不同政权的统治。苏联执政时期,吉尔吉斯以加盟共和国的形式存在,实际上只是苏联中央政府的一个地方政权,它的国家边界可以任苏联中央政府随意改变。在此背景下,吉尔吉斯人没有确立起政治统一的观念,以部族为单位的意识却根深蒂固。在没有形成国家意识的情况下,部族属性成为吉境内各民族自我识别的标志。其中,奥什-贾拉拉巴德和楚河-塔拉斯部落是分属于南北的两大部落族群。

在政治转型的过程中,部落意识和部族认同在一定程度上有利于增强人们对国家的认同。然而,随着政治和经济的发展,低层次的部族认同成为消解国家主流政治文化的力量,不利于国家统一认同的塑造与培育。部族认同不仅加剧了各部族的独立性,助长了愈来愈强的离心倾向和阻碍了各部族之间的融合,还削弱了国家的政治整合能力,再加上宗教因素,导致了对国家权威的分割。不仅如此,部族认同还导致了社会和政治动荡:一个舶来的民主制度是建立在以部族主义和地方主义为底色的国家基础上的,政治权力的争夺不是以法律和政策为核心,这是其出现社会、政治动荡的制度性原因。[1] 于是,吉当局开始寻求新的意识形态,最终确立了以爱国主

---

1 郎正文、雷琳:《阿坦巴耶夫时代吉尔吉斯斯坦南部面临的困境与挑战》,《青年与社会》2014 年第 22 期。

义为核心的凝聚各族人民对新独立国家认同的意识形态。

　　加强民族团结，促进民族和谐，是构筑爱国主义意识形态的重要组成部分。吉尔吉斯斯坦总统阿卡耶夫把"国内各族人民的团结"提升到能否使"国家生存和摆脱危机的首要条件"的高度。他认为"如果没有公民和谐与民族和睦，就不能解决任何问题"。在此思想的指导下，吉提出了"吉尔吉斯斯坦人民是一个密不可分的整体"的口号[1]；总统阿卡耶夫提出了"吉尔吉斯斯坦——我们的共同家园"的口号[2]，强调吉尔吉斯斯坦是生活在这里的各民族的统一的祖国。此后，各民族和睦与平等，相互忍让和彼此关心，尊重每个民族集团的利益，团结一致和友好合作，成为吉民族政策的基本原则。

　　政府采取多种措施宣传爱国主义，进行爱国主义教育，其中，强调吉尔吉斯族统一的史诗《玛纳斯》为凝聚民族和国家认同最有力的教材。1995 年，吉尔吉斯斯坦举办了有 80 多个国家和一些国际组织代表参加的歌颂吉尔吉斯英雄玛纳斯反抗侵略的史诗《玛纳斯》问世 1000 周年的纪念活动，以总统为首的 27 位各界名人签署了《玛纳斯宣言》。宣言指出，《玛纳斯》史诗集中体现了吉尔吉斯人的道德品质和民族精神，号召吉尔吉斯斯坦人民学习民族英雄玛纳斯的高尚品质和博大胸怀，团结一致，共同建设美好家园。2003 年，吉尔吉斯斯坦在阿卡耶夫总统倡导下庆祝了吉尔吉斯人建国 2200 周年。

　　以上活动对构筑爱国主义意识形态、唤起主体民族的自豪感和传统价值观起到了积极作用。

　　1　张树昌：《中亚五国的社会控制》，《俄罗斯中亚东欧研究》2003 年第 3 期。
　　2　侯艾君：《中亚的学术论战：意识形态与国家冲突》，《史学理论研究》2015 年第 3 期。

第二节 以伊斯兰教为主的多元宗教

吉尔吉斯斯坦是个多民族、多宗教的国家。据 2000 年的资料，在吉尔吉斯斯坦正式活动的宗教组织有 1136 个，其中伊斯兰教组织（包括宗教法庭和清真寺）913 个，东正教组织 208 个，其余为天主教（如耶和华显灵派）、犹太教组织。[1] 主体民族吉尔吉斯族信仰伊斯兰教。伊斯兰教在吉尔吉斯斯坦南部，尤其是在费尔干纳盆地的信仰最兴盛；而在吉尔吉斯斯坦北部，东正教和基督教信徒较多，特别是在比什凯克，以及楚河州。

吉尔吉斯先民在叶尼塞河流域时期曾信仰原始萨满教，陆续来到今吉尔吉斯斯坦境内后，接触到伊斯兰教。伊斯兰教传入今吉尔吉斯斯坦境是 8 世纪左右，但到蒙兀儿汗国时期（1514—1680）[2]，由于统治者的大力推行才逐渐伊斯兰化；到 18 世纪中叶，吉尔吉斯人的绝大多数已经成了穆斯林。沙俄统治时期，1892 年吉尔吉斯人中有 7 座讲授伊斯兰教的经文学院。[3] 苏联时期，1925 年开始的社会主义改造和 1929 年开始的打击宗教团体与神职人员的行动，使今吉尔吉斯斯坦境内的宗教设施遭到摧毁。直到第二次世界大战时期，宗教复苏的势头才在吉尔吉斯共和国出现。苏联解体前夕，1990 年 9 月，苏联政府颁布《信仰自由和宗教法》，吉尔吉斯共和国的宗教活动合法化，当时，吉尔吉斯共和国的穆斯林归乌兹别克共和国塔什干大穆夫提管辖。

---

1 张志刚等：《当代宗教冲突与对话研究》，经济科学出版社，2011 年，第 77 页。
2 蒙兀儿汗国又称叶尔羌汗国，1514 年在东察合台汗国基础上建立，1680 年被准噶尔蒙古汗国灭亡；汗国建都于今新疆喀什的莎车县，版图东至嘉峪关，南至西藏，西南至克什米尔，西抵费尔干纳谷地，北抵天山。
3 艾莱提·托洪巴依：《吉尔吉斯斯坦的伊斯兰教及其当前面临的问题》，《新疆社会科学》2006 年第 6 期。

独立以后，伊斯兰教在吉尔吉斯斯坦复兴。1993年，吉尔吉斯斯坦穆斯林宗教管理局成立，其编辑出版的《伊斯兰文化报》定期和不定期发行一些宗教知识手册和宗教书籍。1996年，吉政府成立了管理宗教事务的专门机构——国家宗教事务委员会。委员会隶属于吉尔吉斯斯坦政府，定期召开穆斯林代表大会，负责四年一度的穆夫提选举和任命，负责宗教团体和清真寺等宗教场所的注册登记；委员会有权制定和实施国家宗教和宗教组织政策，有权考核和选派各州的宗教法官（卡迪）。2003年，国家宗教事务委员会在比什凯克市和另外的7个州成立了宗教事务协调委员会。独立初期，在国家宗教事务委员会注册登记的宗教团体有419个，其中伊斯兰教团体有213个。[1]

吉尔吉斯斯坦境内的主要宗教是伊斯兰教逊尼派，其中以哈乃斐教义为主流。吉尔吉斯斯坦南部的宗教气氛很浓，在此形成的宗教组织具有极端主义倾向。在吉尔吉斯斯坦活跃的伊斯兰极端势力主要有瓦哈比派和"伊扎布特"（伊斯兰解放党）。

瓦哈比派是近代复兴思潮和运动的先驱，因首倡者穆罕默德·伊本·阿布多·瓦哈比（1703—1792）而得名。瓦哈比运动是逊尼派内持原教旨主义的一个极端组织，其宗教主张是回归《古兰经》，恢复先知穆罕默德时期伊斯兰教的正道，严格信奉独一的安拉；其政治诉求是打破现有主权国家界线，以"圣战"方式建立统一的政教合一的国家。吉尔吉斯斯坦的激进分子对瓦哈比派的主张极为推崇，吉、乌、塔三国交界的费尔干纳地区逐渐成为瓦哈比派活动的中心。1992年，沙特向吉瓦哈比派伊斯兰教组织捐赠了10万卢布，在奥什修建了一座最大的清真寺和经学院。吉独立以后兴

---

[1] 赵常庆主编：《十年巨变——中亚和外高加索卷》，第151页。

建的清真寺有3000多座,其中大部分属瓦哈比教派。[1]独立初期,在吉尔吉斯斯坦南部的奥什、贾拉拉巴德等地,瓦哈比派的伊玛目已被当地穆斯林拥戴为宗教领袖,其"权威"地位已经超过了原有传统教派的伊玛目,甚至超过地方当局,在当地穆斯林社会生活中起着实际管理作用。[2]该派对吉尔吉斯斯坦社会政治乃至国家安全构成严重威胁。1998年在奥什发生的三次爆炸事件被怀疑有瓦哈比分子的参与。从1999年起,中亚国家对瓦哈比派实施严打,暂时遏止了该派的活动。

在吉尔吉斯斯坦,另一个伊斯兰极端组织伊斯兰解放党也很活跃,该党在中亚被称为"伊扎布特",阿拉伯语含义为联合、统一。伊扎布特是20世纪50年代由埃及穆斯林兄弟会派生出来的伊斯兰极端组织,1992—1994年开始在乌兹别克斯坦活动,1995年开始在吉尔吉斯斯坦南部地区活动。从1998年5月起,中亚国家开始对伊扎布特展开严厉打击。然而,打击措施没有取得成效,伊扎布特的活动范围与影响不仅未被遏止,反而呈现出扩大趋势,成为中亚各国安全与稳定的重要隐患。

2001年以前,伊扎布特在吉尔吉斯斯坦的活动局限于演讲、散发传单,在许多城市的一些公共场所每天都有人散发该党制作的传单,传播和煽动伊斯兰原教旨主义思想。他们的宣传加强了该地区的原教旨主义倾向,到21世纪初期,奥什和贾拉拉巴德成为原教旨主义者及其各派的重要基地。2001年,阿富汗塔利班政权被摧毁,一些国际恐怖组织"乌兹别克斯坦伊斯兰运动"(简称"乌伊运")分子来到吉南部地区,参加了伊扎布特,壮大了该党的势

---

[1] 再米娜·伊力哈木:《近期吉尔吉斯斯坦国内伊斯兰极端主义发展及影响分析》,《新疆大学学报》2015年第1期。

[2] 邓浩:《伊斯兰瓦哈比教派与中亚政局》,《现代国际关系》1999年第7期。

力，其活动逐渐向吉北部地区发展。据吉政府公布的数字，吉境内有几千名伊扎布特成员；据国际危机组织的调查报告，这一数字确定为近8000名；据比什凯克的学者统计，这一数字已经上万[1]；我国学者公布的数字表明，仅贾拉拉巴德州的伊扎布特成员就超过了15000人（2006）[2]。吉尔吉斯斯坦的伊扎布特已经成为一股社会力量，据2002年的统计，属于伊扎布特的清真寺在奥什州有677座，在贾拉拉巴德州有123座；属于伊扎布特的经文学校在奥什州有4所，在贾拉拉巴德州有1所。[3]

来到吉尔吉斯斯坦的"乌伊运"分子不仅壮大了吉国的伊扎布特，而且改变了该党的活动方式。从2002年起，伊扎布特开始了暴力活动。2002年6月，中国驻吉尔吉斯斯坦大使馆领事王建平遇害；同年12月27日，比什凯克大市场发生爆炸；2003年5月8日，奥什发生爆炸；2003年5月，约10名匪徒袭击了贾拉拉巴德市警察局，抢夺了约30支长短枪支。[4]

在进行暴力活动的同时，伊扎布特成员在吉南部各州加紧了政治活动，他们一方面积极参加议会选举，为本党成员的当选做准备，另一方面与议员候选人做交易，企图使他们当选后成为伊扎布特在议会中的代言人。据报道，吉南部一些农村行政机关的负责人就是伊扎布特成员，他们是通过选举上台的。截至2008年，吉南部有三分之一的议员与伊扎布特有联系。[5]

随着伊扎布特势力的壮大，几股力量（"乌伊运"、原教旨主义

---

1 廖成梅、杨航：《伊扎布特在吉尔吉斯斯坦的发展及原因》，《国际研究参考》2015年第8期。
2 杨恕、林永锋：《中亚伊斯兰极端主义》，《俄罗斯中亚东欧研究》2008年第5期。
3 许涛：《吉尔吉斯斯坦民族宗教概况》，《国际资料信息》2002年第8期。
4 孙壮志：《中亚安全与阿富汗问题》，世界知识出版社，2003年，第172页。
5 杨恕、林永锋：《中亚伊斯兰极端主义》，《俄罗斯中亚东欧研究》2008年第5期。

者、分裂主义者）联合形成了"中亚伊斯兰运动"，其总部设在阿富汗东北部巴达赫尚省的山区。该组织的目标是在整个中亚和中国西北部建立原教旨主义的伊斯兰国家。

2003年，吉最高司法部门确定伊扎布特为宗教极端组织，该党的活动受到禁止。吉政府打击国内的宗教极端势力得到国际社会的认可，俄罗斯认为，伊扎布特是一个被国际社会公认的具有恐怖主义倾向的宗教极端组织；美国确定该党为宗教极端组织。中亚各国也对伊扎布特实行了镇压措施，但在吉的伊扎布特组织并没有被根除，还有发展的趋势，成为吉尔吉斯斯坦安全和稳定的隐患。

基督教是吉尔吉斯斯坦的第二大宗教，2000年，吉总人口约469.9万，基督徒约36.8万，约占总人口的7.83%。[1] 5世纪，基督教东方教会聂斯托里派（中国称"景教"）及其追随者的传教活动已抵达天山北部；在阿拉伯骑兵入侵的7世纪中叶，景教在中亚已有相当大的影响。8世纪中叶以后，随着阿拉伯人的到来，景教逐渐被伊斯兰教取代。15至16世纪，随着欧洲传教士、商人和旅行家的来到，基督教在天山北部地区又开始传播。不过，中世纪以前基督教的传播规模不大，没有形成广泛的影响。19世纪下半期，沙俄军队征服吉尔吉斯人居地，随着俄国西部工人、农民、知识分子的迁入，东正教、天主教、新教信仰者陆续来到天山地区，壮大了基督教的力量。据统计，2011年，吉境内正式注册的宗教组织达2200个，其中伊斯兰教宗教组织占86%，基督教宗教组织占9.8%，其他宗教组织占4.2%。[2] 信仰基督教的居民大多数居住在吉北部地区。

独立初期，东正教是吉尔吉斯斯坦基督教信仰中人数最多的。

---

[1] 丁光训、金鲁贤主编：《基督教大辞典》，上海辞书出版社，2010年，第284页。
[2] 艾山江·阿不力孜、地木拉提·奥迈尔：《吉尔吉斯斯坦宗教格局及伊斯兰教在该国的未来走势》，《新疆社会科学》2016年第5期。

东正教在沙俄统治吉尔吉斯时期传入。随着沙俄向天山南北地区的扩张，俄罗斯农民和哥萨克人开始迁入，宗教文化慢慢地渗透到天山南北地区，东正教在沙俄政府的支持下得到发展。第一批迁移入天山北部的西伯利亚哥萨克人主要定居在伊塞克湖以南的七河流域，到1990年，比什凯克建有东正教教堂10座，其他地区大约有十几座。到沙俄统治结束的1917年，在今吉尔吉斯斯坦境内的东正教教堂已经达到30个。[1]

苏联时期，由于提倡无神论，宗教受到压制。沙俄时期修建的东正教教堂或被摧毁或遭到破坏，东正教在吉尔吉斯共和国衰落。第二次世界大战期间，随着宗教政策的放宽，吉尔吉斯共和国的东正教开始复兴，先是修复了普热瓦利斯克市内的圣三一教堂，后来又在比什凯克、奥什、托克马克恢复了东正教教区；1945年，吉尔吉斯共和国对宗教团体进行了登记注册，塔拉斯市、伊塞克州、伏龙芝州的东正教教团获准注册。到20世纪50年代，吉尔吉斯共和国境内共有32个东正教教区。[2]然而，新建立起来的这些东正教教堂在赫鲁晓夫恢复宗教压制政策的十年中（1954—1964）遭到摧毁，东正教又经历了衰退时期，直到70年代以后才重新开始活跃。

独立以后，吉尔吉斯斯坦于1991年12月出台了《宗教自由和宗教组织法》，以法律形式肯定了宗教组织多元化，允许公民在自愿的基础上自由成立宗教组织。随着宗教政策的宽松，东正教也兴盛起来。[3]在今吉尔吉斯斯坦境内，已经经历了一百多年发展的东正教，以第二大宗教的地位影响了政府宗教政策的制定。尽管如此，

1　康丽娜：《吉尔吉斯东正教文化的发展历程》，《语文学刊》2013年第4期。
2　同上。
3　张宁：《吉尔吉斯斯坦的宗教管理体制》，《伊犁师范学院学报》2014年第2期。

由于吉政府提倡主体民族宗教的复兴，以俄罗斯人为首的一些东正教徒迁离了吉尔吉斯斯坦；应该指出的是，与其他中亚国家相比，在吉俄罗斯人的情况相对而言要好一些。东正教徒的迁走影响了东正教在吉国的发展。

除了伊斯兰教和东正教外，天主教、新教、新兴的基督教小宗派在吉尔吉斯斯坦也有信徒。其中，新教在吉的势力也比较大，截至2011年，大约有11000名信徒，其中约40%是吉尔吉斯族。[1]

在吉尔吉斯斯坦，基督徒中大约有80%的人是通过社会关系而接受基督教的。有的吉尔吉斯族皈依基督教，对自己的传统宗教反而不积极。1996年以来，在国家宗教事务委员会登记的基督教传教士超过851名[2]，传教士可以通过创办福利机构、新建学校以及从事商业活动为当地人传教。吉国已有许多基督教组织，截至2011年底，有东正教教堂52座，天主教教堂4座，浸礼会教堂48座，基督教复临安息日教堂31座，五旬节运动教堂36座，灵恩派教堂43座。[3]

在吉尔吉斯族的信仰中，基督教和东正教文化对伊斯兰教的发展产生过重大影响，使吉尔吉斯族的伊斯兰教信仰呈现出多样化的特性，加之游牧的吉尔吉斯族对伊斯兰教的宗教情怀不像定居的塔吉克族和乌兹别克族那样浓厚，因此，各种宗教信仰在吉尔吉斯斯坦基本上能够相安无事，尖锐的宗教冲突事件没有发生。

1　杨恕、王静：《基督教在中亚的现状研究》，《俄罗斯中亚东欧研究》2011年第3期。

2　在2005年的宗教自由报告中，吉统计的传教士人数为1103名，其中基督教传教士有851名，伊斯兰教传教士仅为252名。在2009年的宗教自由报告中，传教士人数增加至1203名，其中增加的主要是基督教传教士。

3　张宁：《吉尔吉斯斯坦的宗教管理体制》，《伊犁师范学院学报》2014年第2期。

第三节 以民族文化为核心的多元文化

吉尔吉斯斯坦是一个多民族和文化多样的国家。吉尔吉斯人到来之前，古代先民在该地区创造了印欧文化、突厥文化、伊斯兰文化；10世纪以后陆续迁入该地区的吉尔吉斯人继承了先民的文化遗产，并逐渐形成了具有本族特征的吉尔吉斯文化。19世纪，俄国人将俄罗斯文化带到这一地区；在沙俄和苏联政府的推动下，俄罗斯文化很快渗透甚至同化了当地文化，到苏联解体前夕，吉尔吉斯人几乎俄罗斯化。

俄罗斯化的标志从语言上反映出来。苏联时期，作为交际语的俄语在各加盟共和国都得到了大力推广，在吉尔吉斯共和国也不例外，因此造成一些吉尔吉斯人只会说俄语，不会说吉尔吉斯语的现象。苏联解体前夕，吉尔吉斯共和国开始提倡本民族的母语吉尔吉斯语。1989年9月23日，吉尔吉斯共和国通过了《国家语言法》，该法将吉尔吉斯语定为吉尔吉斯共和国的国语，在社会政治、经济生活的各个领域使用。[1]

1993年宪法规定，吉尔吉斯语是吉尔吉斯斯坦的国语。1993年宪法虽历经多次修改，但历次都一再重申，吉尔吉斯语是吉尔吉斯斯坦共和国的国语。2003年制定的新的《国家语言法》于2004年2月12日召开的议会通过，强调每个人除了懂得自己的母语之外，还应当懂得吉尔吉斯语，这是父母与国家共同的责任。

除了以法律的形式确立吉尔吉斯语的地位外，政府还采取措施推广吉尔吉斯语。2001年1月20日，《2000年至2010年吉尔吉斯

---

[1] 刘宏宇、池中华：《吉尔吉斯斯坦独立后的语言政策与实践》，《中南民族大学学报》2013年第3期。

斯坦共和国国家语言法发展规划》出台，计划分两步推广吉尔吉斯语。其中，在2000—2005年间，使吉尔吉斯语成为全国范围内适用于生活各个领域的交际工具。在此阶段中，2003年制定的《国家语言法》规定，吉尔吉斯斯坦的武装力量、边防部队、内务部队和军事机构必须使用本国语言或官方语言；电视、广播节目中未使用本国语言的实况转播的，必须按程序翻译成本国语言。[1] 在2006—2010年间，使吉尔吉斯语深入包括现代技术在内的诸领域。在吉政府大力推动下，吉尔吉斯语发展很快，政府的统计数据显示，截至2007年，流利使用吉尔吉斯语的人数从1989年的53%上升到了70%。[2] 2009年纪念第一部《国家语言法》颁布20周年之际，总统巴基耶夫签署法令，将每年的9月23日定为吉尔吉斯斯坦国家语言日。

吉尔吉斯语在长时期内采用阿拉伯字母书写。1924年苏维埃政权颁布了以阿拉伯字母为基础的吉尔吉斯文字母表，1928年开始使用以拉丁字母为基础的新文字，1940年又改用西里尔字母（即俄语字母）书写。独立以后，吉尔吉斯斯坦的政治家和学者曾提出文字改革。1992年9月29日，语言学家在吉首都比什凯克召开会议，会上提出了以土耳其文的拉丁字母为基础改造吉文字的方案。然而，由于政治和经济因素，吉尔吉斯语向拉丁字母转换的提议未能实现。物质方面的因素是由于经济困难，文字改革的工作缺乏专业人员；从民族关系的角度来看，为了避免进一步刺激国内的俄罗斯人，国家立法将俄语定位为吉尔吉斯斯坦的官方语言，不进行文字

---

[1] 谷维：《吉尔吉斯斯坦〈语言法〉草案进入审议程序》，《中亚信息》2004年第3期。

[2] 刘宏宇、池中华：《吉尔吉斯斯坦独立后的语言政策与实践》，《中南民族大学学报》2013年第3期。

改革有利于民族和谐；从语言的角度来看，吉尔吉斯人认为当前使用的俄语字母适合吉尔吉斯语的发音特点，拉丁字母书写吉尔吉斯语并无优势可言。到 2016 年，吉尔吉斯语仍然采用以西里尔字母为基础的字母表。

独立以来，吉尔吉斯斯坦艺术开始为政治服务，这一点特别表现在现实主义的造型艺术方面。1998—2000 年，艺术家们为吉国务活动家库拉托夫、伊萨克耶夫、拉扎科夫、阿卡德拉赫曼诺夫、萨迪科夫等人塑造了半身像。在这些艺术活动中，涌现出崔可夫、艾季耶夫，以及雕刻家萨迪科夫等一大批著名艺术大师，其中萨迪科夫被授予"吉尔吉斯共和国英雄"这一最高勋章。吉电影艺术在独立以后取得了很大成就，涌现出一些优秀影片，如《蜗牛，你的家在哪里？》、《一个房客》、《一列车傻瓜》、《魔鬼的影子》。[1]

除了提倡本族语言文字和艺术外，吉当局还大力弘扬民族历史，恢复沙俄和苏联时期歪曲的民族历史，甚至美化本民族历史。此外，大力提倡吉尔吉斯族的传统风俗，穆斯林的传统节日肉孜节、古尔邦节、诺鲁孜节被定为休假的国家节日。

独立之前，俄语报刊、电视在中亚国家发行和播放，吉与俄在文化教育方面有着广泛的合作，特别是在教育领域。俄罗斯在"共同教育空间"计划中为中亚国家（包括吉尔吉斯共和国）培训外交官等人才，还在吉成立了俄罗斯大学。吉尔吉斯人在饮食、风俗习惯、语言等方面俄罗斯化严重，可以说，吉尔吉斯共和国的主体文化是俄罗斯文化，本民族文化成为亚文化。[2]

独立初期，俄罗斯文化在吉尔吉斯斯坦受到了一定的限制，但

---

[1] 刘庚岑、徐小云编著：《吉尔吉斯斯坦》，第 258 页。
[2] 赵常庆主编：《十年巨变——中亚和外高加索卷》，第 278 页。

与独立之后涌入吉境内的欧美文化相比,俄罗斯文化仍有很大的影响。独立以后,以美国为代表的西方文化大举进入中亚,手段多样化,形式多元化。首先,通过非政府组织收购或资助中亚媒体,利用这些媒体进行亲西方宣传,灌输民主思想,干预选举过程[1],其中"美国之音"和"自由之声"两家电台用当地语言在中亚五国广播。其次,通过合资办学传播西方价值观。美国在吉创建了美国中亚大学(即吉美大学),该大学得到美国国务院、开放社会研究所和欧亚基金会的资助,校训是"自由、知识和智慧",教学任务是"推动公民社会的发展,为两国文化交流提供帮助"。西方电视、电影、音乐、游戏、书籍等在吉尔吉斯斯坦占有很大市场。"9·11"事件以后,美国文化的影响持续增长,甚至取代了俄罗斯文化,获得普遍认同。吉居民以讲英语为时尚和荣耀,妇女梦想着嫁给美国人或者欧洲人。

尽管如此,美国推进的西方文化在吉只能起到"分化"的作用,不可能取代吉尔吉斯族传统文化。如今的吉尔吉斯文化是突厥文化、伊斯兰文化、俄罗斯文化和西方文化的融合。独立以来,在吉尔吉斯斯坦组建了多个民族文化中心,如乌兹别克族文化中心、俄罗斯族和谐文化中心、东干文化中心、乌克兰别列吉亚女神文化中心、犹太人灯塔文化中心等。这些中心对保存和发展民族多样性,传承民族文化和语言起到了积极作用。

---

1 徐晓天:《中亚五国十五年三变》,《世界知识》2005年第12期。

第十章
民族问题和民族政策

吉尔吉斯斯坦是一个多民族国家,吉尔吉斯族是该国的主体民族。独立初期,吉尔吉斯斯坦的第二、第三大族群分别是俄罗斯族和乌兹别克族。独立以后,随着吉尔吉斯族地位的上升,吉尔吉斯族与以俄罗斯族为主的欧洲民族,以及与以乌兹别克族为主的中亚民族之间的矛盾激化,如何处理这些矛盾成为吉政府制定和实施民族政策的关键。在民族政策上,吉尔吉斯斯坦的指导思想是:保证吉尔吉斯族的民族复兴,捍卫和发展同吉尔吉斯族一道构成吉尔吉斯斯坦人民的所有民族的利益。[1] 吉政府处理民族问题的主要目标是:一是提升主体民族的地位,二是保持各民族之间的和睦相处。

第一节 调整中的吉俄两族关系

据苏联1978年人口普查数据,俄罗斯族在吉尔吉斯共和国的人数已经达到总人数的25.9%,成为该国人数居第二的民族;这一比例一直保持到独立前夕,据1989年人口普查的统计数据,吉尔吉斯共和国人口有436.72万人,吉尔吉斯族占人口总数的52.4%,俄罗斯族有93.89万人,占人口总数的21.5%。[2] 独立初期,吉尔吉

---

[1] 于洪君:《吉尔吉斯斯坦的权力架构与政治局势》,《和平与发展》1995年第2期。
[2] 〔苏联〕Л. Л. 雷巴科夫斯基编:《苏联人口七十年》,郭丽群译,商务印书馆,1994年,第33页。

斯斯坦人数最多的民族是吉尔吉斯族和俄罗斯族，因此，吉俄两族之间的关系构成了吉尔吉斯斯坦民族政策的核心。

1906年，俄国当局在今吉境内成立了移民组织，到1911年，七河地区的俄国移民已经增加到17.5万人[1]，大多数人被安置在比什凯克、维尔内和普尔热瓦尔斯克三县，吉南部地区的奥什县和安集延县有25个俄罗斯移民组成的村庄。苏联时期，吉尔吉斯共和国在第二次世界大战期间安置了从莫斯科、列宁格勒疏散来的大批工人、集体农庄成员，人数达13.9万[2]；此外，苏联中央政府在战争期间把一些工厂迁移到吉尔吉斯共和国，当时有30多个企业迁到吉各地，随企业到来的俄罗斯技术人员对吉现代工业的发展做出贡献，他们在此受到尊重，地位优越，被视为"老大哥"。

苏联时期，吉尔吉斯共和国的学者或政治精英曾对苏联的一些做法表示不满，如1970年，吉教授努尔别科夫针对苏联以"加强生产专业化"为由多次变更中亚共和国的领土提出抗议，他曾撰文说："对严格标定的共和国边界进行任何强制改变，都应看作是吞并，是侵略行径，是对民族自决原则的践踏。"[3]1973年1月28日，吉尔吉斯共和国报纸报道说，吉科学院院士塞迪克别科夫对吉尔吉斯语中充斥的外来语（指俄语）表示不满，提出民族语言要从根本上加以改善，要为其纯洁性而斗争。尽管如此，吉尔吉斯族与俄罗斯族基本上和睦相处，未发生激烈冲突。

苏联解体前后，为了提升主体民族的文化地位，吉政府开始推行主体民族化政策。1989年9月23日，吉通过了《国家语言法》，

---

1 〔苏联〕Л.Л.雷巴科夫斯基编：《苏联人口七十年》，郭丽群译，第33页。
2 刘庚岑、徐小云编著：《吉尔吉斯斯坦》，第58页。
3 《苏维埃吉尔吉斯报》1972-12-07，转引自刘庚岑：《中亚国家的民族状况与民族政策》，《东欧中亚研究》1995年第6期。

吉尔吉斯语被确立为吉尔吉斯共和国国语，同时俄语被定位为族际交际语。独立以后，在1993年宪法中重申了《国家语言法》的原则。此后，政府对推广吉尔吉斯语采取了一系列措施，如因不会吉尔吉斯语，俄罗斯族在军队和政府机关的部门都难以找到工作，这些措施使以俄语为母语的非吉尔吉斯族的政治权利受到了限制。

吉尔吉斯斯坦以宪法的形式确立主体民族在国家事务中的优先地位。在宪法基础上，吉尔吉斯斯坦的权力开始向主体民族倾斜。如1995年2月的新议会选举结果，在78名议员中，占全国总人口数52.4%的吉尔吉斯族占据了近90%的席位；而占总人口数20.9%的俄罗斯族只占6%的席位。[1]其他民族者尽管是本行业专家，也不能担任要职。[2]

在主体化民族政策下，一些不堪忍受从"老大哥"地位降为"二等公民"的俄罗斯族开始离开吉尔吉斯斯坦。1992—1994年间，有40多万俄罗斯族返回俄罗斯。[3]到2000年，在吉俄罗斯族占吉总人口数的比例降至12.5%，在吉人口总数中排第三位。[4]在外迁人群中，大部分是文化素质较高、职业技能较强的俄罗斯人、白俄罗斯人、乌克兰人、德意志人、犹太人。这些人的出走，给吉尔吉斯斯坦带来了经济和文化上的损失，有些地方出现了学校无人执教、医院无人行医的局面。[5]

留在吉的俄罗斯族提出了本民族的政治文化要求，最强烈的要求是争取提升俄语地位和争取获得双重国籍。俄语的地位不仅关系到干部任用问题，还关系到斯拉夫移民子女的受教育问题；双重

1　吴家多：《中亚地区的俄罗斯人问题》，《世界民族》1998年第1期。
2　陈联璧：《中亚五国民族关系问题》，《东欧中亚研究》2001年第3期。
3　同上。
4　许涛：《吉尔吉斯斯坦民族宗教概况》，《国际资料信息》2002年第8期。
5　季志业：《中亚民族问题及其趋势》，《现代国际关系》1995年第10期。

国籍问题的提出是在吉俄罗斯族解除后顾之忧的一项保证,在俄罗斯族的切身利益受到威胁时,可得到俄罗斯的保护。除了提出要求外,在吉俄罗斯族还不顾吉宪法的禁令组建了政治组织。吉 1993 年宪法规定,禁止在宗教和民族基础上建立军事化组织和政党,而俄罗斯族成立了取名为"和睦"的俄罗斯族联合会。

独立初期的民族政策导致了俄罗斯族与吉尔吉斯族之间的对立,引发了两族之间的冲突。1994 年,总统阿卡耶夫指出,吉尔吉斯斯坦国家政策中的头等大事就是巩固民族和睦,没有这一点,国家的民主改革就寸步难行。[1] 为了国家的稳定,吉修改了宪法和选举法,以照顾非主体民族的权益。

其中,主要在法律上确定了俄语的地位。1993 年,总统下令给予俄语官方语地位,不过在 1993 年宪法和 1996 年宪法修正案中都没有规定俄语为官方语言,直到 2000 年,确定俄语为官方语言的法令才获得议会的通过。2000 年 5 月 29 日,阿卡耶夫总统签署了《官方语言法》,该法强调:俄语是吉尔吉斯斯坦的官方语言。它在国家管理、司法和诉讼领域,以及在吉尔吉斯斯坦社会生活的其他领域按本法和其他法律所规定的情况和程序与国语同样使用。2003 年,吉新宪法草案又确定俄语的官方语地位。"官方语地位"的表达对于苏联解体后其他独联体国家来说是罕见的,因为大多数独联体国家直接宣布不愿意给予俄语特殊的地位。[2] 2004 年,阿卡耶夫总统再次强调,在吉尔吉斯斯坦,俄语会受到坚决保护,俄语和吉尔吉斯语将永远共同存在。[3] 吉语言政策有利于首都和北部地区的稳定。在吉的俄罗斯族大部分生活在比什凯克、楚河州和伊塞克

---

[1] 刘庚岑:《中亚国家的民族状况与民族政策》,《东欧中亚研究》1995 年第 6 期。
[2] 廖成梅:《中亚国家的语言政策论析》,《国际关系学院学报》2011 年第 6 期。
[3] 刘庚岑、徐小云编著:《吉尔吉斯斯坦》,第 30 页。

湖州，这些地区的交流主要用俄语，首都比什凯克是以讲俄语为主的城市。

关于双重国籍的问题，独立初期，为了维护国家统一、领土完整，吉尔吉斯斯坦反对给予国民双重国籍。在俄罗斯族的强烈要求下，吉在双重国籍问题上开始让步。1993年，吉尔吉斯斯坦继土库曼斯坦之后承认了双重国籍的合法性。1996年，俄罗斯与吉尔吉斯斯坦签署了简化公民入籍的协议。1999年，俄罗斯与吉尔吉斯斯坦等国家签署协议简化相互获得国籍手续；根据该协议，俄罗斯与吉尔吉斯公民互相前往对方国家，停留时间少于30天，可免去前往当地有关部门进行登记的义务。吉尔吉斯斯坦参与签署的1999年协议可以视为政府默认了境内居民拥有双重国籍的事实。据2013年2月17日的《俄罗斯报》提供的数据显示，在吉拥有双重国籍的人有45万，主要是拥有俄罗斯国籍。[1]

为了改善族际关系，吉政府给予俄罗斯族一些重要职位，如2005年上台的新政府任命俄罗斯族丘基诺夫为总理。以上政策的实施，不仅遏制了俄罗斯族的外流，还有40%的外流俄罗斯族重返吉尔吉斯斯坦。[2]

与此同时，吉尔吉斯斯坦开始淡化民族观念，强调公民权利。阿卡耶夫总统强调，在制定国家民族政策时要遵循的一个重要原则，是承认人权优先于民族权利，每个民族共同体在社会民主化过程中得到自由发展；在多民族国家中，任何一个民族都不能靠损害其他民族的利益来满足自己的民族要求，因为吉尔吉斯斯坦人民是

---

[1] 王臻：《吉尔吉斯斯坦禁止官员持双重国籍，将重罚违反者》，《环球时报》2013-02-19。

[2] Г. 西特恩扬斯基：《吉尔吉斯斯坦总统 A. 阿卡耶夫》，《今日亚非》1996年第1期，第9页，转引自吴家多：《中亚地区的俄罗斯人问题》，《世界民族》1998年第1期。

吉尔吉斯族和其他各民族的联合体。[1]吉尔吉斯斯坦坚决打击极端民族主义分子和组织。2006 年吉新宪法草案明确规定：可能破坏各族人民共同和平生活的行为，鼓吹和煽动民族间仇视情绪的行为都是违反宪法的。

吉政府还陆续建立了一些有利于政府决策和保证民族团结的机构。1994 年，各民族大会（又名"人民大会"）成立，该机构负责落实国家民族政策；吉政府建立了国家监察院，监察院的一项工作是收录和调查少数民族权力被侵害事件。2011 年，政府又设立了民族宗教政策以及与公民组织协作处，为总统制定民族宗教政策提供参考。此外，还建立了吉尔吉斯斯坦公民和睦与民族和谐委员会以及隶属于总统的共和国社会政治协商委员会，其宗旨在于全面、及时地考虑各社会民族集团、各阶层居民的利益，协调解决复杂的民族问题。

在强调国家统一的前提下，吉政府成立了一些促进民族和睦，保护非主体民族政治、经济利益的组织。独立初期，吉政府设立了40 多个民族文化中心以及其他一些维护民族权益的民族协会。[2]在采取重大举措时，吉总统注意与这些组织团体的代表进行协商，这些文化中心对促进民族团结起到了一定作用。

在外交方面，吉政府也积极向俄罗斯靠拢，实施与俄罗斯友好的外交政策有利于族际关系的改善。独立初期，俄罗斯曾资助吉比什凯克斯拉夫大学，招收斯拉夫人子女入学，以解决操俄语居民子女入学难的问题。此后，吉俄两国签订了共同防护疆界的条约，建立了集体

---

[1] Н. 奥穆拉利耶夫等：《吉尔吉斯斯坦民族关系和政策》，第 8 页，比什凯克，1993 年，转引自陈联璧等：《中亚民族与宗教问题》，中央民族大学出版社，2002 年，第 198 页。

[2] 刘庚岑：《中亚国家的民族状况与民族政策》，《东欧中亚研究》1995 年第 6 期。

维和部队；继哈萨克斯坦之后，吉尔吉斯斯坦也表示将与俄罗斯订立关税同盟条约。吉俄友好关系是在吉俄罗斯人安定的基本保证。

2001年8月30日，阿卡耶夫总统在庆祝吉尔吉斯斯坦独立十周年的晚会上发表讲话说，独立十年来，吉尔吉斯斯坦取得的最重要成就是实现了民族和睦，避免了民族冲突，进而保持了政局稳定。当然，吉俄两族之间的矛盾并未彻底解决，以后这一矛盾以南北地区冲突的形式表现出来。

第二节　冲突中的吉乌两族关系

独立初期，俄罗斯族是吉尔吉斯斯坦的第二大民族，随着俄罗斯族的外迁，到2000年，乌兹别克族上升为第二大族群，在吉的乌兹别克族大约占吉总人口数的14%。[1] 于是，吉乌两族之间的关系也成为吉尔吉斯斯坦民族问题的关键。

在吉的乌兹别克族大多数居住在吉南部的费尔干纳盆地，主要分布在奥什和贾拉拉巴德两州。乌兹别克族在此两州分别占据了总人口数的27.6%和23.9%，随着俄罗斯族的迁出和吉尔吉斯族逐步向中部和北部地区迁移，两州的乌兹别克族所占的比例增大。

历史上，费尔干纳盆地是游牧的吉尔吉斯人与农耕的乌兹别克人、塔吉克人杂处之地；吉尔吉斯人是高山游牧民，在山间进行垂直迁徙，而乌兹别克人和塔吉克人是定居的农耕民族，他们在山间盆地劳作。在传统生活方式下，农牧之间在地域上相对隔离，互不干扰。当吉尔吉斯人在冬季下到低地时，定居民族已经进入休耕状态，牧民在休耕地上放牧，双方很少交流，相安无事。加之，吉乌

---

[1] 张志刚等：《当代宗教冲突与对话研究》，第77页。

两族都说突厥语,都信仰伊斯兰逊尼派,因此,吉乌两族即使存在矛盾,也没有演变成大规模族际冲突。

苏联时期,费尔干纳盆地被肢解,分别归属于乌兹别克共和国、吉尔吉斯共和国、塔吉克共和国三个国家,生活在同一地区的三个民族(乌兹别克、吉尔吉斯、塔吉克)分属不同国家,其中大批乌兹别克族成了吉尔吉斯共和国居民。苏联时期进行的大规模牧民定居运动,使得大批牧民被强制定居,游牧的吉尔吉斯族与乌兹别克族毗邻而居。在此杂居中,吉乌两族仍然保持着小聚居的特点,两族聚居的村落往往有着清晰的界线,泾渭分明,很少来往。20世纪70年代以后,吉乌两族在土地、水资源方面的纷争开始,甚至演变成流血事件。苏联解体前夕,在各种思潮泛滥和政治失控的情况下,吉乌两族的矛盾凸显,最终爆发了流血事件。

1990年6—7月,乌兹别克族与吉尔吉斯族在奥什市因争占建房用地发生械斗。起因是吉乌两户人家由于划分宅基地产生纠纷,由此引发了流血冲突,市政府和内务部机关遭冲击,造成1200人死亡。参与暴乱的许多吉尔吉斯族并无明确的理由,目的就是要杀乌兹别克族。暴乱在苏联军队的迅速部署下得以平息。1991年4月,奥什市的乌兹别克族与吉尔吉斯族首领签署了公约,允许乌兹别克族分享行政权力,开办乌兹别克学校等一系列和解措施。遗憾的是,该公约未能切实执行,致使奥什市成为两族隔离的城市,以民族为界限分为两个社区,双方互不往来。[1]1990年事件给吉乌两族之间的关系留下了极大隐患,从此,吉乌两族关系紧张,暴力冲突不断发生。

1990年流血冲突以后,乌兹别克族曾要求在吉南部建立乌兹

---

1 张志刚等:《当代宗教冲突与对话研究》,第78页。

别克族自治区。独立初期,奥什州的乌兹别克族甚至提出将该州划归乌兹别克斯坦的要求。在此形势下,吉尔吉斯斯坦强调国家主体的单一性,阻止了分裂。1995年2月10日,哈萨克斯坦、吉尔吉斯斯坦、乌兹别克斯坦三国总统签署了三国首脑协议,其中第一条重申"不破坏边界现状"[1],为各国处理民族关系定下了原则。

1990年冲突事件发生的一个主要原因是在吉尔吉斯共和国高层领导者中没有一位乌兹别克族官员。独立以后,吉境内的乌兹别克族提出要将乌兹别克语确立为官方语言,后来又提出了保护乌兹别克族的生活工作权利等要求。应该指出,独立初期的阿卡耶夫政府对民族问题是比较重视的,在处理民族关系方面也采取了一些措施。1997年9月30日,总统阿卡耶夫在答记者问时说,他自担任这个多民族国家的总统以来,民族关系就被视为重要问题。阿卡耶夫曾对乌兹别克族实施安抚政策,有意提携乌兹别克族以制衡南部的吉尔吉斯族反对派,2005年,乌兹别克族官员开始出现在地方政府中。此外,政府还专门设立了民族团结奖。尽管如此,吉乌两族之间的矛盾并未得到改善,最终导致了2010年事件的爆发。

2010年6月10日,一群吉尔吉斯族青年与乌兹别克族青年在奥什市一家赌场发生群殴,事态迅速发展,演变为席卷奥什州和贾拉拉巴德州的吉乌两族大规模暴力冲突。12日,奥什市中心的大部分建筑被烧毁,浓烟遮天蔽日,暴力活动扩大到奥什市周边地区,一些以枪支和金属棍武装的吉尔吉斯族男子冲进乌兹别克族聚居的地区,点燃住宅,抢劫商铺,一些吉尔吉斯族暴徒在贾拉拉巴德地区的苏扎克村屠杀了30名乌兹别克族,乌兹别克族的村庄多斯图

---

1 《哈萨克斯坦、吉尔吉斯斯坦与乌兹别克斯坦三国国家间首脑会议协议》,力锋译,《中亚信息》1995年第3期。

科被付之一炬。[1]

事件发生之后,11 日,在比什凯克组建的吉尔吉斯斯坦临时政府派装甲车、军队和直升机前往奥什市,12 日,增援武装部队陆续抵达奥什。据报道,临时政府向奥什市派出 25 万士兵,但仍然未能控制当地局势。临时政府内政部发言人说,局势非常糟糕,住宅被点燃,街道在燃烧。由于骚乱仍在不断蔓延,临时政府宣布贾拉拉巴德州处于紧急状态,并且下达了征召"18—50 岁的预备役士兵"的命令。6 月 18 日,临时政府首脑、过渡时期总统奥通巴耶娃前往视察,试图缓和紧绷的局势。贾拉拉巴德州的乌兹别克族团体负责人、地方政府代表、当地吉尔吉斯族领袖和贾拉拉巴德警卫司令举行会谈,谈判各方签署协议,解除武装,并组织联合巡逻,以防止破坏行动和冲突再度发生。[2]

据吉卫生部称,此次骚乱造成了至少 191 人死亡,近 2000 人受伤;而据独联体情报机构的消息人士透露,实际上有近 2000 人在这场严重骚乱中丧生。骚乱导致大批难民逃往吉乌两国边境[3],联合国估计,截至 6 月 18 日,约 40 万乌兹别克族逃离家园。难民主要集中在乌兹别克斯坦靠近边境的安集延、费尔干纳和纳曼干三个地区,其中安集延安置难民人数最多。[4]

2010 年吉乌两族暴力冲突的奥什事件是由偶然因素引发的,然而,事件的根本原因是吉尔吉斯斯坦各派政治利益没有实现平衡,政权软弱,以及经济衰退和人民生活贫困所致。

2005 年,阿卡耶夫总统因政变下台,新上台的政府为了争权

---

1 马晶:《吉尔吉斯斯坦爆发种族骚乱,25 万大军难控局势》,《新京报》2010-06-13。
2 《吉南部骚乱已致 170 人死亡,国际社会高度关注》,新浪网 2010-06-16。
3 王冲:《吉尔吉斯骚乱威胁中国》,《凤凰周刊》2010 年第 19 期。
4 《联合国估计吉尔吉斯难民达到 40 万》,新华网 2010-06-18。

夺利，依靠各自培植起来的民族势力，根本不考虑团结一切力量共同建国。新上任的总统巴基耶夫是贾拉拉巴德州人，该州大多数吉尔吉斯族是他的支持者，在他执政时期，乌兹别克族受到压抑，这些做法制造了主体民族与非主体民族之间的矛盾，加深了民族冲突和隔阂。2010年4月，巴基耶夫政权的反对派在比什凯克举行的示威游行演变为骚乱，总统巴基耶夫被迫离国出走，反对派成立了以罗莎·奥通巴耶娃为首脑的临时政府。在此次政变中，乌兹别克族的大多数反对巴基耶夫，他们焚烧了巴基耶夫祖屋，这些做法加深了吉尔吉斯族的仇恨。政变发生时，曾有乌兹别克族领袖表示，要在吉尔吉斯斯坦新议会中赢得10个席位，而临时政府却迅速任命吉尔吉斯族出任奥什和贾拉拉巴德州的州长，引发当地乌兹别克族的强烈不满。[1]

此外，吉尔吉斯斯坦实施的语言政策也加剧了乌兹别克族对吉政府的不满。独立以后，乌兹别克族曾向政府提出以乌兹别克语为官方语的要求，但无论是阿卡耶夫还是巴基耶夫，对乌兹别克族提出的问题都没有响应。在2010年的宪法修正案中，吉尔吉斯语仍是吉尔吉斯斯坦的国语，俄语被定位为官方语，却未给予人口已经上升为吉第二位的乌兹别克族母语任何法律地位。除法律外，在吉电视节目中没有乌兹别克语节目，在乌兹别克族聚居的奥什和贾拉拉巴德，乌兹别克语广播也被禁止。在此次骚乱中，乌兹别克族对当局的这些做法提出抗议。有学者认为，这次民族冲突正是吉尔吉斯斯坦语言问题激化的结果。

民生也是吉乌两族发生冲突的重要方面。费尔干纳盆地土壤肥

---

[1] 中央统战部研究室四处：《吉尔吉斯斯坦因民族问题引发骚乱对我国做好民族工作的启示》，《重庆社会主义学院学报》2010年第6期。

沃,水草丰美,据专家估计,到2010年该地区人口将达1400万—1500万人,平均每平方千米人口可达360人。[1]在吉境内的费尔干纳谷地上,吉乌两族的人口都在百万左右,围绕着土地和资源的争夺从未中断,水源和土地随着人口的增长越来越紧张,在事件发生前的5月,乌兹别克斯坦在吉境内的索赫飞地就发生了吉乌两族争夺牧场的大规模冲突,导致百人伤亡。[2]在民族仇杀中,吉乌两族的对立情绪十分严重。

就业问题突出也是吉乌两族冲突的主要原因。贾拉拉巴德州是吉贫困人口较多的地区,67.9%的居民处于贫困线以下,而处于极端贫困的人口有15.1%。[3]独立以后的二十年间,乌兹别克族占据了当地的贸易和服务业,拥有3家电视台和多家电台、报纸,形成独立的社会文化活动圈,被称为"中亚犹太人"。相比之下,作为主体民族的吉尔吉斯族生活贫困,许多人不得不远赴哈萨克斯坦和俄罗斯打工。在冲突事件发生前的2009年,在吉尔吉斯斯坦的劳务移民中,吉尔吉斯族占79%,乌兹别克族占9%,其中,最大的移民输出地是奥什州,大约有35%的劳务移民来自于此。[4]由于全球经济不景气,大量移民劳工返回国内,回到吉南部的吉尔吉斯农民大量涌入城市,争夺工作机会,冲突加剧。这种状况加深了吉尔吉斯族对乌兹别克族的仇恨,最终酿成了吉尔吉斯族驱逐乌兹别克族的流血事件。可见,吉乌两族冲突实际上与社会矛盾有关,妥善处

---

1 王海霞、王海燕:《中亚地区的贫困问题》,《新疆社会科学》2006年第1期。

2 中央统战部研究室四处:《吉尔吉斯斯坦因民族问题引发骚乱对我国做好民族工作的启示》,《重庆社会主义学院学报》2010年第6期。

3 德坎巴耶娃等:《吉尔吉斯斯坦经济增长的现状与问题》,吉尔吉斯科学院,2004年,第45—50页,转引自王海霞、王海燕:《中亚地区的贫困问题》,《新疆社会科学》2006年第1期。

4 雷琳、王林兵:《吉尔吉斯斯坦南部动态移民潮分析》,《新疆社会科学》2014年第1期。

理社会矛盾是解决吉乌两族冲突的关键。

　　文化差异也是吉乌两族矛盾冲突的原因之一。吉乌两族互相看不起,在乌兹别克族眼中,吉尔吉斯族懒惰好斗,总想不劳而获;而在吉尔吉斯族眼里,乌兹别克族狡猾奸诈,唯利是图。[1] 可见,吉乌两族成见很深,隔阂严重。在冲突过程中,乌兹别克族组建了各种民间自卫武装组织,进一步加剧了南部乌兹别克族的离心倾向。[2]

　　最后,外部势力的参与也加剧了吉乌两族的对抗。吉国家安全局查明,国际恐怖组织"乌伊运"和"伊斯兰圣战联盟"直接参与策划了2010年的奥什事件。[3]

　　民族冲突给吉社会造成的后果是严重的。2010年,联合国就吉南部粮食短缺问题提出警告,尤其是奥什事件之后的冬季,情况尤为严重。奥什事件以后,2011年,吉政府设立民族宗教政策与公民组织协作处,主要工作是向总统汇报宗教情况。虽然这些措施缓解了民族冲突,对亟待缓解的民族问题起到了一定作用,但民族纠纷的最终解决还有待于吉尔吉斯斯坦经济的稳定发展,各民族人民能够过上安居乐业的日子。

　　1　中央统战部研究室四处:《吉尔吉斯斯坦因民族问题引发骚乱对我国做好民族工作的启示》,《重庆社会主义学院学报》2010年第6期。
　　2　黄章晋:《吉尔吉斯报告(一)》,《凤凰周刊》2010年第26期。
　　3　盛世良:《吉尔吉斯斯坦恢复稳定尚需时日》,半月谈 2010-07-15。

第十一章
社会问题

独立以后,在政治和社会经济的改革中,吉尔吉斯斯坦出现了两极分化。占人口绝大多数的工人、农民和知识分子迅速流向社会下层,由此出现了贫困、失业、腐败、毒品等社会问题,它们关系着吉尔吉斯斯坦的政治稳定和经济改革。尽管吉当局采取了积极措施,然而,解决以上社会问题仍然是吉政府长期而艰巨的任务。

第一节　私有化进程中的两极分化

独立以后,吉尔吉斯斯坦在政治、经济改革中,打破了原有的分配制度,导致了财富的分配不均和两极分化。沙俄时期,吉尔吉斯社会分为两极,一极是广大的农牧民、工人和个体劳动者,另一极是少数的地主、富农和资本家,后者占有社会的大量财富。苏联时期,吉尔吉斯共和国在20世纪30年代消灭了地主、富农和资本家,以后个体劳动者也通过合作化道路逐渐消失,吉尔吉斯共和国只剩下了两个阶级、一个阶层,即工人、农民阶级和知识分子阶层。因此,贫富两极分化在当时的吉还不是严重的社会问题。独立后,吉政府大力发展市场经济以取代原有的高度集中的计划经济体制,原有的收入与分配体系被打破,贫富差异和两极分化的问题出现。两极分化成为吉尔吉斯斯坦面临的新的社会问题。

两极分化的现实可以从衡量国民总体收入差距的基尼系数[1]了解。苏联解体前夕的1989年,吉尔吉斯共和国的基尼系数为0.287,这一数字表明,在中亚各加盟共和国中,吉的收入分配是最平均的国家;但是在独立后的1993年,吉的基尼系数上升到0.537[2],从收入分配"较为平均"发展到了收入分配"高度不平均",远远超过0.4的国际警戒线。

　　基尼系数的快速上升,表明吉尔吉斯斯坦居民收入分配差距呈现出扩大的趋势,而收入差距的拉大导致了贫富分化。1993年,吉尔吉斯斯坦20%最富裕人口的收入是20%最贫困人口的收入的22.7倍[3],这一数字在中亚国家中是最高的。再从消费的角度来看,1993年,吉尔吉斯斯坦20%的最贫困人口占国民总消费的份额只有2.5%[4],这一数据在中亚国家中是最低的,表明吉贫困人口的生活状况最差。

　　吉尔吉斯斯坦两极分化迅速扩大的原因很多,其中,20世纪90年代经济形势持续下滑,恶性通货膨胀、高失业率、原有的福利保障制度无力实现等诸多因素使大批工人、农牧业者和文化界的知识分子迅速滑向社会底层,加速了两极分化。在诸多因素中,收入分配不平等是导致两极分化迅速扩大的直接原因。

　　收入分配是指社会产品或国民收入在不同的社会成员以及各经济实体之间的归属。独立初期,吉尔吉斯斯坦采用了激进的改革模

---

[1] 基尼系数是经济学家用来衡量收入分配公平程度的指标,即在全体居民收入中,用于进行不平均分配的那部分收入占总收入的百分比。"基尼系数=0"表示收入分配绝对平均;"基尼系数=1"表示绝对不平均;一般把"基尼系数=0.4"作为警戒线,高于这一数字的国家居民收入和分配差距巨大,社会分层明显。

[2] 杨进:《贫困与国家转型:基于中亚五国的实证研究》,第35页。

[3] 徐海燕:《独立23年:吉尔吉斯斯坦国家治理体系的重构及其评价》,《陕西学前师范学院学报》2016年第3期。

[4] 杨进:《贫困与国家转型:基于中亚五国的实证研究》,第37页。

式，1992年便开始实施国有资产非国有化和私有化进程。在私有化过程中，一些国有企业以拍卖或股份的形式转给了私人，这些企业的一部分职工不得不接受低工资以保住工作，这一点在吉劳动者人均月工资与居民人均最低月生活费对比中可以反映出来。1996年，劳动者的人均月工资是490.9索姆，而当年的最低生活费为632.08索姆，工资只有最低生活费的77.7%，这一组数据到2001年分别是1481.0索姆、1560.22索姆、94.9%。[1] 也就是说，即使在经济形势好转的情况下，吉劳动者的平均月工资仍低于最低生活标准，工作一个月下来，到手的工资连温饱都不能保证。

此外，从吉尔吉斯斯坦居民货币收入总量的分配中可以了解到收入的分配倾向于最富裕阶层。在1997—2000年间，吉20%最贫困者的收入占总收入的百分比分别为6%、6.3%、6.9%、6.3%；而20%的最富裕阶层的占比分别为46.9%、46.5%、44.8%、45.2%。[2] 不难看出，吉居民货币收入总量的分配是很不公平的。资本与劳动力的不平等交换使企业收入向企业老板倾斜，私营企业主的收益大幅增加，而接受剥削的劳动者收入大幅减少，日益贫困，导致了两极分化。

分配原则的变化是收入分配不公平的原因。苏联时期，吉尔吉斯共和国实行按劳分配的单一原则，独立以后，这一原则在市场经济体制的构建中被打破，收入不再是单一的工资收入。这一点从吉政府规定的纳税项目可以了解到。在《吉尔吉斯斯坦税法典》中，应该纳税的收入有18项之多，其中：第4条利息收入（包括按保险合同获得的利息收入），第5条红利，第6条出售购买一年以上

---

[1] 焦多福：《吉尔吉斯斯坦居民的生活水平》，《中亚信息》2002年第7期。
[2] 同上。

的属于个人财产的交通工具所获得的增值收入,第7条出售不动产所获得的增值收入,第8条销售有价证券或销售所持企业股份后减去购买时的价值所获得的收入,第17条专利权或专有技术使用费,第18条缴纳各种结存保险所获得的收入(按照保险合同或再保险合同获得的利息)。[1]不难看出,股息、红利、债券收入以及资金、财产性收入等各种非劳动收入都已成为居民的合法收入,这一部分收入在国民总收入结构中的占比很大,工资收入在货币总收入中的占比不仅小而且呈下降趋势。如在1997—2001年间,工资在总收入中的占比分别是35.5%、34.8%、29.1%、27.1%、24.4%,而同期的经营收入及其他收入的占比分别是48.5%、49.4%、58.9%、63.0%、67.1%。[2]不难看出,后者不仅历年的占比在一半甚至以上,还呈现上升趋势。可以说,只靠工资收入的绝大多数人群只能滑向社会底层。

分配不平等的现象还从私有化实施的过程反映出来。在私有化改造中,一些国营企业和事业单位以及股份公司中原属于全民所有的资产,往往通过无偿或者支付很低比例费用的方式转让到劳动集体或个人名下。如在1998年推行的土地私有化中,很多土地资产价格被明显低估,造成国有资产流失和分配不公。由于缺乏制度性保障,在分配过程中,私有化改革成了一些人为自己谋取利益的工具,这些人利用手中权力侵吞国家财产,如在1991年和1992年的私有化初期,吉犯罪案件的登记数分别是32061和43944,其中侵占国家或公共财产罪的案件数分别是5479和8703,侵害公民个人财产的案件数分别是14731和22083。[3]

---

1 维佳:《吉尔吉斯斯坦税法典》,《中亚信息》2008年第11期。
2 焦多福:《吉尔吉斯斯坦居民的生活水平》,《中亚信息》2002年第7期。
3 刘庚岑:《独立后的吉尔吉斯斯坦》,《东欧中亚研究》1995年第2期。

私有化的受益者往往是苏联时期各级党政机构中的官员和在独立政权中占据领导地位的人。这些人通过正常或非正常渠道成为非国有制或私有制企业的经理、厂长、高级职员，他们左右了社会利益的分配，其中一些人利用手中特权，在市场化和私有化的各个环节聚敛了大笔财富。有学者认为，权力差异决定了社会报酬的不平等分配体系，那些处于上层的人能够获得更有价值的资源。[1]

如一些议员趁私有化大捞好处。立法院副主席普罗年科揭露，一些议员不讨论法律文件，只关注个人福利，他们中很多人都有住房，但仍然采取欺骗手段向议会要房；这些房子一旦到了他们手中，过不了多长时间便被他们花点小钱给"私有化"了，因为他们可以利用手中权力，通过法律来做到这一点。政府官员在国有资产私有化中以权谋私，抢先低价购买效益好、有发展前途的项目，从而一举暴富。据吉尔吉斯斯坦报刊披露，伊塞克湖州前州长仅花1000 索姆（约合 100 多美元）就将一幢四层小楼私有化了。[2] 据报道，在吉尔吉斯斯坦最富有阶层中，80% 是官员。[3]

据相关资料披露，总统阿卡耶夫本人及其家属也通过手中权力获取大企业的股份，积聚了大量的财富。他掌控的大数额的经济合同经常被朋友和亲信承包，有西方媒体报道，阿卡耶夫家族聚敛数亿美元的资产，甚至超过了总额为 3.7 亿美元的国家预算。[4] 2005 年，独立以后连任 15 年之久的总统阿卡耶夫被赶下了台，巴基耶夫继任总统，他安排亲属和亲信在政府关键部门和企业担任要职，

1　〔美〕马丁·N. 麦格：《族群社会学》，祖力亚提·司马义译，华夏出版社，2007年，第 33 页。
2　晓君：《转轨时期的吉尔吉斯斯坦政治体制》，《东欧中亚研究》1997 年第 3 期。
3　郑浩：《吉国骚乱：腐败丢权的实例》，《廉政瞭望》2010 年第 9 期。
4　同上。

掌管国家资源。其中，巴基耶夫的三个兄弟分别任国家保卫局局长、驻德大使和驻华贸易专员；巴基耶夫之子马克西姆在2009年成立的投资、创新与发展中心担任中心署长，这一新建部门负责国内外投资项目的谈判、审批和监督工作，马克西姆实际上控制了国家的财政大权。俄总统普京认为，巴基耶夫在"自食其果"："巴基耶夫因'郁金香革命'上台后，曾非常严厉地批评（前任）阿卡耶夫政权以权谋私，让亲属控制吉尔吉斯斯坦经济。我的印象是巴基耶夫先生正在重蹈覆辙。"[1]

此外，市场化分配机制中存在的诸如垄断等现象，也是造成劳动工资分配不公的原因。由于垄断，不同行业、不同部门之间的工资收入差距拉大。在吉尔吉斯斯坦的诸行业中，工资收入最高和最低的分别是金融部门和农业部门，如2008年，前者的人均收入为18200索姆，后者的人均收入仅为1611索姆。[2]

除部门差距外，吉尔吉斯斯坦地区间的收入差距也很大。连绵的大山将吉尔吉斯斯坦分隔成南北两部，南北交通极为不便，经济发展也呈现不均衡。随着计划经济向市场经济的推行，地区经济发展不平衡的现象突出。如2007年，吉人均工资最高的地区为首都比什凯克市，人均年工资收入为5173索姆，人均工资最低的地区是奥什州，只有2170索姆，后者只有前者的41.9%，不足一半。而巴特肯州、塔拉斯州人均工资大致只有比什凯克市和伊塞克湖州的一半左右。[3] 在经济发展滞后的地区，收入分配不均和利益冲突是导致社会矛盾和社会冲突的重要因素；吉尔吉斯斯坦爆发的"郁金香革命"，在一定程度上反映了这些地区贫困化问题的严重性。

---

1 《巴基耶夫总统为何倒台？涨价与腐败！》，《第一财经日报》2010-04-09。
2 杨建梅：《吉尔吉斯斯坦各行业工资差距明显》，《中亚信息》2008年第5期。
3 杨进：《贫困与国家转型：基于中亚五国的实证研究》，第42页。

吉尔吉斯斯坦的私有化改造是在极短时间内完成的，由于在具体实施中缺乏制度性保障，对大多数普通民众来说，初次分配机制很难让他们获益。私有化过程中普遍存在的分配不公、隐形分配诸多现象，对居民具有直接影响，这种初次分配中的不公正现象是导致弱势群体失去后续发展能力的重要因素。

理论上说，市场经济体制下的社会公正要求国家在再次分配中制定并执行合理的财税与社会保障体系，对初次分配中的社会不公进行修正。吉政府于1991年底着手进行税制改革，相继出台了《税收业务法》、《向居民征税法》、《国家税务法》等多部法律。初期的税收种类繁多，税率不一，征收复杂。在各类税中，利润所得税为全国性税种，在2001年的税法改革中，该税率统一为10%，即纳税人统一照此缴纳利润所得税。2007年，吉再次进行了税制改革，对富有阶层课以重税，对自然人和法人实行统一所得税税率，纳税累进率由原来的11%提高到20%。[1] 新税法起征不动产税，其中企业不动产统一按厂房价值的1%征收，居民不动产统一按房产价值的0.35%征收。此外，新税法将高消费行业的营业执照费大幅上调，如桑拿洗浴每月升至3万索姆，台球厅每张球桌每月1万索姆，赌场每张赌桌每月30万索姆，外汇兑换点每月2万索姆，舞厅每月10万索姆。[2]

吉政府希望用税收的方式弥补初次分配的不公。政府对再次分配的实施还处于不断探索阶段，其中，提高社会保障水平是减少两极分化的关键因素之一。

---

[1]《"郁金香"革命后的吉尔吉斯斯坦经济》，凡婕译，《大陆桥视野》2006年第9期。

[2] 谷维：《吉尔吉斯斯坦新税法简介》，《中亚信息》2009年第1期。

第二节　还未改善的贫困问题

苏联解体之前，吉尔吉斯共和国在中亚国家中虽然不算最贫困的，但贫困现象也比大多数加盟共和国严重。根据世界银行公布的数据，1989 年苏联的贫困率为 11.3%[1]，20 世纪 90 年代，吉贫困人口为总人口的一半[2]。随着经济的下滑，贫困成了吉政府面临的严峻的社会问题之一。

时任总统阿卡耶夫曾说："我还记得罗斯福曾说过的一句话，只有享受四种自由——言论自由、信仰自由、没有惊吓的自由和不受贫穷的自由，才能成为民主社会。我们已获得三种自由。我们应该战胜贫穷。"[3]

生产不景气、消费品短缺和通货膨胀是影响国民生活，导致贫困的主要因素之一。独立前夕的 1988 年，苏联消费品（包括食品、非食品和轻工产品）人均生产水平为 1224 卢布，而吉尔吉斯共和国的这一数字是 647 卢布，尽管在中亚五国中是最高的，但也只有全苏平均数的一半左右。[4]1989 年，联盟中央补足吉尔吉斯共和国的消费品总值为 4.77 亿卢布。[5]独立以后，吉生产不景气，1998 年的国民生产总值只有 1990 年的 45.6%[6]，比塔吉克斯坦内战时期

---

[1] 任大贵：《关于俄罗斯社会中的贫困问题》，《社会工作研究》1995 年第 5 期。1989 年苏联划定贫困标准为家庭人口平均月收入低于 75 卢布者。

[2] 丁淑琴、马琴：《21 世纪吉尔吉斯斯坦减贫政策及其成效研究》，《西伯利亚研究》2018 年第 2 期。

[3] 《莫斯科新闻》1991 年第 48 期，转引自邢广程：《对中亚各国若干问题的初步评析》，《俄罗斯研究》2001 年第 1 期。

[4] 杨进：《贫困与国家转型：基于中亚五国的实证研究》，第 9 页表 1-1。

[5] 同上书，第 78 页。

[6] 杨进：《塔吉克斯坦的现状与发展趋势》，社会科学文献出版社，2009 年，第 26 页表 1-6。

（1992—1997）稍好一点。生产不景气和消费品短缺引发了恶性通货膨胀，吉尔吉斯斯坦1990—1993年的通货膨胀率分别是3.0%、85.0%、854.0%、1208.7%。[1]虽然国家在物价放开时，对面包、牛奶和食盐等居民基本生活必需品，以及交通、药品和房租等民生领域的价格实施控制和调节，但是，通货膨胀仍导致了购买力下降和生活贫困。

国民收入下降是吉贫困的另一个主要因素。随着经济衰退，工业企业开工不足或基本停产，低工资就业的现象普遍存在。吉尔吉斯斯坦的就业工资大大低于哈萨克斯坦。1994年初，工人一般只能领到每月45索姆（折合约4美元）的最低工资，这些钱只够购买维持生计所需食品费用的一半。[2]1998年，吉尔吉斯斯坦的就业工资日均收入低于1美元的比例是31.8%，2002年，这一数字上升达到34%。[3]此外，退休金、养老金等都不能按时发放。

通货膨胀和国民收入下降导致了国民购买力下降，影响了居民的生活水平。从人均年消费量看，1990—1995年，人均年消费肉和肉制品由54公斤降至38公斤，奶和乳制品由266公斤降至172公斤，鱼和鱼制品由6.3公斤降至0.1公斤，禽蛋由154个降至33个。1993年上半年，吉居民必需品的消费量减少了57%—62%。[4]1996年，吉人均最低消费预算为567.28索姆，而85%的居民达不到这一最低生活水平。[5]

经济形势好转以后，吉政府开始了消除贫困的计划。首先，吉政府相应地提高了在职职工的工资、退休人员的补助金和大专院校

---

1 杨进：《贫困与国家转型：基于中亚五国的实证研究》，第20页表1-7。
2 孙壮志：《中亚五国贫困化问题初探》，《东欧中亚研究》1995年第1期。
3 杨进：《贫困与国家转型：基于中亚五国的实证研究》，第83页。
4 孙壮志：《中亚五国贫困化问题初探》，《东欧中亚研究》1995年第1期。
5 赵常庆：《中亚五国概论》，经济日报出版社，1999年，第127页。

学生的助学金,并向农牧民提供优惠[1];1997年,有77.8万(占全国人口总数的1/6)的居民按月领到了统一的补助金和社会补贴,国家为此每年拨出预算近4亿索姆,占整个预算开支的10%以上[2]。

其次,吉政府于1998年成立了国家消除贫困委员会,设立了国家消除贫困基金,1998年被确定为"扶贫年"。在《吉尔吉斯斯坦议会和人民的国情咨文报告》中,阿卡耶夫提出了新的社会领域发展模式,并规定了三项任务,首项便是减少和克服贫困。政府准备分三阶段完成脱贫任务:第一阶段到2000年,使贫困人口的比重从1997年的60%降到52%;第二阶段到2005年,将贫困人口的比重降至40%;第三阶段到2015年,贫困率要降至10%,直到最终消除贫困。[3]

脱贫工作的第一步是确定社保的最低标准,其中包括劳动报酬的最低标准、退休金的最低标准,等等。按当年划定的标准,人均月收入760索姆为贫困线,低于这一标准的居民大约占全国总人口的60%。对于低收入家庭和公民,电能和天然气分别降价25%和40%。退休金和养老金按时发放,逐年增加,1993年职工月均退休金为9.63索姆,到2003年,增至603索姆。[4]

在减贫过程中,国家用于社会保障的经费逐年增加,2001—2002年,国家用于社会保险和保障的预期拨款由14.171亿索姆增至23.405亿索姆,社会文化方面的支出比率由21.0%上升到26.8%。[5]

---

1 刘庚岑:《独立后的吉尔吉斯斯坦》,《东欧中亚研究》1995年第2期。
2 〔吉尔吉斯〕阿斯卡尔·阿卡耶夫:《吉尔吉斯斯坦21世纪社会领域发展模式》,王英杰译,《东欧中亚市场研究》1999年第2期。
3 刘庚岑、徐小云编著:《吉尔吉斯斯坦》,第198页。
4 同上书,第196—197页。
5 同上书,第197—198页。

2000年以后,吉工资收入逐年增加,世界银行数据显示,吉2012年的人均国内生产总值为905.166美元,2013年为984.239美元,2014年为1003.51美元,2015年为1017.164美元。[1]不过,在独联体国家中,吉居民收入仍然是最低的,2008年,有39.9%的居民属于贫困人口(收入不足860索姆),其中,9.1%的居民处于极端贫困状况(收入不足560索姆),只有12.2%的居民的收入超过2200索姆。[2]

据世界银行统计,2003年,吉贫困人口占总人口的40%,比1998年初下降了20%。[3]阿卡耶夫总统于2005年1月11日在比什凯克的一次会议中,向议员、外交官和新闻记者们说:"2004年的工作成绩是非常鼓舞人心的。在最近的两三年里,我们成功地将贫困率降低了4%,2004年取得的成果更为显著——将贫困率降低了6%。"[4]据世界银行的数据,吉2013年贫困人口为37%,2014年为30.6%,2015年为32.1%[5],即仍有三分之一以上人口处于贫困之中。有报道说,截至2010年,吉居民生活水平远不及苏联时期,在独联体国家中,吉居民的收入是最低的,2010年仅为151美元,年度人均国内生产总值仅为840美元。[6]解决贫困问题仍然是吉政府长期而艰巨的任务。

---

1 丁淑琴、马琴:《21世纪吉尔吉斯斯坦减贫政策及其成效研究》,《西伯利亚研究》2018年第2期。

2 《吉尔吉斯斯坦的贫困人口占39.9%》,杨建梅译,《中亚信息》2008年第9期。

3 王嘎:《试论中亚五国经济转轨过程中的社会结构分化》,《俄罗斯中亚东欧研究》2004年第6期。

4 《吉宣布2005年为社会稳定与住宅建设年》,岳萍译,《中亚信息》2005年第2期。

5 丁淑琴、马琴:《21世纪吉尔吉斯斯坦减贫政策及其成效研究》,《西伯利亚研究》2018年第2期。

6 许华:《解体20年后的原苏联地区社会状况》,《红旗文稿》2012年第9期。

第三节 积重难返的失业问题

失业是吉尔吉斯斯坦的一个重要的社会问题。苏联时期，计划经济下的就业由政府分派，劳动参与率很高，公开失业的现象几乎不存在。这一点在吉尔吉斯斯坦独立最初两年统计的失业率中反映出来，据官方统计，吉1991—1992年的失业率分别是0.01%和0.1%[1]。实际上吉的失业情况比哈萨克斯坦更加严重，甚至在职工人经常几个月得不到工资。隐蔽失业率[2]为8.4%，例如，本来可以发挥当地资源优势的食品工业在1991—1995年间下降了79%，大量食品厂的工人成为在职的失业者。[3]

据官方统计，吉在1994—1999年间的失业率分别是0.7%、2.9%、4.3%、3.0%、3.1%、3.0%。[4]这些数字说明吉的失业率处于3%—6%的合理范围内，然而，这些数字是根据失业者在劳动部门的登记统计的，基本上只限于城市居民。事实上，独立初期吉的失业率是很高的，西方认为，大约是10%。[5]独立初期，吉14岁以下的青少年和婴幼儿占居民总数的40%，等待就业的劳动人口越来越多。[6]

生产不景气是造成吉城市失业率高的主要原因。独立初期，以利益为导向的市场模式使那些在计划经济时代受政策保护的企业或

1　许新主编：《转型经济的产权改革：俄罗斯东欧中亚国家的私有化》，社会科学文献出版社，2003年，第315页。

2　在苏联计划经济时代，很多劳动部门的就业岗位并不能使劳动者通过工作获得社会认可的正常收入，虽有工作岗位却并未充分发挥工作效率，这种现象被称为"隐蔽失业"。

3　孙壮志：《中亚五国经济转轨中的失业与就业问题》，《东欧中亚研究》1997年第3期。

4　许新主编：《转型经济的产权改革：俄罗斯东欧中亚国家的私有化》，第315页。

5　常庆：《中亚五国社会变化与社会发展模式》，《东欧中亚研究》2001年第1期。

6　孙壮志：《中亚五国经济转轨中的失业与就业问题》，《东欧中亚研究》1997年第3期。

者破产、停产，或者通过减少工作人员降低运行成本，失业从苏联时期的隐性状态变为显性状态。从事工业生产的劳动力在全部就业人口中的比例从1991年的18%下降到8.3%[1]；失业人员大批转向农村，农村人口呈快速增长趋势，1989年农村人口264.96万，1999年增长到311.63万[2]。由于工业下滑严重，生产部门对劳动力需求减少，吉失业现象比其他国家更严峻。

财政困难和拖欠工资的现象增加了失业者。由于生产处于衰退之中，企业经营状况不好，国家财政税收困难，拖欠工资的现象普遍。1996年7月，吉拖欠款数额达90亿索姆，相当于1995年国内总产值的一半多。[3]成千上万"有工作的"工人拿不到工资（或只能得到一部分），成为隐性失业者。

劳动力素质不高也是失业率高的原因之一。独立初期，在吉从事文教、卫生工作人员的工资仅相当于生产性部门平均工资的65%，相当于国家机关工作人员的一半。[4]随着文教部门从业人员的减少，教育衰退，未能接受教育的大批青年直接进入社会，他们不能适应新型市场经济的工作，大多数人加入了失业大军。

面对失业问题，吉政府出台了一些措施。在苏联时期，由于不存在公开失业，因此没有相应的失业保障体系。独立以后，吉政府设立了国家就业基金会，该基金会在1998年为帮助失业者拨款0.486亿索姆。[5]据官方报道，截至2001年1月，有11%的失业者

1　王嘎：《试论中亚五国经济转轨过程中的社会结构分化》，《俄罗斯中亚东欧研究》2004年第6期。

2　吴宏伟：《中亚人口问题研究》，中央民族大学出版社，2004年，第86页。

3　《阿卡耶夫面临5个危机》，俄罗斯《实业界报》1996-07-11。

4　孙壮志：《中亚五国经济转轨中的失业与就业问题》，《东欧中亚研究》1997年第3期。

5　〔吉尔吉斯〕阿斯卡尔·阿卡耶夫：《吉尔吉斯斯坦21世纪社会领域发展模式》，王英杰译，《东欧中亚市场研究》1999年第2期。

已领取了救济金。[1]

　　除发放失业救济金外，政府还采取了积极的政策，成立了职业介绍所等一系列机构，帮助失业者找工作。在本国经济不景气的形势下，劳务输出是吉政府解决就业的途径之一。吉政府属下的劳工与移民局在俄罗斯等国设立了21个代表处为劳工提供服务，如社会保障部信息咨询中心，它与韩国国家合作社市场联合会联络，就吉公民到韩国就业的条件和地点等问题进行协商。[2] 在国内经济不景气的情况下，外出务工人员的数量很多。据报道，截至2003年6月10日，在外国打工者仅通过银行系统汇到吉的钱就达20亿索姆，还不包括以其他渠道带入境内的数额。[3]

　　国家还鼓励公民发挥潜在能力和创业精神。1999年9月18日第490号政令明确了国家扶持中小企业的方向和支持居民自谋职业，政府令还规定，到2000年7月1日，每一个山村至少成立1家贷款协会。[4] 政府支持农产品加工和发展农业-服务型等劳动力密集型产业。到2003年末，中小企业在吉GDP中占有85%的份额。[5] 为了促进创业，政府简化了法人和自然人的登记注册手续，实行统一的利润税率。2008年，吉颁布的新税法对中小企业的所得税、增值税和关税给予了一系列优惠，增值税的税率从20%降到12%，具体还规定了免缴增值税的商品和服务名录；企业所得税为10%，小型贸易公司所得税税率为4%—6%。[6] 政府利用本国劳动力和自

1　刘庚岑、徐小云编著：《吉尔吉斯斯坦》，第197页。
2　《吉尔吉斯斯坦将向韩国输出劳务》，吴义春译，《中亚信息》2003年第2期。
3　同上。
4　〔吉尔吉斯〕穆拉利耶夫、周士瑞：《吉尔吉斯共和国政府关于发展中小企业和居民的工业活动的补充措施》，《东欧中亚市场研究》2000年第2期。
5　王海燕：《吉尔吉斯斯坦经济发展模式选择与策略》，《俄罗斯中亚东欧市场》2008年第4期。
6　张熠：《吉尔吉斯斯坦投资优惠的法律制度》，《法制与经济》2010年第4期。

然资源的优势,积极引进资金,创造就业机会,一批新企业的创建部分解决了失业问题,其中纺织业对解决就业做出很大贡献,仅 2006 年的前 8 个月中,农业加工企业增长了 7%,纺织和缝纫企业增长了 36%,服务业增长了 8.1%。[1] 新企业在 2007—2008 年上半年共创造了一万多个工作岗位[2],截至 2013 年,约有 20 万人在纺织行业工作[3]。

尽管如此,解决失业问题的任务仍然艰巨。据国家移民就业委员会最新公布数据,受全球经济危机的影响,大量在国外务工人员回国,造成国内失业人口大幅增加。2009 年,失业率高达 18%。[4] 不难看出,失业是吉政府亟待解决的重要社会问题之一。

第四节 以"影子经济"为特征的腐败问题

在体制转型过程中,吉尔吉斯斯坦的腐败现象严重,据《2016 年世界腐败晴雨表》提供的数据,吉尔吉斯斯坦的受贿系数为 38%,在中亚国家中仅次于塔吉克斯坦,位居第二。[5] 腐败破坏了国家的经济,动摇了社会的政治基础,构成了政权的潜在威胁。吉领导人认识到以"权力与金钱交易"为特征的腐败是吉尔吉斯斯坦相

---

[1] 《"郁金香"革命后的吉尔吉斯斯坦经济》,凡婕译,《大陆桥视野》2006 年第 9 期。

[2] 《吉尔吉斯斯坦工业企业创造大量工作岗位》,杨建梅译,《中亚信息》2008 年第 8 期。

[3] 《瑞士推动吉尔吉斯缝纫品出口额四年内增长 48%》,中华人民共和国商务部 2013-05-31。

[4] 怀畅:《吉国新宪法能否治愈"革命"后遗症》,《法治周末》2010-07-08。

[5] 《吉尔吉斯斯坦受贿系数在独联体国家中排名靠前》,中华人民共和国商务部 2016-11-23。

当严峻的一个社会问题。[1]

　　吉尔吉斯斯坦最突出的腐败现象是"影子经济"。影子经济指通过合法经营单位取得非法收入的经济活动。影子经济的参与者与官吏结合，钻政策的空子，使国家和人民的利益受损。影子经济的形式多样，如灰色通关，即货物在进出海关时，采取瞒报或少报的方式躲避或少缴海关税和增值税。

　　吉尔吉斯斯坦的影子经济发展迅速，而且越来越猛。据国家安全委员会副主席、反腐败办公室主任别克坚·萨迪加利耶夫说，影子经济无须纳税，而其他公开合法的经营则需缴纳高达20%的税[2]；因此，影子经济极大影响了国家经济的正常发展，使国家遭受了巨大的经济损失。截至2015年，独立以来影子经济给吉国家预算收入造成的损失超过2000亿索姆（约合人民币210亿元）。[3]

　　国家税收过重是影子经济长期存在的原因之一。企业应缴纳的税种有增值税、消费税、利润税、个人所得税、商业税等。由于税收和行政收费负担沉重，吉有三分之一的企业收入活动非法转入地下。总统巴基耶夫发布命令，从2006年起将税率下调至10%。不过，税收改革并未遏制住影子经济的猖獗，2006年底，影子经济仍占吉国内生产总值的53%。[4]2015年，吉政府开始对影子经济进行综合治理。政府各部委联合成立了专门委员会，并且制定了2015—2017年国家影子经济打击计划。

　　除影子经济外，寻租是吉尔吉斯斯坦又一个普遍的腐败现象。

　　1　〔吉尔吉斯〕巴利哈尔·桑格拉等：《解析后苏联社会的道德经济：吉尔吉斯斯坦道德情操与物质利益调查》，《国际社会科学杂志》2007年第4期。
　　2　王海燕：《中亚国家当前的政治经济形势分析》，《新疆大学学报》2006年第4期。
　　3　岳文良：《吉尔吉斯斯坦拟加大对影子经济打击力度》，国际在线2015-01-10。
　　4　王海燕：《吉尔吉斯斯坦独立15年经济发展评析》，《新疆社会科学》2008年第4期。

寻租是利用行政权力为个人或本利益集团谋利的腐败行为，因此权力是寻租腐败的前提条件，握有权力者可以制造寻租的机会。国家对经济命脉的垄断和控制，使管理者拥有了制造寻租的机会，如选择性授予经济特权（政府工程和政府采购的招标、政府补贴的倾向性发放），再如限制性给予诸如特许经营等准入权，利用这些机会可以获取租金。吉尔吉斯斯坦上至总统下到一般公务员几乎都有寻租行为。2012年，总统阿坦巴耶夫指出，吉腐败问题非常严重，已成为国家的管理方式。[1]

2005年，高举反腐败旗帜的库·巴基耶夫就任总统后，宣称要彻底根除前总统阿卡耶夫家族留下的腐败风气。2005年6月，吉政府通过了《国家反腐败战略及其落实纲要》，首次将反腐败提升到国家战略的高度，并将所有以权谋私的犯罪活动都列入这个纲要。当年10月，预防腐败署及全国反腐败委员会在巴基耶夫的命令下成立；然而，这些机构形同虚设，腐败不仅没有得到遏制，寻租活动甚至还超过了前总统阿卡耶夫时期。

巴基耶夫之子马克西姆控制了在伦敦和直布罗陀注册的红星企业有限公司和米纳有限公司，这两家公司得到了为美驻玛纳斯空军基地供应燃油的订单。美方已经承认，他们与红星公司和米纳公司签署的为美军基地供应航空燃油的合同总价值超过14亿美元。[2] 自2005年以来，美驻玛纳斯基地的燃油供应总计180.72万吨，全部通过北方海关和玛纳斯海关免收关税和消费税的形式入关。免收关税和消费税给国家造成了巨额财产损失，使吉尔吉斯斯坦在腐败世界排行榜中名列前茅。巴基耶夫垮台以后，吉组建了临时政府。在

---

1 《吉尔吉斯斯坦总统称吉将强化反腐败力度》，人民网 2012-01-31。
2 《吉尔吉斯斯坦前总统之子被指曾变相收受美军贿赂》，中国网 2010-05-04。

临时政府中任高官的捷克巴耶夫利用职务之便,收受俄罗斯投资者100万美元的贿赂,承诺提供一系列与吉一家通信公司有关的优惠。[1]

寻租的腐败现象主要发生在吉的立法、执法、财政、金融、税收、外贸、交通、能源等领域。调查显示,吉公民认为最腐败的政府部门是国家监狱管理局、国家禁毒局、国家海关、卫生部、内务部,腐败水平指数分别是-18.3、-16.7、-13.3、-9.0、-5.6。[2] 这些部门往往拥有政策制定权、法规调控权、审核批准权、调拨供给权、检查监管权,一些公职人员利用权力寻租,索贿受贿,摄取个人好处。以海关部门为例,海关人员对出入境的国内外商人和旅客公开敲诈勒索,政府虽多次改组海关部门,撤换人员,但收效甚微。

除影子经济和寻租外,贪污行为也是经济腐败的一个方面。2010年吉发生内乱,为了帮助在内战中遭到破坏的南部地区重建,国际社会向吉提供了2.5亿美元的资金援助,但这些资金的一部分被官员贪污。审计部门发现,这些官员购买劣质建筑材料,为难民建造的住宅质量严重不合格。[3]

根据全球腐败监督机构透明国际公布的数据,2004—2007年吉排名分别为128、130、143、157位,2008年,在180个国家中,吉腐败指数排名上升至第166位[4],属于最腐败的国家之列。

腐败使人民丧失了对政府的尊重和信任,最终导致了两届政府的垮台。有人总结了发展中国家政权更替的规律:"旧政府腐败,

---

1 《吉尔吉斯斯坦一反对派领导人涉嫌腐败在机场被捕》,新华社2017-02-27。
2 《吉尔吉斯斯坦最腐败的政府部门大盘点》,丝路新观察2017-04-06。腐败水平指数来源于公民个人对国家机关腐败水平的印象,以个人信任、腐败水平和政府单位服务质量评分,得分越小,腐败水平越高。
3 柳玉鹏等:《吉尔吉斯斯坦政府因贪腐下台,吉国已成毒品中转站》,《环球时报》2014-03-20。
4 《吉尔吉斯斯坦进入全球最腐败15个国家》,中华人民共和国商务部2008-09-26。

经济落后，人民不满——军人集团出来干预政治，发动军事政变—建立新政府—又腐败—又政变……周而复始，使发展中国家停滞不前。以反腐败为口号而上台的新政府不一定比旧政府廉洁，反而有可能更加腐败。"[1] 吉政权更替的情况基本上符合上述恶性循环的规律。2011年当选吉总统的阿坦巴耶夫在一次国防委员会会议上说："吉尔吉斯斯坦应在3个月内取得反腐成效，否则吉可能面临新一场革命。"吉尔吉斯斯坦的几次事件证实，腐败导致流血冲突，引发社会动荡。

腐败阻碍了经济发展。2009年10月20日，时任总统的巴基耶夫在国家机构改革会上承认："腐败已经成为经济增长与发展的最严重障碍，它是一切改革的威胁。"[2]2014年，70%投资者因腐败离开了吉，20%的国有资产流入了官员的口袋；同年，政府因腐败问题，两次被解散。[3]

独立以来，吉政府为清除腐败，先后通过了60多个法律、法规。2009年，吉颁布了新税法，以加强税务部门的管理和监察工作。新税法规定，偷税漏税的企业除补缴税款外，还要缴纳32.85%的罚金。为了防止企业另设账户，规定企业在银行开户时，需出具税务登记和未拖欠税款的证明。此外，新税法降低了企业税费，完善了税收管理体制，政府希望通过新税法的实施，使偷逃税者浮出水面，减少国家影子经济的成分。[4]

与此同时，政府开始建立健全的现代化管理体制，如在税务部门采取计算机信息化管理措施，让企业通过互联网实现电子报税，

---

[1] 崔志鹰：《发展中国家的腐败现象剖析》，《南京社会科学》1993年第4期。

[2] 杨进：《贫困与国家转型：基于中亚五国的实证研究》，第99页。

[3] 王海燕：《一带一路视域下中亚国家经济社会发展形势探究》，《新疆师范大学学报》2015年第5期。

[4] 谷维：《吉尔吉斯斯坦新税法简介》，《中亚信息》2009年第1期。

这将有利于提高税务管理的透明性，避免企业与税务工作人员直接接触，减少腐败滋生。[1]

政府加强了司法部门的工作。从犯罪结构来看，吉犯罪的主要领域是经济犯罪。从 21 世纪初的各种犯罪占全部登记犯罪的比率来看，2003 年，经济领域犯罪占全部犯罪的 64.5%。[2] 2011 年，吉对 2000 多起腐败活动提起刑事诉讼，其中 1350 起案件被移交到法院。[3] 阿坦巴耶夫上台以后，要求有关部门将腐败案件一查到底，不仅要追究腐败者，而且要清理执法部门。

吉政府还尝试用新技术手段打击腐败。2012 年，政府办公厅、总检察院、内务部、财政警察总局、国家安全委员会、国防部、国家禁毒局和比什凯克市政府联合开通腐败举报网站，公民可以通过电话或官方网站举报腐败案件，举报者将获得追偿金额 20% 的奖励。2013 年 2 月 28 日，在比什凯克举行了首届反腐败论坛会议，该论坛是协调国家机关与公民团体制定和实施政府反腐败措施联合活动的平台。这些措施可在一定程度上遏制吉尔吉斯斯坦的腐败现象。

第五节　走私猖獗的毒品问题

除了贫困、失业和腐败等社会问题外，毒品也是独立以后的吉尔吉斯斯坦面临的一个严重的社会问题。苏联时期，吉尔吉斯共和国曾是罂粟种植的重要产区，生产的罂粟占全球合法鸦片产量的 16%。苏联时期，伊塞克湖周边成为整个吉尔吉斯斯坦乃至整个苏

---

[1] 《吉尔吉斯斯坦总统说正通过综合治理打击腐败》，新华网 2014-12-10。
[2] 杨进:《贫困与国家转型：基于中亚五国的实证研究》，第 117 页。
[3] 李中海:《吉尔吉斯斯坦总统称吉将强化反腐败力度》，人民网 2012-02-02。

联的药用鸦片原料生产中心，楚河州、塔拉斯州和纳伦州部分地区也出现了罂粟种植园。卫国战争爆发后，对止痛药的需求上升到前所未有的水平，吉尔吉斯共和国不得不迅速提高生产速度，以满足前线的需要。在接下来的 20 年里，整个行业发展势头良好，全国 80 多个集体农庄和国营农场都在种植罂粟，最肥沃的土地被分配给罂粟种植园。[1] 1974 年，苏联政府开始禁止吉尔吉斯共和国的鸦片种植，此后，公开种植罂粟的现象消失。

独立以后，非法种植鸦片、吸毒、毒品的走私和贩卖成为吉政府面临的一个严重问题。首先，毒品种植抬头。为了消除本国的毒品种植，1996 年，政府决定给那些放弃种植毒品的农民以经济补偿，首次被列入该项计划的有 930 人。[2] 然而，这一计划最终因财力不够半途而废，1998 年，吉大麻种植面积 5838 公顷，鸦片 0.08 公顷，麻黄 46433 公顷。[3]

其次，毒品加工地点增加。在 1999 年之前的几年中，警方在首都比什凯克发现并捣毁了 36 座地下毒品工厂。[4] 吉不仅是毒品贩运国，而且已成为制造毒品的国家。

第三，吸毒人员数量呈上升趋势。1995 年，吉每 10 万人中就有 48 人吸毒，比 1991 年增长了 12.5 倍[5]，据 2005 年的统计，每 10 万人中有 1644—2054 个瘾君子[6]，这一数字在中亚国家中是比较高

---

1 《吉尔吉斯斯坦如何摆脱"毒品"种植的命运？》，丝路新观察 2021-09-14。
2 邓浩：《中亚毒品问题：现状与前景》，《国际问题研究》2001 年第 4 期。
3 同上。
4 苏·威廉斯：《中亚毒品贸易猖獗》，《科技潮》1999 年第 10 期。
5 汪嘉波：《毒品泛滥，中亚告急》，《光明日报》2000-09-01。
6 哈、吉、塔、乌每 10 万人中吸毒人员分别是 1000—1251 人、1644—2054 人、734—991 人、262—367 人，参见许勤华：《解析毒品与毒品走私对中亚地区安全的影响》，《俄罗斯中亚东欧研究》2007 年第 2 期。

的。吸毒者主要是16岁至24岁的青年人[1],他们中的大多数是农村居民,有数据显示41%的烟民生活在乡镇[2]。毒品不仅损害人类健康,使劳动力丧失,使国家经济受损,还是社会不安定的因素,吸毒犯罪的案件呈上升趋势,1994年吉每百万人中与毒品有关的犯罪案件为553起,1996年这一数字增至702起。[3]

尽管本国存在着毒品种植、加工,以及吸食等问题,但吉尔吉斯斯坦打击毒品的主要任务是阻止外国毒品的走私和贩卖。吉尔吉斯斯坦虽然未与毒品生产大国阿富汗毗邻,但国内毒品的绝大部分是通过塔吉克斯坦输入的阿富汗毒品。阿富汗大规模毒品种植兴起于20世纪70年代,90年代以后逐渐发展为全球第二大罂粟和大麻种植基地与海洛因、鸦片的主要产地,成为具有国际影响的新毒源区。苏联解体以后,在短短几年中,公路、空运、铁路运输相对发达而边界却形同虚设的中亚各国就成了毒品交易的主要通道。[4]

阿富汗毒品过了塔阿边境后运往吉尔吉斯斯坦。由于吉政局不稳,毒贩们愿意将毒品运到吉奥什州、贾拉拉巴德州等南部地区。抵达吉尔吉斯斯坦的毒品,一部分供本国吸毒者使用,大部分经公路、铁路运到哈萨克斯坦,这条通道被贩毒者称为"绿色通道"。

20世纪90年代,毒品贩运通常是个人或者二至三人进行,但随着贩毒人员的增多,贩毒形成了结构严密的组织,组织成员是当地的部落和族群成员。在吉尔吉斯斯坦,从事鸦片贩运的大集团有8至12个,主要分布在奥什州、贾拉拉巴德州和楚河州。其中,奥什州的贩毒组织大多数是吉尔吉斯人,而楚河州的贩毒组织以东干

---

[1] 汪嘉波:《毒品泛滥,中亚告急》,《光明日报》2000-09-01。
[2] 贾铁军:《毒品走私——中亚公害》,《光明日报》1998-08-07。
[3] 邓浩:《中亚毒品问题:现状与前景》,《国际问题研究》2001年第4期。
[4] 苏·威廉斯:《中亚毒品贸易猖獗》,《科技潮》1999年第10期。

人为主。这些组织有时用毛驴运毒,有时雇用无业青年或者妇女运毒。走私网络在吉塔边境沿着巴特肯和奥什地区星罗棋布。

此外,一些极端组织也积极参与毒品的走私和贩卖,其中在吉南部活动频繁的"乌伊运"就是阿富汗毒品走私的主要组织。"乌伊运"的创建者和武装领导者纳曼甘尼就涉足毒品走私与交易。国际刑警组织认为,"乌伊运"应该对从塔吉克斯坦进入吉尔吉斯斯坦的70%的海洛因负责。[1]贩毒集团是政府重点打击的对象。2015年,吉警方与哈萨克斯坦、塔吉克斯坦和俄罗斯警方联手共同打掉了45个毒品犯罪集团,逮捕了32名毒贩头目。[2]

从独立初期起,吉政府就开始打击毒品走私和贸易。1993年4月,吉成立了直属于政府的国家禁毒委员会,这是中亚国家建立的第一个禁毒专门机构;在此基础上,吉又成立了国家禁毒署。据官方统计,吉尔吉斯斯坦于1991年收缴毒品3.5公斤,1995年上升到894公斤,1996年这一数字已达2.189吨,有专家认为上述数字仅为警方和海关人员所截获的毒品数额,实际上,由边防军直接缴获的数额远远超过了这些,而以上两组数字与真正运入运出该地区的毒品数额相比也仅仅是九牛一毛。[3]

毒品走私和贸易在吉尔吉斯斯坦屡禁不止的原因之一是吉经济不景气。据联合国毒品与犯罪问题办公室公布的数据,2009年,从阿富汗运进俄罗斯的海洛因为75—80吨,每千克净利润约为1.9万美元,仅此一项贩毒组织约获利14亿美元。14亿美元约占吉当年国内生产总值的33%。[4]在哈萨克斯坦、俄罗斯获刑的吉尔吉斯斯

---

[1] 许勤华:《解析毒品与毒品走私对中亚地区安全的影响》,《俄罗斯中亚东欧研究》2007年第2期。

[2] 岳文良:《吉尔吉斯斯坦2015年共查获毒品超过28吨》,国际在线2016-02-25。

[3] 贾铁军:《毒品走私——中亚公害》,《光明日报》1998-08-07。

[4] 文丰:《阿富汗毒品及其对中亚的影响》,《新疆社会科学》2014年第6期。

斯坦贩毒人员大多数来自经济落后的吉南部地区。2001年,在103例艾滋病感染者中,大多数人生活在奥什等吉南部地区。有人认为,毒品贸易受到当地政府的暗中支持。

毒品泛滥在吉引起毒品犯罪案件增加,多数吸毒者都是以贩养吸,也有相当一部分吸毒者为获取毒资走上盗窃、抢劫甚至杀人的犯罪道路。1994年,在吉尔吉斯斯坦,与毒品有关的犯罪案件为553起,到1996年,上升到702起。[1] 据国家毒品监控局公布的数据显示,2013年强力部门共破获1913起毒品犯罪案,其中毒品走私案36起,较上一年减少25%,贩毒案504起,较上一年减少7.3%,而非法种植毒品及非法持有毒品的案件较上一年均有不同程度增加。[2] 2015年,吉共查获约28.6吨毒品,比2014年增加约61%。2015年吉毒品犯罪案件超过1900起,数据显示,吉南部地区毒品犯罪呈上升趋势,而北部地区形势有所好转。[3]

毒品走私的高利润诱发了腐败,腐败助长了毒品交易行为。鸦片在塔吉克斯坦南部地区的价值是1公斤100—150美元,运到吉南部城市后,价格升到每公斤800美元,到首都比什凯克后,价格达到2000—2500美元,运到莫斯科后为7000—8000美元。[4] 在贩毒分子的贿赂下,吉警察、海关等执法人员有不少卷入毒品犯罪案中。关于吉高层参与贩毒活动的报道也很多,有报道说,在巴基耶夫执政时期,吉南部毒品贸易路线主要掌握在巴基耶夫及其家庭成员控制的国家安全力量手中;在巴基耶夫政权被推翻以后,毒品贸易路线的控制权转移到警察等一些地方执法者手中,他们或直接参

---

1 邓浩:《中亚毒品问题:现状与前景》,《国际问题研究》2001年第4期。
2 史天昊:《中亚各国打击毒品犯罪效果显著》,《法制日报》2014-06-24。
3 岳文良:《吉尔吉斯斯坦2015年共查获毒品超过28吨》,国际在线2016-02-25。
4 贾铁军:《毒品走私——中亚公害》,《光明日报》1998-08-07。

与毒品贸易，或在毒品贸易中充当卖方、买方、运输方之间的平衡力量，以换取贿赂。[1]

为了有效打击毒品走私和贸易，吉从独立初期就采取多项措施。吉参加了联合国的反毒品公约，在中亚国家中第一个制定并通过了反毒品法。1996 年 5 月 4 日，包括吉在内的一些独联体成员国就成立中亚地区反毒品信息协调中心达成一致。2009 年 3 月 22 日，设在阿拉木图的中亚地区反毒品信息协调中心开始运作。吉打击毒品走私和贸易取得了一定成绩，但打击毒品走私的任务仍然任重而道远。

---

[1] 杨恕、靳晓哲：《吉尔吉斯斯坦政局变化及其影响因素评析》，《新疆社会科学》2017 年第 1 期。

下编
走向成熟

　　1993年,吉尔吉斯斯坦颁布了独立以后的第一部宪法;从理论上看,吉尔吉斯斯坦依据宪法构建了三权分立的政治体制。1991—2003年间,在比较稳定的政治形势下,吉尔吉斯斯坦完成了从苏联加盟共和国到独立国家的转型。2003年以后,在独立自主原则的基础上,吉尔吉斯斯坦继续探索适合本国国情的政治体制,国家对宪法进行了多次修改,政治体制也经历了由总统制向议会制、议会制向总统制、总统制向议会制的曲折过程。从经济领域来看,在独立后的十多年中,吉尔吉斯斯坦的经济改革克服重重困难,取得了一定的成就,但并未建立起可持续发展的经济;2003年以后的这段时期,由于政权更迭和民族冲突不断,经济发展波动较大,发展状况不稳定;2010年以来,随着政治的逐步稳定,经济逐渐恢复,但经济的结构性问题仍未得到解决。总的来看,这一阶段吉尔吉斯斯坦经济处于缓慢发展的时期。

第十二章
曲折的政治改革

2003年以后，吉尔吉斯斯坦经历了两次大规模骚乱。2005年，吉因议会选举引发的骚乱导致了阿卡耶夫总统的下台；2010年4月7日，政府反对派再次引发骚乱，导致独立后第二任总统巴基耶夫下台。2010年，吉尔吉斯斯坦通过的新宪法确立了国家政体将走议会制道路，在宪法的框架下，吉尔吉斯斯坦开启了政治平稳时期。

第一节 导致总统下台的"3·24"事件

2003年，吉尔吉斯斯坦又一次对宪法进行了修改。在此次宪法修正案中，吉议会将由两院制改为一院制，名为"最高会议"。宪法修正案规定，最高会议议员由105人减少到75人，任期5年。最高会议取消政党比例代表制，全体议员由单一选区选举制选举产生。新一届议会的选举将在2005年初进行。阿卡耶夫总统将2005年命名为"社会稳定与住宅建设发展年"，然而，当年的吉尔吉斯斯坦非但不稳定，还发生了遍及全国的大骚乱。

在新一届议会选举前夕，为了在各级议会选举中获得选票，反对派加快了联合的步伐。2004年，在司法部登记注册的政党达到了30多个[1]；其中具有影响力的政府反对派政党有尊严党（阿尔纳莫

---

[1] 吴宏伟：《中亚国家政党体制的形成与发展》，《俄罗斯中亚东欧研究》2006年第4期。

斯党)、祖国社会主义党、吉尔吉斯斯坦民主运动和吉尔吉斯斯坦共产主义者党。

2004年1月,吉尔吉斯斯坦民主运动、阿萨巴民族复兴党、自由吉尔吉斯斯坦党、吉尔吉斯斯坦共和党、吉尔吉斯斯坦自由党5个政党组建联盟,名为"为人民的权力",党领袖是库·巴基耶夫;同年9月24日,"为人民的权力"又与吉尔吉斯斯坦共产主义者党、吉尔吉斯斯坦共产党、新吉尔吉斯斯坦党、穷人党联合,组建了吉尔吉斯斯坦人民运动政治联盟(简称"人民运动"),巴基耶夫担任"人民运动"领袖。"人民运动"号召支持者积极参加各级议会的选举和总统大选,以民主方式推翻现政权。

2004年11月,公正与进步党联合其他政党组建了"新方针"联盟,前外长穆·伊马纳利耶夫担任联盟主席;同年12月,前外长罗莎·奥通巴耶娃(1992年出任吉副总理兼外交部长,1994年4月至1997年6月再次任外交部长)联合若干反对派政党组建了"祖国行动"联盟。[1]

以总统阿卡耶夫为首的执政当局利用行政资源在选举过程中制定了对自己有利的规定。在议员候选人登记阶段,政府以在国内居住不满5年为由,拒绝反对派领导人奥通巴耶娃等人进行候选人登记;在划分选区之时,又刻意将反对派候选人巴基耶夫分到支持者较少的边远选区。[2]

2005年2月27日和3月13日,议会举行了两轮选举,总统阿卡耶夫的支持者在选举中获胜,在选出的71名(法定是75名)议员中,亲政府的党派人士大约有30人,其余大部分为独立的中

1　陈杰军、徐晓天:《2004年的中亚形势》,《国际资料信息》2005年第2期。
2　徐晓天、陈杰军:《2005年的中亚形势》,《国际资料信息》2006年第2期。

间派人士，反对派人士只有大约 10 人。[1] 落选的反对派候选人指责政府操纵选举，在投票过程中存在违规和舞弊行为，如对选举的限制和对媒体的控制，以及贿选，等等。

3月14日，议会选举结果公布，引发了大规模骚乱。15日，反对派在吉南部的贾拉拉巴德州采取武力行动，占领了政府机关；18日，南部重要城市奥什的反对派也开始了暴力行动，一举攻占了政府机关；20日，全国7个州中有4个州（贾拉拉巴德、奥什、塔拉斯和纳伦）被反对派控制，他们在这些州选举"州长"，成立"人民议会"。为了维护社会秩序，奥什和贾拉拉巴德两州出动警力驱散占领政府大楼的抗议者，由此引发了武装冲突。政府与反对派之间矛盾升级，22日，反对派开往首都比什凯克。在短时间内，反对派占据了比凯克的政府大楼、总统办公室、国家电视台等要害部门；强力安全部门在与反对派的对峙中临阵倒戈，吉尔吉斯斯坦政权瞬间崩塌。24日，总统阿卡耶夫离开吉尔吉斯斯坦前往邻国哈萨克斯坦。25日晚，又从哈萨克斯坦飞抵俄罗斯。反对派提出了要总统辞职的诉求。此即为导致总统下台的"3·24"事件。由于来自各城市的反对派采取了一种共同的握拳手势，形似郁金香花，因此，此次事件又被称为"郁金香革命"。

在此形势下，旧议会推举了反对派"人民运动"首领巴基耶夫为代总理，履行总统职责（2005.3.25—2005.8.14）。由于新一届议会已于2月22日宣誓就职，吉出现了新旧议会并存的局面。27日，新旧议会协商后承认了新议会的合法性，这一结果引起了反对派的极大不满，反对新议会的抗议活动仍在继续。

3月28日，奥·捷克巴耶夫当选为新议会议长。当天，新议会

---

[1] 《吉尔吉斯斯坦议会的组成与选举》，新华网 2005-03-24。

将反对派首领巴基耶夫任命为吉总理,巴基耶夫依宪法的规定履行总统职能,直到新总统选举产生为止。4月4日,新议会派代表团前往莫斯科,与总统阿卡耶夫谈判,阿卡耶夫签署了辞职声明。4月11日,议会接受了阿卡耶夫的辞职,并宣布于2005年7月10日提前举行总统选举。在此次大选中,巴基耶夫以88.71%的压倒多数票胜出[1],成为吉独立以后的第二任总统(2005.8.14—2010.4.7)。

巴基耶夫于1949年8月1日生于贾拉拉巴德州苏扎克区,吉尔吉斯族。1972—1991年,先后在苏联军队服役,在贾拉拉巴德州组装工厂、科克扬加克市职业工厂担任领导职务。苏联解体前后,巴基耶夫曾担任贾拉拉巴德州和丘亚州[2]州长;2000年12月,巴基耶夫接受总统阿卡耶夫的任命,出任吉政府总理。2002年3月中旬,吉南部贾拉拉巴德州的阿克瑟地区发生流血骚乱事件,以巴基耶夫为首的政府被迫于5月22日辞职。2004年11月,巴基耶夫成为反对派联盟"人民运动"领袖;在2005年发生的"3·24"事件中,巴基耶夫是事件的领导者,带头抗议新议会的选举不公正。

巴基耶夫在2005年7月10日的总统大选中胜出,8月14日宣誓就任总统,8月15日任命"3·24"事件中的另一个重要人物费·库洛夫为临时总理。库洛夫于1948年10月生于伏龙芝市,毕业于鄂木斯克高等学校,长期在苏联警察部门供职。1992年,库洛夫出任吉副总统兼武装部队总参谋部部长;1993—1998年先后担任楚河州州长、国家安全部部长、比什凯克市市长;1999年7月,他和一些反对派领导人共同创建了尊严党。2000年3月,库洛夫因以权谋私和侵吞巨额财产罪被捕入狱,被比什凯克市法院以滥用职

---

1 徐晓天、陈杰军:《2005年的中亚形势》,《国际资料信息》2006年第2期。
2 1990年以后,丘亚州不属吉尔吉斯共和国设置的7州,至于该州的设置和撤除时间不详。

权与贪污罪判处 10 年有期徒刑。在"3·24"事件中,反对派把库洛夫从监狱放出。

在此次政变中,库洛夫采取果断措施制止了政变之后的骚乱和抢劫行为,负责协调各安全部队的工作,成功地使国内秩序恢复了正常。4 月,最高法院宣布库洛夫无罪。在 2005 年的总统大选中,库洛夫成为巴基耶夫有力的竞争对手。大选前夕,5 月 13 日,巴基耶夫与库洛夫达成协议,库洛夫放弃总统竞选,支持巴基耶夫参选;巴基耶夫在当选后,将提名库洛夫为总理。

巴基耶夫宣誓就任总统的第二天,议会以 83% 的多数票通过了对库洛夫的总理任命(2005.8.15—2006.12.19)。[1] 2005 年 12 月 20 日,以库洛夫为首的新一届政府宣誓就职,新政府成立。吉动荡的政局暂时平静下来。

"3·24"事件的发生有诸多因素,其中,以美国为首的西方国家企图以吉为突破口建立所谓民主政治,是政变的外部因素。2003 年 1 月,美国务卿助理克列涅尔等一行访吉,要求到吉监狱探望吉反对派著名人物库洛夫;5 月,在美压力下,吉政府同意让"自由之声"电台记者到监狱采访库洛夫;在 2005 年的吉大选前夕,美资助的 40 个非政府组织在吉活动,其中,美国家民主研究所在吉设立了 19 个民主体制中心,宣扬西方民主制度。2005 年,总共有 2914 家非政府组织在中亚注册,其中在吉有 1010 家,这些组织大多有美国背景,受美国国际发展局(USAID)等机构的资助或直接领导。[2]

应该说,被西方称为"郁金香革命"的"3·24"事件实际上

1　任瑞恩:《吉尔吉斯斯坦议会通过任命库洛夫为总理》,新华网 2005-09-02。
2　闫文虎:《浅析俄罗斯和中亚非政府组织》,《俄罗斯研究》2007 年第 1 期。

不是一场革命，只是一次政变。推翻政府的反对派成员的大多数是前政府高官，他们在政见上与前政权并无多大分歧，之所以揭竿而起，主要是出于对阿卡耶夫个人的不满，如巴基耶夫、奥·捷克巴耶夫和因被指控犯有滥用职权与贪污罪被判入狱的库洛夫都是因为受到压制而反对阿卡耶夫的。新政权既缺乏深刻的民主内涵，又体现不了人民的意志，基本上保持了国家独立初期制定的政治、经济政策。

"3·24"事件以后形成的权力格局是政治妥协的产物，在组建新政府的过程中，总统对新一届领导人进行了一些调整，希望实现总统、议会、政府之间的权力平衡。尽管如此，吉各方势力的暂时平衡是十分脆弱的，政局不稳定的状态仍然继续，暴力行为时有发生。2005年9月，议员巴亚曼·叶尔金巴耶夫遭暗杀；10月至11月，吉连续发生了多起监狱暴动事件，在暴动中，议会下属的国防委员会主席阿克马特巴耶夫被害，几名高官受伤。为了稳定国内局势，总统巴基耶夫在宣誓就职总统后不久就提出了修改宪法的要求。2006年的修宪开始了巴基耶夫在吉政治舞台上一系列不光彩的表演。

第二节　导致总统下台的"4·7"事件

在"3·24"事件中上台的巴基耶夫总统，于2010年4月7日发生的反对派反政府事件中被迫辞职。此次事件被称作"4·7"事件。

2005年10月13日，在巴基耶夫总统主持下举行了有关修宪的第一次会议。会议有289人参加，其中包括政府部长、国家机关负责人、大学校长、医生、教师和农业经济实体的领导人等。[1]总统

1　《吉尔吉斯斯坦将再次修宪》，谷维译，《中亚信息》2005年第11期。

指出，吉尔吉斯斯坦应该建设成为完全的议会－总统制共和国，拥有强有力的总统、强有力的议会、强有力的政府；2006年11月新宪法在议会获得通过。新宪法规定议会由90名议员组成，50%的席位按政党比例代表制产生，其余席位按单一选区制产生；在议会选举中赢得50%以上议席的政党组建政府。按新宪法规定，吉政体从总统制改为议会－总统制，并且对总统、议会和总理的权限重新做出界定。

然而，此次通过的这部对总统权力做出某些限制的新宪法并未立即实施，现有的政治体制将延续到2010年。对此，总理库洛夫提出异议，并于2006年12月19日宣布政府集体辞职。在此形势下，巴基耶夫总统要求议会再次对宪法进行修改。2006年12月30日，议会通过了几经修改的新宪法。12月颁布的新宪法加强了总统的权力，议会和政府的权力有所削弱。[1] 据新宪法，在2010年以前的过渡时期，总统有权在征得议会同意后任命总理，并根据总理的提议任命内阁成员，同时总统还有权控制各强力机构和任命地方政府的领导人，这些规定与要求以宪法限制总统权力的初衷背道而驰。

库洛夫在此次修宪之后失去了权力，巴基耶夫总统曾两次向议会提名由他出任新政府的总理，但未获议会批准。2007年1月26日，议会通过了巴基耶夫总统提名的新总理人选，于是，原农业、水产和加工工业部代部长阿·伊萨别科夫成了新一届政府的总理（2007.1—2007.3），在执政两个多月以后，阿·伊萨别科夫于2007年3月29日递交了辞呈。当天，巴基耶夫总统又提名反对党中的温和派人士、社会民主党主席阿·阿坦巴耶夫为总理（2007.03.29—2007.11.28），此次提名获得了议会的通过。库洛夫辞职以后，联合其他反对派领导人组建了"为了光明的未来"联盟，2007年4

---

[1]《吉尔吉斯斯坦通过新宪法》，《人民日报》2006-12-31。

月，该组织在首都比什凯克街头发起上万人的大规模示威游行，要求巴基耶夫下台。

2007年9月14日，吉宪法法院宣布废止2006年11月和12月修订的两部宪法。同年10月21日，吉全民公决通过了2007年新宪法。按新宪法，吉重新实行总统制，国家总统的权力不仅得以恢复，而且在一定程度上还得到强化。新宪法规定，议会由90名议员组成，完全按政党比例代表制选举产生；在议会选举中获得多数席位的政党组建政府。

于是，组建政党的活动再次掀起高潮。独立初期，在吉司法部注册的政党有一百多个；新宪法通过的当月（2007.10），巴基耶夫总统创建了光明道路人民党。该党的近期目标是：巩固国家，保存民族文化，形成民主和市场经济，有稳固的社会保障，有高效的政权，恢复道德和爱国主义。其未来15年的目标是：保存和巩固国家、文化、传统，从而使吉尔吉斯民族得以生存、成长和发展，保证居民正常的生活水平，建设有竞争力的经济，融入世界体系。

在新宪法通过的第二天，即2007年10月22日，巴基耶夫总统宣布根据新宪法将提前举行议会选举。2007年12月16日，议会按政党比例代表制进行了选举，本届议会的90个议席由12个政党参与角逐。根据2007年的新宪法，政党进入议会的门槛是5%的得票率，结果，巴基耶夫总统领导的光明道路人民党获得了近49%的选票，成为议会第一大党。[1] 在议会中，光明道路人民党控制了71个席位，社会民主党和共产主义者党在议会中分别占11个和8个席位。[2] 不难看出，进入议会的后两个政党无法对光明道路人民党

---

[1] 魏良磊：《"光明道路"党在吉尔吉斯斯坦议会选举中领先》，新华网2007-12-17。
[2] 《吉尔吉斯共和国·国家概况》，中华人民共和国外交部2009-07-30。

形成有效的牵制。此后，吉议会成了光明道路人民党一党独大的多党制议会。

2007年宪法规定，总理人选不再由总统提名，而是由议会中占有多数席位的政党提名，于是，光明道路人民党提名俄罗斯族伊戈尔·丘季诺夫为总理（2007.11—2009.10）。丘季诺夫于1961年8月21日出生在伏龙芝，1993年从吉国立大学数学力学系毕业，2005年以来，先后出任吉尔吉斯天然气公司总经理，以及工业、能源和燃料部部长。

自阿卡耶夫下台之后，巴基耶夫总统采取了修改宪法、议会选举、解散政府等一系列措施，暂时稳定了政局，议会和政府以新的面貌步入了2008年。然而，权力广泛的总统和按照政党比例代表制产生的多党制议会都缺乏有效整合各派政治势力的措施，致使部分政治力量被排斥在政权之外，为未来的政治冲突埋下了隐患。

2009年，吉政府获得了俄罗斯提供的大量经济援助，由于吉俄签订了俄方在吉境内增设军事基地的协议，作为交换条件，俄将向吉提供20亿美元的优惠贷款和1.5亿美元的无偿援助。[1] 在此有利的形势下，2009年3月20日，吉议会召开特别会议，宪法法院裁决总统大选提前到2009年7月23日举行。

大选前夕，反政府势力内部不仅未能进行有效的整合，而且出现了分裂。在联合反对派推举阿·阿坦巴耶夫为总统候选人之后，从反对派阵营中分裂出来的白鹰党推举了本党的候选人，内部斗争削弱了反对派的力量，使之不可能与巴基耶夫的支持派抗衡。在2009年的总统大选中，巴基耶夫以79.13%的得票率获得连任。[2]

---

[1]《俄将向吉提供贷款和无偿援助》，新华网 2009-02-04。
[2]《吉尔吉斯共和国·国家概况》，中华人民共和国外交部 2009-07-30。又有76.4%之说。

按宪法的规定，他的任期到2014年。

巴基耶夫在获得连任之后，对政府机构进行了大幅改革，大约有40%的官员被精简。2009年10月20日，总理丘季诺夫领导的政府向总统递交辞呈，21日，巴基耶夫签署了解散现政府的法令，同时任命原总统办公厅主任达·乌谢诺夫为总理，负责组建新一届政府（2009.10—2010.4）。达·乌谢诺夫于1960年出生于伏龙芝，1982年毕业于伏龙芝理工学院；2006年5月至2007年3月间任吉政府第一副总理；2007年10月至2009年1月任比什凯克市市长；2009年1月出任总统办公厅主任。

以达·乌谢诺夫为总理的新政府成立不到半年，国内骚乱再起。2010年4月6日，数千名反对派成员举行示威游行，要求总统巴基耶夫辞职；4月7日，反对派及其支持者涌向比什凯克市中心，与警察发生冲突；4月8日，吉议会发表声明，要求公民依法行事，恢复治安，总理达·乌谢诺夫宣布全国处于紧急状态，总统巴基耶夫离开首都前往奥什。反对派夺取议会大楼和总统府。

4月8日，反对派组建了以社会民主党领袖罗莎·奥通巴耶娃为总理的临时政府（2010.4—2010.7），她表示，临时政府将接管半年，直到起草一份新宪法，并创造能够确保自由公正地选举领导人的环境。4月15日，临时政府宣布了据说是巴基耶夫签署的辞去总统职位的正式声明。4月25日，逃到白俄罗斯的巴基耶夫发表声明说自己仍然是吉尔吉斯斯坦总统，并未发表过任何辞职声明。4月27日，临时政府指控巴基耶夫在4月初流血冲突事件中组织了大规模谋杀，还指控他在任职期间滥用职权。[1]

---

[1] 2013年2月12日，吉军事法庭缺席宣判藏身在白俄罗斯的前总统库·巴基耶夫24年有期徒刑。

5月19日，临时政府通过法令，委任临时政府总理奥通巴耶娃兼任过渡时期总统。[1] 奥通巴耶娃于1950年8月23日出生在吉南部的奥什市，1972年从莫斯科国家大学哲学系毕业；此后，在吉国立大学担任哲学系教授及主任；1981年开始从政，担任列宁地区议会内共产党的第二任秘书，1992年出任吉副总理兼外交部长，1994年4月至1997年6月再次任外交部长，1998年至2001年吉驻英国大使，2002年至2004年，作为联合国特殊任务副手负责格鲁吉亚事务，2005年参与"3·24"事件，于2007年当选议会议员。在2010年6月27日举行的全民公投中，奥通巴耶娃以90.55%的赞成票成为过渡时期的总统（2010.7.3—2011.12.1）。接替奥通巴耶娃出任临时政府总理的是社会民主党领袖阿·阿坦巴耶夫（2010.12—2011.12）。

2010年6月27日，吉就新宪法举行了全民公决，新宪法以超过90%的赞成票获得通过。[2] 新宪法规定，吉尔吉斯共和国政治体制从总统共和制向议会制过渡。1993年宪法已经确立了国家政体为议会制。然而，随着总统权力的扩大，1996年宪法将原来属于议会的一些权力转给总统，如内阁机构组成的权力。在此后的数次修宪中，国家政体实际上已经从独立初期确立的议会制演变为总统制。2006年11月，旨在削弱总统权力的宪法修正案获得通过，而在一个月以后，11月宪法被推翻，2007年通过的新宪法又恢复和强化了总统权力，宪法规定了国家实行总统制。在巴基耶夫执政期间，总统、议会、政府围绕修宪展开了对国家最高权力的角逐，而国家政治体制的改革一直是执政者与反对派斗争的焦点。2010年由全民

---

1 《吉临时政府委任奥通巴耶娃为吉过渡时期总统兼总理》，新华网2010-05-20。
2 《吉尔吉斯斯坦全民公决通过新宪法草案》，人民网2010-06-28。

公决通过的新宪法最终将吉政体确定为议会制，吉尔吉斯斯坦开启了新的历程。

第三节 在宪法框架内的多党执政

2010年"4·7"事件以后，5月，临时政府公布了修改宪法的草案，6月27日，宪法草案经全民公决获得通过。[1]2010年新宪法规定：吉尔吉斯斯坦政体由总统制改为议会制，议会议员增加到120个席位；总统权力大幅削减，总统任期5年，不能连任。

至此，吉尔吉斯斯坦开始了以议会为核心的议会制政体的建设，总统的一部分权力交给了议会，如总理的人选不再由总统提名，而是由在议会中获得绝对多数的政党提名和组建政府。议会有任命除国防部和公共安全部外的其他各部政府官员的权力；有批准政府制定的国家发展计划和听取政府总理年度报告的权力；有表达对政府的不信任权。议会在对政府提出不信任之后，由总统裁定，如果总统否认议会的不信任提案，议会在三个月之后有权再次提出，这一次，总统必须解散政府。可见，议会不仅有立法权，在行政权方面还获得了比政府更加强势的地位。

按2010年宪法，宪法法院被宪法委员会取代，议会的司法权有一定扩大。2010年宪法对司法权（第96条第1款）做了如下规定：由议会多数派、法官委员会和议会反对派三方组成法官选举委员会，总统对最高法院法官和地方法院法官的任免必须根据法官选举委员会的建议，并提请议会任免。

2007年通过的宪法已经明确议会选举采用政党比例代表制，

---

[1]《吉尔吉斯斯坦新宪法草案全民公决顺利举行》，国际在线2010-06-28。

放弃了2005年议会选举所采用的区域代表制。2010年的新宪法重申了2007年的选举原则，并且明确规定，吉尔吉斯斯坦议会由多数党组阁。2010年新宪法通过以后，过渡时期总统奥通巴耶娃签署了新一届议会将于2010年10月10日举行选举的法令，于是，吉政党如雨后春笋般涌现出来。2001年，在吉司法部登记注册的政党有32个，2010年，在司法部正式登记注册的政党上升到160个。

根据吉中央选举委员会的确认，有资格参与2010年议会竞选的政党有29个；其中具备竞争实力的政党有社会民主党、祖国党（阿塔梅肯）、白鹰党、尊严党、故乡党和共和国党。在此6个政党中，前三个党派参与了推翻巴基耶夫政权的"4·7"事件，他们的领袖阿·阿坦巴耶夫、奥·捷克巴耶夫和捷·萨里耶夫在以后组建的临时政府中担任副总理；后三个政党的领袖费·库洛夫、塔希耶夫和巴巴诺夫曾在巴基耶夫政权中分别担任总理、紧急情况部长和第一副总理，由于与巴基耶夫政权存在不同程度的联系，后三个政党被视为临时政府的反对派，他们希望通过选举重新掌权。

根据吉选举法的规定，参与竞选的政党要进入议会必须满足以下两个条件：一是获得全国选票的5%以上；二是在全国的每一个州、比什凯克市和奥什市的得票率均不低于0.5%。选举结果是，除白鹰党外，故乡党、社会民主党、尊严党、共和国党、祖国党得以进入议会；依据得票率，120个议席的分配如下：故乡党28个席位、社会民主党26席、尊严党25席、共和国党23席、祖国党18席。竞选结果表明，任何一个政党都未获得超过半数的选票，只能由两个以上政党组建执政联盟。在选举结果公布当天（2010.11.1），联合国秘书长潘基文呼吁吉尔吉斯斯坦组建一个包容各方的新政府，以确保在吉实现和平、稳定与繁荣。

按吉宪法，执政联盟的组建程序是由总统指定一个议会党在规定的时间内组建执政联盟。11月10日，吉过渡时期总统奥通巴耶娃指定社会民主党领袖阿坦巴耶夫组建执政联盟。11月30日，社会民主党与祖国党和共和国党组成了三党执政联盟，得票率最高的故乡党和得票率居第三的尊严党被排除在执政联盟之外。三党联盟的一致意见是：祖国党领袖奥·捷克巴耶夫将出任议长，社会民主党领袖阿坦巴耶夫出任政府总理，共和国党领袖巴巴诺夫出任第一副总理。12月3日，由奥·捷克巴耶夫出任议长的提案在议会中被大多数议员否决，于是，成立3天的执政联盟解体。

据宪法规定，总统应在解散执政联盟后3日内授权另一议会党团在15日内组建新的执政联盟，如果被授权的议会党团无力组建执政联盟，该授权将转给其他议会党团。如三次授权均未组成新的执政联盟，总统有权宣布解散议会并进行新的议会选举。据此，总统奥通巴耶娃责成共和国党组建新的执政联盟。2010年12月17日，共和国党与社会民主党、故乡党组成了执政联盟，祖国党和尊严党被排除在执政联盟之外；其中故乡党领导人克尔迪别科夫当选为议长，社会民主党领袖阿坦巴耶夫出任总理。

第二届执政联盟和联合政府平稳地执政了一年。根据2010年宪法，2011年10月30日吉举行总统大选；有16位候选人参与了本届大选角逐。结果，总理阿坦巴耶夫以63.24%的选票获胜，他的主要竞争对手——统一吉尔吉斯斯坦党领袖马杜马罗夫和故乡党领袖塔希耶夫分别获得14.77%和14.32%的选票。12月1日，新任总统阿坦巴耶夫在首都比什凯克国家音乐厅宣誓就职。

阿坦巴耶夫于1956年9月17日出生，曾于2000年参加总统选举，以6%的选票位居第三。2005年，阿坦巴耶夫参加了"3·24"事件，事后在巴基耶夫政权中出任工业、贸易和旅游部长；2006年辞去部长之职，组建了名为"支持改革"的反对派联盟；2007年3月，经巴基耶夫提名和议会表决通过出任吉总理；半年以后，巴基耶夫解除了阿坦巴耶夫的总理职务。在2010年"4·7"事件以后，阿坦巴耶夫先后出任临时政府的第一副总理和总理。

2011年的大选是吉在独立以后的第一次最高权力和平交接，在饱受动荡之后，吉人民期盼社会稳定是权力得以和平交接的主要因素。阿坦巴耶夫在就职后说："作为新一届总统，我将带领国家各权力机关，致力于维护国家独立、统一和人民自由、幸福，加强民族团结，发展国内经济，关注弱势群体，加大打击有组织犯罪和贪污腐败，积极同世界各国发展友好合作关系。"[1]

阿坦巴耶夫出任总统后，以共和国党为首所组建的第三届执政联盟解体。阿坦巴耶夫总统授权社会民主党的新领袖热恩别科夫，由他牵头组建新的执政联盟。于是，社会民主党、共和国党、祖国党、尊严党组建了第三届执政联盟，故乡党被排除在执政联盟之外。随后，执政联盟就议长和政府总理人选进行了不记名投票，社会民主党首领热恩别科夫当选为议长，共和国党领袖巴巴诺夫被推举为政府总理（2011.12—2012.9）。

以巴巴诺夫为总理的新一届政府在执政的8个月中，不仅未能使吉社会经济状况取得进展，甚至还有进一步恶化的倾向，由此遭到了执政联盟中其他党派的指责。祖国党领袖奥·捷克巴耶夫指责巴巴诺夫政府为谋求商业利益，收受土耳其公司的巨额贿赂；尊严党领袖库洛夫认为巴巴诺夫政府工作毫无成效，存在严重的债务违约风险。于是，祖国党和尊严党于2012年8月22日上交了退出执政联盟的辞呈，第三届执政联盟解体。

---

[1] 《吉尔吉斯斯坦总统阿坦巴耶夫宣誓就职》，国际在线2011-12-01。

2012年，由祖国党、社会民主党和尊严党组建了第四届执政联盟。2012年9月5日，无党派人士、原吉总统办公厅主任萨特巴尔季耶夫当选为新一任总理（2012.9.6—2014.3.25）。2012年12月，总统对新政府提出的目标是使吉尔吉斯斯坦成为一个政治上和经济上稳定发展的民主国家。

新政府平稳地领导吉尔吉斯斯坦直到2014年。2014年3月18日，吉尔吉斯斯坦执政联盟领袖、尊严党主席库洛夫宣布，由于执政联盟中的祖国党宣布退出，执政联盟解体。祖国党退出执政联盟的原因是，总理萨特巴尔季耶夫在2010年担任吉政府驻奥什州和贾拉拉巴德州重建委员会负责人时有贪腐行为。随着执政联盟的解体，萨特巴尔季耶夫领导的吉政府下台。此后，由社会民主党、尊严党和祖国党组成了第五届执政联盟，共和国党和故乡党被排除在执政联盟之外。

2014年4月2日，新的执政联盟组建了新政府，祖国党提名的奥托尔巴耶夫当选为政府总理（2014.4—2015.5）。吉尔吉斯族奥托尔巴耶夫于1955年8月18日生于伏龙芝市，1978年于列宁格勒大学物理系毕业，1981年于苏联科学院物理研究所研究生毕业。2002年至2005年间出任副总理，负责经济事务。新政府除了更换3位副总理外，其余大多数成员保留下来，其中，15名部长中只变动文化部长1人。

2010年吉议会在满5年任期之后，将于2015年10月4日举行新一轮议会选举。按总统和议会选举法的规定，政党进入新一届议会的门槛为7%的全国得票率和0.7%的地方得票率。在议会选举之前，吉政党联合掀起了高潮。2014年，共和国党和故乡党合并组建了共和国-故乡党；此后，多个反对派政党组成了"联合反对运动"联盟,联盟在成立之初组织了游行、示威等抗议阿坦巴耶夫政权的活动。在此联盟中,有很多人是在权力斗争中失败的政客,只是为议会选举而结成竞选伙伴,他们企图通过联合扩大影响,但号召力并不大。

分化组合的结果,有14个政党满足了参与本届议会选举的资格,角逐的结果有6个党派进入议会。它们的得票率分别是:社会民主党27.56%,共和国-故乡党20.26%,吉尔吉斯斯坦党13.07%,进步党9.39%,共同党8.59%,祖国党7.8%。以上政党在议会中获得的席位分别是38、28、18、13、12、11席。其中总统所在的社会民主党成为议会第一大党。2015年11月,社会民主党、吉尔吉斯斯坦党、进步党和祖国党组成了第六届执政联盟;共和国-故乡党和共同党成为反对党。执政联盟提名现任总理萨利耶夫担任政府总理(2015.5—2016.4)。

2010年以后,吉尔吉斯斯坦的政治体制改革取得了一些效果,但在由总统制向议会制转型过程中也存在以下问题:

第一,在推举议会党组建执政联盟中,总统权力过大。从第一届执政联盟来看,议会第一大党故乡党没有获得组建执政联盟的资格,临时总统奥通巴耶娃授权社会民主党组建执政联盟;阿坦巴耶夫当选总统后,他授权他本人所在的社会民主党牵头组建执政联盟,社会民主党在议会中获得了重要地位。

第二,议会党在组建执政联盟时主要考虑的因素是政党利益,而不是国家利益。如社会民主党在组建第一届执政联盟时,将议会第一大党故乡党排除在外,除了政治立场的分歧外,主要是利益上的考虑,不希望较强的故乡党领袖塔什耶夫出任政府总理。因此,社会民主党一般联合议会中较弱的政党。以后,由社会民主党组建的几届执政联盟都有此倾向。

不难看出，吉在独立以后的二十多年中，议会和政府围绕着总统权力一直在进行斗争。独立初期，吉尔吉斯斯坦按照西方三权分立的原则建立了国家体制，根据多党制原则组建了政治体制。然而，随着总统权力的扩大，议会和政府的作用逐渐缩小，议会和政府为削弱总统权力一直在努力，可以说，2005年和2010年两次推翻总统的政变与总统专权有着直接关系。吉尔吉斯斯坦迈出了总统专权的威权政治，迈入了混合体制。2010年宪法确立的议会制削弱了总统权力，确立了议会的地位。2016年12月，吉对修宪举行了公投，此次修宪再次削弱了总统权力，总理不经总统的同意，有权任命或解除部长职务，此外，议会对政府提出不信任案的门槛从以往的半数以上提高到至少三分之二的议员同意。

吉在坚持民主道路的大方向上做了很多努力，但由于议会内部的政党斗争和党派间的分化组合，议会制衡总统的作用遭到削弱。截至2016年，吉政局存在着很多不确定的因素：一是吉绝大多数政党是不成熟的，从内部来看，政党制度不完善，从外部来看，大多数政党缺乏广泛的群众基础。这些因素导致执政联盟没有稳固的基础。二是由于执政联盟的不稳定，联合政府也处于频繁更替之中，反对派力量仍在不断组织抗议活动。但由于反对派力量在国内外都未得到广泛支持，难以对阿坦巴耶夫政权构成有力的挑战，因此，吉尔吉斯斯坦发生暴力政局更迭的可能性不大。

应该指出的是，在吉政治体制中，部族属性一直影响着宪政的顺利发展，吉政坛发生的两次政变事件都与南北部族之间的矛盾有着深刻的联系。吉尔吉斯斯坦以天山和帕米尔-阿赖山为界分为南北两部分，工业主要分布在楚河州、塔拉斯州、伊塞克湖州，以及首都比什凯克市，因此，吉北部的经济发展程度较高；南部的奥什州、纳伦州、贾拉拉巴德州和巴特肯州以农牧业为主,经济发展程度较之北部低。南北经济的差异随着经济的深入发展不仅没有缩小,反而有进一步拉大的趋势。

南北方不仅在经济上存在着差距,在政权分配上也存在着差异。独立初期,由于吉总统阿卡耶夫出生在北方的楚河州,因而在阿卡耶夫政权内,北方部族几乎把持了吉权力要害部门。其中,总统办公厅主任和副主任、国家安全局局长、国家银行行长、外交部长、国家广电管理局主任、吉尔吉斯斯坦总检察长、宪法法院院长等要职,要么被阿卡耶夫同部族的人占据,要么被总统夫人家乡的人所把持。[1]

导致阿卡耶夫下台的"3·24"事件在某种程度上是南北部族斗争的结果。继任的巴基耶夫总统代表南方部族的利益,为了平衡南北部族关系,政府总理一职以北方出身的库洛夫担任。然而在他任期内,北方部族出身的官员仍然有受到排挤的感觉,以北方部族势力为首的反对派最终于2010年将巴基耶夫政权推翻。有学者认为,2010年"4·7"事件发生的根本原因在于国内经济发展不平衡和国家私有化导致的利益分配不公。

独立以来,部族政治和裙带关系一直作为一种非正式规则影响着吉政坛。为了不重蹈以往总统的覆辙,阿坦巴耶夫总统在任期间注意发展经济、改善民生,重视对民族问题的处理和对民族争端的调节,并于2011年成立了民族和宗教政策与公民社会互动处,于2013年成立了国家地方自治与民族关系事务署。

总的来看,吉尔吉斯斯坦将西方多党制度移入本国,在经历了

---

[1] 焦一强:《影响吉尔吉斯斯坦政治转型的部族主义因素分析》,《俄罗斯东欧中亚研究》2010年第3期。

二十多年实践之后，最终实现了多党执政。吉尔吉斯斯坦的多党执政具有本国特点，呈现出政党类型温和性、政党格局非均衡性、政党社会基础脆弱性的特征。

第十三章
不断深化的经济改革

独立初期,吉尔吉斯斯坦进行了以市场经济为目标的经济体制改革,改革在一定程度上取得了成效,使吉尔吉斯斯坦经济在经过独立初期的严重下滑之后,进入了平稳增长时期。2003年以后,吉尔吉斯斯坦在经济改革的道路上继续前行,2003年至2017年的十多年,经济虽经历了大起大落,但总的来看,这一阶段是吉尔吉斯斯坦经济的缓慢发展时期。

第一节 缓慢推进的经济改革

2003年以后,吉尔吉斯斯坦继续推行以非国有化和私有化改造为中心的市场经济改革。新一轮的私有化于2004年开始,此次改革的重点转向大中型国家企业。2004年1月12日,吉政府制定了2004—2006年国有资产私有化计划,被纳入计划的企业包括了以往拟定私有化而未能完成的大型国企,如电信公司、天然气公司、航空公司、国际机场、配电公司,以及一大批教科文卫领域的单位。[1] 2005年2月9日,国有资产管理委员会主任吐尔逊·吐尔杜马姆别托夫在记者招待会上说,政府计划在2005年完成能源领

---

[1] 王海燕:《吉尔吉斯斯坦经济发展模式选择与策略》,《俄罗斯中亚东欧市场》2008年第4期。

域的私有化进程,准备出售水电站、热力站、矿产基地。这一时期的非国有化和私有化以拍卖国有股权、托管、租赁等方式进行。

2008年,吉总统巴基耶夫在国家最新社会经济发展政策的基本原则中提到对所有国有企业实行股份制改革,他说:"国家准备在近期内通过在证券市场公开出售股份的形式将所有国有企业改组为股份制公司,政府要鼓励国内自由资金参与这项改革。"[1]是年,吉政府计划对250个国有财产实体实行私有化,包括出售水电站、热力站、铁路、历史纪念碑、矿产地,甚至冰川等。[2]

与独立初期相比,2004年开始的新一阶段的私有化改造进展缓慢。在全国拟定私有化的万余家企业中,国家为大股东的有146家,包括国家控股的92家企业,多数为能源、通信、交通等命脉领域的企业。[3]许多具有战略意义的大型企业仍为国有。

这一阶段私有化步伐缓慢的原因主要有以下几点:一是出于对国家利益的考虑,政府仅对少数国家股进行拍卖,致使投资者未能取得企业的管理权,无法通过改制提高企业效益。二是国内上下对国有资产的私有化认识不统一,议会对个别领域、企业的私有化持异议,一些企业在私有化改革之后,投资者只顾赚钱,加重了普通民众的负担,普通民众对私有化不满,提出将能源、通信、网络企业重新收归国有,这些要求得到了政府反对派的支持。三是企业本身缺乏吸引力,吉大多数企业设施陈旧,工艺落后,产品的市场竞争力弱,如在吉俄两国政府进行的以企业抵债的谈判中,俄方曾全盘否定了吉方提出的30个企业。四是私有化过程中存在的腐败、

---

[1] 《吉所有国企将实行股份制改革》,聂书岭译,《中亚信息》2008年第2期。
[2] 《吉将对一批国有财产实行私有化》,陈娟译,《中亚信息》2009年第1期。
[3] 《吉尔吉斯斯坦的私有化——现状、成果和问题》,中华人民共和国商务部 2005-01-06。

违法现象阻碍了私有化进程。以上诸多问题不仅影响了国有资产私有化的过程，还影响了吉市场经济的发展。

尽管如此，私有化程度还是得到了进一步提高。到2012年8月，在吉正式登记注册的各类经济实体（包括法人和自然人）中，14.2%为国有企业，15.2%为集体企业，70.5%为私营企业。[1]多种所有制并存的格局在吉已经形成。

独立初期，吉尔吉斯斯坦就提出了产业结构调整的问题，然而，由于经济不景气，资金匮乏，这一任务没有实质性进展。2003年以后，产业结构的调整成为吉中长期规划中的重要任务。2007年，吉政府制定了《2007—2010年国家发展战略》，该战略明确了吉经济优先发展的领域是能源、交通通信、农业、轻工业、矿山开采、信息技术和旅游业。[2]

独立初期，吉尔吉斯斯坦为了满足粮食自足的目标，扩大了粮食播种面积，到2003年，吉灌溉土地面积大约有128万公顷。[3]2003年以后，农牧业的发展经历了艰难历程。2007年，吉农业播种面积下降，是年，小麦播种面积只有36.03万公顷，比2006年减少4.6万公顷，下降了12.8%。[4]由于小麦播种面积大幅下降以及作物品种的退化，粮食安全面临威胁。2007年下半年，国际粮食价格高涨，吉食品开始涨价，2009年，面包和面粉成本预计上升15%至20%[5]，

---

[1]《2012年前三季度吉尔吉斯社会经济概况》，中华人民共和国商务部2013-01-09。
[2]《吉尔吉斯斯坦颁布〈2007—2010年国家发展战略〉》，谷维译，《中亚信息》2007年第6期。
[3] 李湘权等：《吉尔吉斯斯坦水资源及其开发利用》，《地球科学进展》2010年第12期。
[4] 王海燕：《吉尔吉斯斯坦经济发展模式选择与策略》，《俄罗斯中亚东欧市场》2008年第4期。
[5] 于树一：《中亚地区与国际金融危机》表1，邢广程主编：《俄罗斯东欧中亚国家发展报告（2009）》，社会科学文献出版社，2009年，第87页。

食品价格的上涨幅度超过了居民的承受能力，一些地区出现了民众上街游行的现象。

为了保证粮食生产和加工，政府采取了以下一些措施：一是政府对农业生产的投入增加，并用国家物资储备基金的贷款对农产品进行收购。二是从国家财政预算中划拨8.1亿索姆的资金用于保障农业粮食集团股份公司工作的开展，建议取消所有农产品加工和农机生产者的增值税和所得税。三是与援助国达成向吉拨款2000万美元，用于向贫困人群提供粮食救助。[1]在以上经济措施的扶持下，粮食生产和加工得以缓慢恢复。2013年，春播耕地面积大约是117.8万公顷，其中50.2%种植谷物，全年谷物产量170万吨。[2]然而，时至2015年，吉粮食仍然需要进口，是年进口小麦33.38万吨。[3]

在工业领域，吉工业基础薄弱、结构单一，本国的工业体系远未形成。2004年，工业总产值仅为1991年的48%，其中，轻工业品的产值仅为1991年的14%。到2008年，吉对国外工业品的依赖仍然严重，几乎90%以上的民用和工业用品都需要进口。[4]可见，工业领域的产业结构调整进展不大。在这一阶段，有色金属开采依然是国民经济的主导，其中黄金的开采和电力工业仍然是吉的支柱产业。在国家的扶持下，农牧产品的加工也逐渐成为国家的支柱产业。

2003年以后，吉第三产业得到一定程度的发展，其中通信和旅游业在国民经济中发挥重要作用。通信业是吉政府较早对外开放的产业，吸引了众多国内外企业经营。2003年以后，吉通信业发展

---

1 刘景信：《吉尔吉斯斯坦大力改善经商投资环境》，《大陆桥视野》2010年第3期。
2 李志芳等：《吉尔吉斯斯坦农业发展概况》，《世界农业》2015年第4期。
3 《2015年吉尔吉斯全年对外贸易情况》，中华人民共和国商务部2016-03-01。
4 王海燕：《吉尔吉斯斯坦经济发展模式选择与策略》，《俄罗斯中亚东欧市场》2008年第4期。

迅速。据官方统计,截至2010年4月,吉有线电话用户50万;移动电话用户446万,渗透率高达83.2%;因特网用户220万,为吉人口总数的40%。[1] 通信业在国民经济中占有一定的位置。2012年,邮政和电子通信业实现收入约合4.5亿美元,同比增长9.2%[2];2015年,通信服务的总收入为276.993亿索姆(约合4.3亿美元),同比增长5.3%。其中移动通信产值233.549亿索姆,行业占比84%;互联网产值26.868亿索姆,行业占比10%。[3]

在第三产业中,吉旅游业继续对国民经济做出贡献,到吉旅游人数每年增长在10万人左右。2006年,吉旅游业在国内生产总值中所占比例为3.6%[4];2010年的"4·7"事件使旅游业遭受重创,不过,次年就恢复了;2011年,吉接待外国旅游者逾300万人,收入6.3亿美元,相比2010年的122万人和2.7亿美元增长近一倍半[5],吉旅游业回暖很大程度上得益于2011年以来政府采取的一系列措施。2006年,吉国家旅游局局长马马绍夫认为,旅游业实际上有能力每年为吉带来6亿至7亿美元的收入,在国内生产总值中所占比例以后有望达到9%。[6]2014年吉全年接待游客人数近400万人,创下了前所未有的历史记录。[7]

2003年以后,吉继续执行对外开放的经济政策,实行经济联

---

[1] 《吉尔吉斯斯坦通讯业发展现状、前景及投资建议》,中华人民共和国商务部2010-05-12。

[2] 王海燕:《金融危机前后中亚国家经济形势对比与前景分析》,《新疆师范大学学报》2013年第4期。

[3] 《2015年吉尔吉斯斯坦社会经济发展概况》,中华人民共和国商务部2016-02-05。

[4] 《2006年吉旅游收入占GDP的3.6%》,杨建梅译,《中亚信息》2007年第6期。

[5] 《吉尔吉斯旅游业2011年回暖》,中华人民共和国商务部2012-03-25。

[6] 《2006年吉旅游收入占GDP的3.6%》,杨建梅译,《中亚信息》2007年第6期。

[7] 岳文良:《2014年吉尔吉斯斯坦接待游客人数创历史记录》,国际在线2015-02-06。

系的多元化。在对外贸易中，吉逐渐改变了原来以独联体国家为主要贸易国的现象，与吉发生贸易关系的国家扩大到 144 个。[1] 吉尔吉斯斯坦前五大贸易国是俄罗斯、中国、哈萨克斯坦、瑞士和土耳其，其中只有俄罗斯和哈萨克斯坦是独联体国家。

2003 年以后，吸引外资继续成为中亚国家发展经济的重要方面。外国投资仍然集中在能源和矿产开发领域。继 1998 年加入世界贸易组织后，2011 年 10 月 18 日，吉尔吉斯斯坦与俄罗斯、白俄罗斯、乌克兰、亚美尼亚、摩尔多瓦、哈萨克斯坦和塔吉克斯坦在圣彼得堡举行独联体政府首脑会议，八国总理签署了《独联体自贸区协议》，吉于 2015 年 8 月 12 日正式加入欧亚经济联盟，实现了商品、服务、资本和劳动力在联盟内部的自由流动。

2003 年至 2015 年的十多年中，由于政局动荡，吉经济经历了大起大落。不过，在大多数年份里，经济处于缓慢发展的状况。2003 年至 2004 年间，吉国内生产总值（GDP）增长率两年均为 7.0%，这一增长势头在 2005 年发生逆转。2005 年 3 月 24 日，吉发生了推翻总统的政变事件，政变期间，吉发生了大规模的抢掠，国内投资环境恶化，资本严重外流。政变上台的巴基耶夫政权忙于处理事件遗留下来的后遗症，以及平衡各利益集团之间的关系，对下滑的经济无力应对，2005 年的 GDP 出现了 -0.2% 的负增长。这种状况延续到 2006 年初春，当时全国有 240 个企业停产，停产率达到了 50%，到吉旅游的总人数减少了 44%，旅游收入减少了 4.8%。[2] 2006 年，吉经济开始逐渐恢复，是年 GDP 的增长率为 3.1%。

2006 年，吉制定了中长期经济发展计划，同年 11 月底，吉政

---

[1] 《2015 年吉尔吉斯全年对外贸易情况》，中华人民共和国商务部 2016-03-01。

[2] 卡米利·苏尔坦诺夫：《吉尔吉斯斯坦——中亚唯一的世贸组织成员国》，《中国民族》2011 年第 4 期。

府批准了《2006—2010年国家发展战略规划》，目标是在2010年之前实现年均GDP增长8%。[1] 然而，这一目标只在最初两年得以实现，2007年至2008年的增长率分别是8.5%和8.4%。与2007年和2008年相比，2009年吉经济增长速度放慢，GDP的增长率为2.9%。2010年，吉国内再次发生推翻总统的"4·7"事件，当年吉GDP又出现-0.5%的负增长。政局稍稍稳定后的2011年，吉GDP的增长率达到了5.7%，经济的增长趋势有赖于库姆托尔金矿，在库姆托尔金矿产量下降之时，2012年GDP再次出现-0.9%的负增长。为了挽救下滑的经济，2012年12月，吉政府出台了《2013—2017年稳定发展战略》，战略拟定，在此期间的国民生产总值平均每年增长逾7%。[2] 发展战略实施的第一年，2013年GDP出现10.5%的高增长率；此后，由于受乌克兰局势和西方对俄罗斯实施经济制裁等因素的影响，吉2014年和2015年GDP的增长率都未能达到7%，据吉尔吉斯国家统计委的数据，2014年吉GDP为3.6%，2015年为3.5%。[3]

总的来看，受国内政治局势和国际经济形势的影响，吉经济发展表现出不稳定的特征。2011年以后，吉政治形势逐渐稳定下来，吉领导者有了认真思考经济发展的政治环境。此外，吉经济形势还受到国际经济的影响，特别受俄罗斯经济的影响。世界贸易组织秘书处在有关报告中说，从2006年到2012年，吉内工业品生产翻了

---

[1] 王海燕：《上海合作组织框架下的中亚区域经济合作》，《新疆师范大学学报》2008年第2期。

[2] 《2013—2017年吉尔吉斯斯坦经济发展五年规划》，中华人民共和国商务部2013-01-09。

[3] 《2014年吉尔吉斯斯坦国民经济增长3.6%，通胀率10.5%》，中华人民共和国商务部2015-01-16；《2015年吉尔吉斯经济增长3.5%、通胀3.4%，系欧亚经济联盟最佳》，中华人民共和国商务部2016-01-29。

一番，但这种增长主要是依靠国际市场上黄金价格的持续上涨。[1]

经济发展的不稳定性影响了吉通货膨胀率。2001年至2011年，吉平均通货膨胀率高达10.9%。[2]不难看出，通货膨胀率起伏不定，除个别年份外，通货膨胀率基本上控制在个位数上。2007—2008年，通货膨胀率达到了两位数，较高的通货膨胀率不仅给吉居民生活带来了严重影响，而且损害了吉经济和政权基础，通货膨胀率居高与2010年"4·7"事件有一定关系。

吉尔吉斯斯坦的经济改革克服重重困难，取得了一定的成就，但并未建立起可持续发展的经济。据《2012—2013年全球竞争力报告》，吉在全球最具竞争力的144个国家和地区中排名第127位。[3]总体来看，吉经济发展水平比较落后，尚属于欠发达国家行列。

第二节　以黄金为主的矿业开采

吉尔吉斯斯坦境内矿藏多达150种，其中金、锑、汞、锡、钨矿藏十分丰富。据吉尔吉斯斯坦国家地质与矿产署2013年的统计，黄金总储量为2149吨，探明储量565.8吨，年均开采量为18—22吨，居独联体第3位，世界第22位；锑矿位居世界第2位，其探明储量26.4万吨；汞居世界第3位，其探明储量为4万吨，开采量为85吨；锡矿总储量41.3万吨，探明储量18.68万吨；钨矿总储量19万吨，探明储量11.72万吨；稀土总储量54.9万吨，探明储量5.15万吨；铝矿总储量3.5亿吨，探明储量3.5亿吨；钼矿探明

---

[1] 《吉尔吉斯纺织业拥有工业中逾一半的就业岗位》，中华人民共和国商务部 2013-07-30。

[2] 依马木阿吉·艾比布拉、孙世伟：《吉尔吉斯斯坦经济转型中投资环境及中国对其投资前景分析》，《西安财经学院学报》2014年第1期。

[3] 《吉尔吉斯斯坦资源和产业情况》，中华人民共和国商务部 2014-05-30。

储量 2523 吨。[1]

独立以后，吉政府鼓励外国投资者独资或与吉尔吉斯斯坦合资开发矿产资源，然而，总的来看，除黄金外，其他金属矿产资源的开发利用程度不高。吉的锑矿分布在 9 个地区，其中资源量超过 10 万吨的大型矿区是巴肯州的卡达姆詹和海达尔坎。卡达姆詹联合体是独联体国家中唯一生产金属锑的大型企业。该企业于 1936 年投产，产品主要销往俄罗斯。独立后，金属锑的产量下降，年产高峰为 6000 多吨，2002 年，金属锑产量只有 1600 吨。[2] 在 2005 年的私有化改造中，该企业 70% 的股份被私有化。该企业一直不景气，几经周折，到 2012 年初，锑的生产基本停止。

海达尔坎联合体是开采和加工汞和锑的企业，该企业建于 1940 年，是中亚地区唯一一家生产汞的企业。苏联解体前的 1990 年，吉年生产汞 1000 吨，独立以后产量大幅下降，到 1995 年产量只有 186 吨，1996 年，由于国际市场上汞的价格下跌而破产。2002 年，该企业改组为股份公司，吉持有 95% 股份。2007 年，海达尔坎联合体拥有汞剩余储量 1.1 万吨，锑剩余储量 10.77 万吨，生产的汞产品主要外销到美国、荷兰、俄罗斯、哈萨克斯坦、中国和印度。锡矿由吉尔吉斯斯坦与俄罗斯合资的天山锡矿公司共同开采，双方各占 50% 股份。2002 年生产锡精矿 100 吨，2016 年以后该合资企业由于资金不足处于暂时停产状态。[3]

吉尔吉斯斯坦金属矿产资源开发利用的主要是黄金。其黄金开采业的产值占全国矿产开采业产值的 90%，约占工业总产值的一半。据专家评估，黄金总资源量约为 2500—3000 吨，其中国家平

---

1 《吉尔吉斯斯坦资源和产业情况》，中华人民共和国商务部 2014-05-30。
2 《吉尔吉斯斯坦矿业投资项目》，科学网 2012-8-14。
3 《吉尔吉斯斯坦的主要矿产开发和冶金企业》，中亚科技服务中心 2019-03-23。

衡表中23个金矿床的探明黄金储量约为1000吨。依照探明储量，主要产地可分为4个等级。200吨以上的超大型产地主要是库姆托尔。[1]

库姆托尔金矿位于伊塞克湖南岸海拔4000多米的高山中，是吉尔吉斯斯坦第一大金矿，金探明储量516吨，金平均品位每吨4克。[2]1992年，吉政府对开采库姆托尔金矿进行国际招标，1994—2004年由加拿大卡梅克公司（Cameco Corp.）依照产品分成协议开发。金矿公司免交各类税费，但开采出来的黄金三分之二归吉政府，三分之一归卡梅克公司。2004年后库姆托尔金矿由卡梅克公司和吉政府共同组建的合资企业开发，依照股权比例分配利润。[3]黄金产品出口为吉带来了很大收益，刺激了吉国民经济的增长，为吉经济的全面复苏提供了强有力的支撑。其中，作为吉尔吉斯斯坦经济命脉的库姆托尔金矿在2004年的产值就占据了吉工业总产值的40%以上。[4]

在吉尔吉斯斯坦开采金矿的另一个加拿大企业是加拿大森泰拉（Centera）黄金公司。该公司自1997年以来一直在开采库姆托尔金矿，为公司创造了丰厚的收入，在1997年至2011年间，该金矿开采黄金价值达48.6亿美元，公司盈利12.1亿美元，而吉的国家财政仅收入5亿美元。[5]随着国际市场金价的持续上扬，公司的收益还在迅速增加，大部分利润却被加方拿走。吉议会中有议员一直呼吁

1　陈超等:《吉尔吉斯斯坦共和国主要矿产资源及矿业投资环境分析》，《资源与产业》2012年第1期。
2　同上。
3　《吉尔吉斯斯坦的主要矿产开发和冶金企业》，中亚科技服务中心2019-03-23。
4　王海燕:《吉尔吉斯斯坦经济发展模式选择与策略》，《俄罗斯中亚东欧市场》2008年第4期。
5　《吉经济部长就"库姆托尔"金矿前景作表态》，中华人民共和国商务部2013-01-25。

政府强制收回库姆托尔金矿的开采权，但根据吉政府与该公司所签的协议，吉政府如果毁约的话，将在合同到期前承担该公司逾2万名股东的所有损失，并将被告上国际法庭。

2009年4月24日，吉总理伊戈尔·丘季诺夫与加拿大森泰拉公司就库姆托尔金矿的开采重新签署协议。根据新协议，吉方在库姆托尔金矿开采中所占股份将从原来的15.6%提高到32.75%，12名董事会成员中有3名是吉方人员。[1]尽管如此，这一协议仍未达到议会的条件和国民的要求。2012年5月底，伊塞克湖州爆发民众抗议，要求解除与加拿大公司的采矿协议，将库姆托尔金矿收归国有。

2012年，吉政府成立了经济与反垄断政策部，其下设库姆托尔金矿检查委员会，对库姆托尔金矿展开调查。调查委员会认为，政府应当撤销2009年与加拿大森泰拉公司签署的协议，该公司在2009年协议中享受了过多的优惠政策，一般企业的平均缴税额度为17%—20%，而该公司只需缴纳13%的税款。[2]

为了加强吉方对库姆托尔金矿的掌控，吉政府提出重新修改2009年协议的意见，改革方案主要包括以下几点：一是在原有协议基础上，吉方出资购买更多的股份，政府反对派议员提出吉方应该占有67%股权，但政府无力达到这一数字。二是吉加双方按照各占50%的比例重新成立合资公司，在新成立的公司中董事会成员人数将各占一半，由吉方人员担任董事长。2013年12月26日，吉总理萨特巴尔季耶夫在议会会议上宣布，根据新方案，吉方无须额外支付资金就能在库姆托尔金矿合资公司中的股权自32.75%提高到与加方相同的50%。此外，增加在当地的采购金额，在合同期剩余的

---

[1]《围绕库姆托尔金矿纷争不断》，中华人民共和国商务部2013-03-18。
[2]《吉议会否决吉加金矿开采合作备忘录，股份分配仍待谈判》，中国新闻网2013-10-25。

12年内（2014—2026），库姆托尔金矿合资公司每年在吉的采购额将从5000万美元提高到6000万美元，包括采购石灰、球磨机等。与此同时，库姆托尔金矿合资公司将按照总收入税13%＋矿产基地发展费4%＋伊塞克湖州发展基金1%的模式缴纳各种税费，总额可达8.56亿美元。[1]新方案在议会审理中引发了反对派议员的不满，他们认为如果政府难以完成议会交办的任务（即掌控股权的67%），那么总理应当辞职。

直到2015年，双方在财务模式上仍未能达成一致协议。森泰拉公司希望能以直接利益交换吉政府对公司的控股权；而吉议会计划建立合资公司，平均分配金矿的控股权。

除了利益分配未能达成协议外，吉议会中还有议员指责该公司在库姆托尔金矿的合理利用、保护环境、保障生产环节安全及居民社会保障等方面不符合吉方的相关要求，对此，吉政府应当对其施以重罚。森泰拉公司的项目是开采位于天山山脉的一个露天矿，根据吉方的说法，该公司的活动给吉生态造成了重大损害，包括造成了附近冰川滑坡的危险，其可能导致人员伤亡。2015年3月，森泰拉公司面临吉政府提出的生态损害诉讼，索赔金额高达3亿加元。森泰拉公司与吉政府进行了数月谈判，并警告吉政府，若在2015年6月13日之前未能获得必需的开采许可证，公司将关闭其库姆托尔金矿项目。截至2016年，该公司与吉政府的谈判仍在继续，最终结果尚无定论。

除库姆托尔这一超大型金矿外，吉境内70吨以上的大型金矿产地还有杰鲁伊、陶尔德布拉克；30吨至70吨的中型矿产地有玛

---

[1]《吉方占50%股权的库姆托尔金矿改组新方案提交议会审议》，中华人民共和国商务部2013-12-26。

赫玛尔、博济姆恰克、温库尔塔什、伊什坦别尔德、奥尔登-吉尔伽、尼奇克苏、塔赫塔赞；5 吨至 30 吨的小型矿产地有索尔顿-萨雷、詹姆格尔、杰列克、大坂、杰列坎等。[1]

吉第二大金矿杰鲁伊位于吉西北部，该地距离首都比什凯克约 230 千米，矿区海拔 3000—3600 米；已探明黄金储量 70—100 吨，平均品位每吨 6.9 克。[2] 2003 年，吉尔吉斯斯坦黄金公司和英国诺罗克斯矿业公司组建的合资企业塔拉斯-戈尔德矿业公司，金矿开采及加工预计在 2005 年上半年投入使用，每年生产黄金 7 吨[3]；但受国际金价低迷，以及吉投资环境等因素影响，投资未足额到位。

2013 年 3 月，吉国家地质矿产署公布了杰鲁伊金矿采矿权的招标条件和规则。在吉国内外注册的企业法人都可以参与此次竞标，竞标的底价为 3 亿美元，无人投标；于是，吉政府再次举行招标时，将底价降至 1 亿美元，最终，俄罗斯国家铂金集团以 1 亿美元的价格中标。据不完全统计，开工以后，该项目不仅可提供 2000 多个就业岗位，还能使矿产所在地——塔拉斯州的预算收入翻番。2015 年 7 月 21 日，吉塔拉斯州居民举行了抗议集会，反对开采杰鲁伊金矿。

在《2013—2017 年吉尔吉斯斯坦稳定发展战略》中，政府拟在未来五年对矿产领域实施 16 个项目，其中大项目之一是对第三大金矿塔尔迪布拉克左岸金矿的开采。该金矿是苏联时期发现的，位于天山山脉塔尔迪布拉克峡谷，在首都比什凯克以东大约 120 千米，估计蕴藏着 65 吨黄金，据吉地质学家预测，持续勘探有望再

1　陈超等：《吉尔吉斯斯坦共和国主要矿产资源及矿业投资环境分析》，《资源与产业》2012 年第 1 期。

2　《哈投资公司将参与吉杰鲁伊金矿的开发》，谷维译，《中亚信息》2007 年第 10 期。

3　《吉尔吉斯斯坦开始开发杰鲁伊金矿》，周晓玲译，《中亚信息》2003 年第 11 期。

增加 20 吨储量。[1] 左岸金矿是吉与中国合资开采的新矿。其中，吉方持有 40% 的股权，中国紫金矿业集团下属的超泰有限公司持 60% 股权。2013 年 3 月，吉总理萨特巴尔季耶夫就左岸金矿的投产召集会议，以推动金矿能在年底前投产。左岸金矿是中国企业在吉最大的投资项目之一，项目建成后有望年产黄金 3.7 吨，创造产值 1.5 亿美元，每年贡献税收 2400 万美元。[2]

吉尔吉斯斯坦的部分议员建议，应该依靠本国力量开采杰鲁伊和塔尔迪布拉克左岸金矿，他们认为，在未具备自主开采能力之前，吉政府不应该急于勘探这两个金矿，以避免库姆托尔金矿的情况再次发生。

第三节 以电力为主的能源开发

独立初期，在国民经济优先发展方向中，吉尔吉斯斯坦将发展能源定为第一位。与邻国哈乌两国不同，由于油气资源较少，吉尔吉斯斯坦的能源开发主要指电力开发。

吉尔吉斯斯坦的油气开采已有百年历史。早在 1898 年，沙皇俄国就开始在吉境内钻井，1903 年第一口油井生产。苏联时期，1985 年以后，油气产量呈现逐年下降趋势。截至 2014 年，吉石油储量为 1460 万吨，天然气储量为 49 万立方米。[3] 吉境内的油气资源有限，不能满足国内需求，每年大约 95% 的原油、天然气和石化制品依靠进口，其中每年从乌兹别克斯坦进口 7.5 亿—8.5 亿立方

---

[1] 《中国紫金矿业在吉尔吉斯斯坦开建金矿》，长江有色金属网 2015-07-30。
[2] 《中企在吉尔吉斯斯坦投资的金矿项目投产》，《人民日报》2015-07-31。
[3] 赵常庆：《中亚五国新论》，第 91 页。

米天然气。[1]

由于缺乏资金和勘探、开采技术，吉政府在油气领域急需与外国企业合作，旨在促进新油气田的发现和老井的技术改造，尽可能增加产量，减少进口。2001年，吉颁发了第236号总统令《增加石油和天然气产量及加工量措施计划》和《2010年前油气领域发展纲要》，确定了油气领域的首要任务是加大勘探开发力度和吸引投资力度。

2013年5月，吉尔吉斯斯坦大陆油气有限公司成立。截至2015年，该公司已与12家外国公司合作，有13部钻机在各地钻井生产作业，计划在2015年完成至少200口井的钻井工作。[2]其中，中国华荣能源集团与吉尔吉斯石油天然气股份有限公司签订合作协议，开发出的石油双方按比例分成。

吉油气开采未能成为发展能源的支柱产业，于是，发展电力是吉发展能源的重要方向。截至2015年，吉尔吉斯斯坦总共有电站18座，其中水电站16座，热电站2座；电力总装机容量为3748兆瓦，其中水电装机容量3030兆瓦，火电装机容量718兆瓦。输电线总长6683千米，电压等级从110千伏至500千伏，变电站共有190座，总变电容量为8929.2兆瓦；与哈萨克斯坦、乌兹别克斯坦、塔吉克斯坦连接的电压等级为220—500千伏。[3]截至2013年，已开发的电力产值在吉国内生产总值中的占比为20%，每年夏季，向俄罗斯、哈萨克、乌兹别克及中国出口约25亿度的电力。[4]

---

1 张宁编译：《吉尔吉斯斯坦能源简介》，《国土资源情报》2012年第10期。
2 《综述：中国企业助力吉尔吉斯斯坦油气开发》，新华网国际频道2015-04-21。
3 乔刚等：《中亚5国电力发展概况及合作机遇探析》，《电力电容器与无功补偿》2015年第3期。
4 《俄罗斯企业正在吉建设纳伦河上四个小型水电站》，中华人民共和国商务部2013-11-13。

吉火力发电以燃煤为主，煤的远景储量约为 46.65 亿吨。吉政府于 2007 年决定调整热电燃料的结构，将煤炭份额从 52% 增长到 68%，天然气从 37% 降低为 30%，重油从 10% 降低为 2%。然而，由于煤的开采量不能满足国内电站的需求，据 2006 年的经济水平测算，吉每年的煤需求量约为 150 万吨，需求量的 4/5 依靠进口，每年需进口煤炭约 110 万吨，主要从哈萨克斯坦进口。[1] 在《2013—2017 年吉尔吉斯斯坦稳定发展战略》中，政府拟在未来五年对矿产领域实施 16 个项目，其中大项目之一是开发储量 1.88 亿吨的卡拉克奇褐煤矿。

在油气和煤都不能满足能源需求的情况下，吉大力发展水电，水力成为吉继黄金之后的第二大资源。吉水力资源丰富，全国有大、中河流 252 条，蕴藏着 1850 万千瓦水能，每年潜在的水力发电能力为 1420 亿度。[2] 在吉的 16 座水电站中，较大的电站有托克托古尔水电站（120 万千瓦）、库尔普萨伊水电站（80 万千瓦）、塔什库梅尔水电站（45 万千瓦）。其中，1975 年建成投产的托克托古尔水电厂是托克托古尔梯级电站的第一级电站，也是吉最大的电力生产企业。

尽管如此，水资源的开发利用仅占吉水力资源蕴藏量的 9% 和技术可开发量的 16.7%，开发利用的潜力巨大。[3] 2008 年 5 月，吉能源工业部透露即将启动卡姆巴拉特 1 号水电站、卡姆巴拉特 2 号水电站、纳伦河水电站、阿克布伦水电站、萨雷扎兹阶梯水电站和卡瓦克水电站的建设，总投资约 40 亿美元。[4]

1　张宁编译：《吉尔吉斯斯坦能源简介》，《国土资源情报》2012 年第 10 期。
2　同上。
3　郑铭江：《吉尔吉斯斯坦水资源及水电合作开发前景辨析》，《水力发电》2013 年第 4 期。
4　李湘权等：《吉尔吉斯斯坦水资源及其开发利用》，《地球科学进展》2010 年第 12 期。

卡姆巴拉金 1 号水电站是在纳伦河中游建设的大型水电站,坝高 275 米,坝顶长 560 米、宽 130 米,坝底宽 2400 米。水电站于 1996 年动工,原计划用 9 年时间建成,建成后,水电站装机 4 台,总装机容量 1900 兆瓦。2012 年 9 月 20 日,俄总统普京访吉,双方在吉首都比什凯克签署了卡姆巴拉金 1 号水电站和纳伦河上游水电站的建设和运营协议;2013 年 5 月 8 日,俄总统普京签署了关于批准《俄吉政府间关于建设和运营卡姆巴拉金 1 号水电站的合作协议》的法案。协议内容包括:建设和运营卡姆巴拉金 1 号水电站和建设该水电站出口到邻国的输电线。俄罗斯电力巨头——俄罗斯国际统一电力系统公司成为该项目的总承包商,计划于 2021 年建成。该水电站建成后,预计年发电量 51 亿度,将为吉走向电力出口大国之路奠定坚实的基础。[1]

吉政府在 2012 年 7 月颁布的《电力发展中期规划》中提出抓紧建设卡姆巴拉金 2 号水电站,以及尽快完成南方电网的改造工程。卡姆巴拉金 2 号水电站于 1986 年开工,以后停建;2003 年再次开工,其中电力、通信设施均已建成,地下系统和大坝等设施已经动工。2007 年,据估计水电站第一期投入运营大约需 50 亿索姆(约 1.4 亿美元),吉财政部将在未来三年的预算中为此拨款 35 亿索姆(约 1 亿美元)。[2]

大型梯级水电站的开发旨在将吉尔吉斯斯坦打造成中亚地区水力发电的基地。在大力开发大型梯级水电站的同时,为了应对资金短缺的困境,吉政府积极投资建设中、小水电站。2013 年,吉政府

---

[1] 《卡姆巴拉金 1 号水电站将于今年 10 月 1 日前奠基》,中华人民共和国商务部 2013-07-30。

[2] 《吉尔吉斯拟于明年初重启卡姆巴拉金 2 号水电站建设》,中华人民共和国商务部 2007-11-15。

计划在纳伦河上游建纳伦河1号、2号、3号和阿克布伦四座水电站，其总功率为237.7兆瓦，发电量为9.424亿度。[1]项目执行方是俄罗斯水力公司，双方以各占50%股份成立纳伦河上游水电公司共同建设及运营，吉方以划拨项目用地、颁发许可证等方式入股。2013年6月12日，纳伦1号水电站举行了奠基仪式，预计于2016年竣工，全部建成在2019年，届时每年可发电9.2亿度。[2]

在吉尔吉斯斯坦，水力发电在很大程度上受季节的影响，冬季电力的出口仍依靠火力发电。为了提高比什凯克热电站工作效率，吉政府不仅加快了该热电站以煤炭为燃料的改造，还打算建设比什凯克2号热电站。此外，据吉能源与工业部的消息，2015年已有9家中国公司愿意参与纳伦州的卡拉克奇热电站的建设项目。该项目列入优先项目，吉政府希望通过它解决吉冬季电力短缺的问题，同时推动总储量约为18.5亿吨的卡瓦克煤矿的开发。该电站的装机容量为1300—1400兆瓦。[3]

独立以来，吉尔吉斯斯坦已经从电力进口国发展为电力出口国。尽管如此，由于存在着设备更新和改造、水库容量减少等问题，电力工业的发展还会出现波动。

第四节 以纺织缝纫为主的轻工业

独立以后，吉政府将农产品加工、棉花加工和服装加工列为重

---

[1]《俄罗斯企业正在吉建设纳伦河上四个小型水电站》，中华人民共和国商务部2013-11-13。

[2] 同上。

[3]《吉尔吉斯能源部称已有9家中国公司希参与卡拉克奇热电站项目》，中华人民共和国商务部2015-05-29。

点扶持的产业，政府在贷款、税收和海关等方面提供了诸多优惠政策。截至 2013 年上半年，吉有 347 家企业和 8104 家个体户在从事农产品加工行业。[1] 此外，政府建立了若干大型出口物流中心，推动农产品向欧亚经济联盟国家出口，主要出口产品有果蔬、棉花、皮革、羊毛、肉品、乳品、饮料等。

除农产品加工外，服装加工业成为近几年来发展迅速的轻工业行业。其中，纺织缝纫业在吉制造业中有着突出地位，据吉尔吉斯能源和工业部的资料，2010—2012 年，该行业总产值分别为 1.25 亿美元、1.42 亿美元和 1.56 亿美元，约占吉工业总产值的 6%。[2]

吉纺织业原料主要是棉花、羊毛和蚕丝。棉花是吉重要的经济作物之一，然而，与年产量百万吨以上的乌兹别克斯坦相比，吉尔吉斯斯坦只能算中小产棉国，年产皮棉大约在 8 万多吨。[3] 20 世纪 80 年代以来，由于棉田面积的减少，吉棉花产量开始下降；独立以后，在农牧业结构的调整中，棉花种植面积虽然赶不上粮食种植面积的增长速度，但也在逐渐增加，产棉区主要集中在奥什州和贾拉拉巴德州。然而，由于吉棉花质量在国际上没有竞争力，越来越多的棉农选择种植其他经济作物。2003 年，中国农业科学院棉花研究所的农艺师开始在吉推广先进的棉花种植技术，棉花种植出现恢复趋势。

吉羊毛产量在原苏联 15 个加盟共和国中占第三位，细羊毛的收购量则占第一位。羊毛产地主要集中在奥什州，这里拥有各个季节都可以放牧的天然草场。1990 年，吉尔吉斯共和国的羊存栏数达

---

[1] 《吉政府拟大力推动食品加工及农产品销售的发展》，中华人民共和国商务部 2013-08-05。

[2] 《吉尔吉斯纺织缝纫业从业人口达 15 万》，中华人民共和国商务部 2013-12-20。

[3] 樊亚利：《周边国家棉花产需变化趋势分析》，《世界农业》2007 年第 1 期。

1000万头，其中细羊毛及半细羊毛产量共4万吨；独立以后，吉养羊业大幅度萎缩，羊的存栏数一度减少到400万头，年产羊毛不超过1.2万吨。[1]为了繁育细毛羊和半细毛羊，政府采取了扩大饲草种植、增加干草、生产颗粒饲料等措施，使羊毛产量逐年增加。2012年，全国产羊毛1.1333万吨，同比增长2.1%[2]；2013年，羊毛产量1.16万吨，同比增长2.3%[3]；2015年，羊毛产量达1.21万吨，同比增长2.3%[4]。

桑蚕丝也是吉纺织原料之一。以吉南部的奥什州为例，1990年，全州共产蚕丝845吨。[5]养蚕业和丝织业集中在奥什州，该地的丝绸产品以质量闻名，独立以后，政府通过提倡养蚕促进丝织业的发展。

纺织业是吉重要工业部门，产品在出口创汇、解决就业方面对吉做出了一定的贡献。吉纺织业发展始于20世纪30年代，到苏联解体前夕的1989年已经成为一个重要的轻工部门，从业人员大约有10万人。[6]独立初期，吉纺织业迅速下滑，纺织业产值在吉国内生产总值中的占比由1990年的32%降至2004年的3.2%。[7]

纺织业不景气的原因主要是资金匮乏和技术工人短缺导致的设备老化、工艺过时等问题。一些纺织工厂处于停工状态，其中，吉纺织业基地奥什州的棉纺织联合公司、地毯厂、奥什丝织联合厂和奥什丝绸厂等几家主要企业的设计生产能力也只能发挥出5%——

1　杨建梅：《中亚五国纺织工业发展状况》，《中亚信息》2007年第3期。
2　《2012年吉尔吉斯斯坦农业情况》，中华人民共和国商务部2013-03-08。
3　《2013年吉尔吉斯斯坦社会经济概况》，中华人民共和国商务部2014-01-28。
4　《2015年吉尔吉斯斯坦社会经济发展概况》，中华人民共和国商务部2016-02-05。
5　刘庚岑、徐小云编著：《吉尔吉斯斯坦》，第133页。
6　《吉尔吉斯斯坦：生产力缺失促成中国机遇》，亚洲纺织联盟2014-03-16。
7　杨建梅：《中亚五国纺织工业发展状况》，《中亚信息》2007年第3期。

8%。[1] 在此形势下，本国生产的棉花大部分以原料形式出口。[2] 据吉尔吉斯能源和工业部轻工业局局长法蒂玛·萨达姆库洛娃说，吉尔吉斯斯坦每年生产 10.13 万吨原棉和 1.11 万吨多脂羊毛，95% 的棉花出口，2011 年只加工了 2.25 万吨原棉。[3]

由于某些技术尚不过关，吉纺织品在国内纺织品市场上的占有率很低，据吉工业贸易联合会主席马拉特·沙勒申科夫说，国产纺织品（成品布、针织布、无纺布、地毯）的市场占有率不大，大概为 25%—27%。[4]

尽管纺织业在吉工业总产值中所占比重不大，但该行业却提供了吉工业领域中一半以上的就业岗位。[5] 因此，吉政府对纺织业十分重视。为了促进纺织业的发展，政府于 2010 年修改了进口税法，免除进口设备的增值税。此举促进了设备优化，使纺织缝纫品行业的总产值在 2010—2012 年三年间逐年增加，同比分别增长了 43.3%、49.5% 和 12.5%。[6]

2013 年，吉政府发布了《2013—2015 年纺织和缝纫业发展纲要》，纲要旨在提高吉纺织与缝纫业的竞争力，吸引投资建立该领域生产性企业，包括棉花加工、养蚕、细毛绵羊饲养等，以实现扩大该领域商品的出口。

吉尔吉斯能源和工业部轻工业局局长萨达姆库洛娃说，农业部打算增加棉花耕种面积，达到 4 万公顷，打算收获 12 万吨原棉和

---

1 杨建梅：《中亚五国纺织工业发展状况》，《中亚信息》2007 年第 3 期。
2 《吉尔吉斯斯坦的棉花 95% 用来出口》，中华纺织网 2012-04-28。
3 同上。
4 《吉尔吉斯斯坦纺织业面临竞争危机》，《中国纺织报》2014-10-29。
5 《吉尔吉斯纺织业拥有工业中逾一半的就业岗位》，中华人民共和国商务部 2013-07-30。
6 《吉尔吉斯斯坦纺织缝纫业从业人口达 15 万》，中华人民共和国商务部 2013-12-19。

1.66万吨羊毛。[1] 为此，政府将在奥什州建立工业区，吸引投资者在纤维加工和丝绸工业的恢复方面投资。2007年，吉分别与希腊、德国、葡萄牙合资建立了轧棉公司，这些公司的年生产能力分别为7500吨、5000吨和500吨，以上合资企业生产的皮棉全部用于出口。[2]

服装加工业是吉发展良好的行业。独立以后，在缝纫协会与国际捐助者的支持下，吉缝纫业有了长足的发展。在吉《2009—2011年纺织和缝纫业纲要》中，缝纫业成为政府扶持产业。为了提高缝纫工人的技术水平和经营者的管理水平，政府举办了培训班，对平织机、切割机、绣花机的使用进行指导；2010年，政府在比什凯克市建立了职业教育和培训学校，开设纺纱生产等课程。[3] 为了吸引国内外资金的支持，发掘缝纫产品的出口潜力，政府在比什凯克市和奥什市建立了基础设施完备的工业区。此外，政府还派人到国外学习。2009年以来，吉政府实施"推动吉尔吉斯贸易发展计划"，通过组织该国企业人员前往俄罗斯和欧洲参加国际性行业展会等活动，帮助缝纫业改善产品的加工与设计，提高生产效率。2012年以后，以首都比什凯克为中心形成了从布匹、纽扣、拉链等相关原料进口到按照独联体国家居民特点设计、加工、销售的服装加工产业链。截至2012年5月，吉尔吉斯斯坦有700个服装公司。[4]

纺织缝纫业大多数是中小私营企业，它们不仅推动着经济发展，还提供了大量就业岗位，吉尔吉斯能源和工业部副部长阿萨诺夫表示，截至2013年，吉有1657家缝纫企业，其中约60家规模较大，其他都是中小型企业。[5] 2016年，吉纺织缝纫业每年产值约

---

1 《吉尔吉斯斯坦的棉花95%用来出口》，中华纺织网2012-04-28。
2 杨建梅：《中亚五国纺织工业发展状况》，《中亚信息》2007年第3期。
3 《吉尔吉斯斯坦纺织业蕴藏中国企业机遇》，中国行业研究网2014-03-14。
4 《吉尔吉斯斯坦缝纫企业削减40%的产能》，中华人民共和国商务部2012-06-25。
5 《吉国各界担忧"入盟"对吉缝纫业的影响》，中华人民共和国商务部2013-04-01。

1.9亿美元，其中约1.6亿美元的产品出口到俄罗斯和哈萨克斯坦，纺织缝纫业提供就业岗位约20万，占吉轻工业就业总人口的三分之二。[1] 由于纺织缝纫业解决了吉大批就业岗位，吉政府对缝纫业实施清关便利和优惠税率等扶持政策。

纺织缝纫业已经发展为吉的出口创汇企业。在吉出口商品结构中，纺织缝纫产品仅次于黄金和农产品位居第三位，2012年该行业出口额为1.56亿美元，占吉出口总额的8.2%。[2] 据统计，吉生产的服装大约占俄罗斯市场份额的6%，成为仅次于中国和白俄罗斯的俄罗斯第三大纺织品进口来源国，出口纺织品的85%是成品服装。[3]

必须指出，吉纺织缝纫业的优势仅在于廉价的资源和低成本的劳动力，由于质量并不占优势，因此，吉纺织缝纫产品主要出口国仅限于哈萨克斯坦和俄罗斯，容易受出口国经济的影响。2014年以来，俄罗斯卢布贬值严重削弱了吉纺织品的出口。据哈萨克国际通讯社的数据，2014年吉纺织、制衣制鞋和皮制品产业的总产值为55.22亿索姆（约合1.03亿美元），同比下降17.4%。[4] 尽管如此，扶持纺织缝纫业仍将是吉政府发展经济和促进就业的主要途径之一。

第五节 卓有成效的对外开放

独立初期，对外开放成为吉经济改革的重要方向之一，在吉政

---

1 《吉尔吉斯希大力推动建立本国纺织产业链条》，中华人民共和国商务部 2016-01-22。

2 《吉国各界担忧"入盟"对吉缝纫业的影响》，中华人民共和国商务部 2013-04-01。

3 《吉尔吉斯斯坦纺织业蕴藏中国企业机遇》，中国行业研究网 2014-03-14。

4 《吉尔吉斯斯坦纺织缝纫业产值下滑》，纺织贸促网 2015-02-28。

府的坚持下，这一经济发展方向取得了一定成绩。吉不仅广泛地与除独联体以外国家发展贸易，还与一些国际经济组织建立了关系。1993年，吉加入了独联体国家建立的《独联体经济联盟条约》；1994年参与了独联体国家签署的《独联体自由贸易区协议》；1994年，吉与哈乌两国成立了中亚经济联盟；1996年，吉加入了海关联盟；1998年，吉加入了世界贸易组织，成为中亚国家中经济开放度较大的国家。

由于走开放的道路，吉独立初期国内商品匮乏的困境得到缓解。2003年以后，吉尔吉斯斯坦继续实行对外开放政策。从对外贸易上看，由于受地理、交通因素的制约，加之经济发展水平较低，吉融入国际分工体系有一定困难，因此，除了正规的关税贸易外，吉与周边国家进行的巴扎贸易（即边境贸易）弥补了对外贸易的不足。吉的主要贸易伙伴集中于周边国家和地区，于是，吉成为中国、哈萨克斯坦和乌兹别克斯坦之间转口贸易的平台，其中从中国收集的货物，从吉的卡拉苏和多尔多伊两大集贸市场分发、转口到中亚其他国家，再从哈萨克斯坦转往俄罗斯南部地区。2000年以后，集市贸易高速增长，对吉经济起到了极为重要的作用，2006年的巴扎贸易创造的产值超过了当年吉GDP的10%。[1] 总的来说，自从1996年经济形势好转以后，吉外贸总额呈现出增长趋势。

对外贸易增长的原因之一是吉尔吉斯斯坦的关税较低。吉加入WTO以后，由于受规则的制约，吉关税税率普遍低于周边国家的平均关税水平。吉进口关税的平均水平已经降到5.13%，零关税的商品占其应纳进口关税的进口商品名录的50%以上，尤其是一些吉不能生产的机电类产品和高科技产品，进口关税一般都在10%以

---

[1] 王维然、吴唯君：《对外贸易在吉尔吉斯斯坦经济中的影响》，《新疆大学学报》2013年第6期。

下，其中许多品种甚至为零关税。此外，吉对缴纳消费税的进口商品免缴增值税，2004 年，政府对部分技术设备的进口给予免除增值税的待遇。[1]

对外贸易增长的原因之二是货币自由兑换和出境。据《外汇交易法》规定，吉本国公民和外国人均可自由兑换、自由携带货币出入境或将其汇出，不受金额限制。此外，吉政府实施的外贸和关税政策比较稳定、透明。这是吉尔吉斯斯坦对外贸易，特别是巴扎贸易得以迅速发展的主要原因。

应该指出，在对外贸易增长的情况下，吉对外贸易的进出口商品结构没有发生实质性变化。出口产品仍然集中在非货币黄金，以及银、锑、汞、锡、钨、铀及稀土等有色金属，其中出口额最大的商品是黄金，2013 年出口黄金产品 7.37 亿美元，占总出口额的 36.5%。[2] 其次出口产品是农产品，主要是时令果蔬，2013 年，蔬菜出口额增长了 2230 万美元[3]，果蔬主要出口到哈萨克斯坦和土耳其。服装及其附件的出口占第三位，主要出口到哈萨克斯坦。进口产品仍以俄罗斯的石油制品为主，同时从中国进口大量服装和金属制品，从哈萨克斯坦进口谷物、小麦和天然气等。[4] 不难看出，吉的外贸依存度是比较高的，据官方统计，其出口总额连续维持在国内生产总值的 40% 左右。[5]

引进外国投资是吉对外开放的主要内容。2003 年生效的《投

---

[1] 段秀芳：《中亚国家现行外贸政策及其评价》，《俄罗斯中亚东欧研究》2007 年第 3 期。
[2] 《2013 年吉尔吉斯斯坦对外贸易情况》，中华人民共和国商务部 2014-03-06。
[3] 同上。
[4] 《2015 年吉尔吉斯全年对外贸易情况》，中华人民共和国商务部 2016-03-01。
[5] 段秀芳：《中亚国家现行外贸政策及其评价》，《俄罗斯中亚东欧研究》2007 年第 3 期。

资法》是引进外国投资的基本法规；2005年，政府对《海关法》进行修改，采取免税、取消进口技术设备和固定资产增值税等方式吸引外国投资；2013年，总统阿坦巴耶夫签署《竞争法》，力图从建立健全法律制度入手，进一步改善投资环境。可以说，吉外商投资立法体系已经比较完善，然而，由于缺乏具体的条例、法规，这些法律缺乏可操作性。吉引进外资方式主要分为外国直接投资、证券投资、资助、技术援助等类型。

吉继续采取建立自由经济区的措施促进外国投资。2004年6月28日，吉颁布《自由经济区法》，该法是吉自由经济区建立和运行的法律基础。《自由经济区法》第8条规定，参加自由经济区经营和对外贸易的人员（按照规定程序注册的法人和自然人）在自由经济区活动期间免交一切税收、关税和其他收费。该法还规定，自由经济区主体在这一区域活动期间所得利润和收入以及把它们寄往吉领土上其他生产领域，保留税收优惠。

在2008年的金融危机中，吉政府对外加强联系，联合俄罗斯、哈萨克斯坦、亚美尼亚和塔吉克斯坦，斥资100亿美元建立共同基金，2008年7月出台了三项措施稳定经济：第一，成立国家发展基金会，通过银行融资以商业模式发展国家优势产业；第二，成立国家粮食公司，建立国家粮食贮备；第三，成立存款保护署，建立存款保护基金，在商业银行破产时，为储户提供赔偿。[1] 在上述措施的共同作用下，金融危机对吉的冲击得到了一定程度的控制，货币索姆未出现大幅贬值。

总体来看，吉尔吉斯斯坦引进外资总额呈波动性增长态势。2006—2011年中，引进外资的总额由25.14亿美元增长到49.48亿

---

[1]《吉尔吉斯近期出台三项经济政策》，中华人民共和国商务部2008-07-23。

美元，平均增长率为15%[1]；2015年国外直接投资金额为8.18亿美元，直接投资同比增长了11.26%[2]。尽管在吸引外资方面取得了较大的进步，但由于政府更迭频繁，政策的制定和执行缺乏连贯性和预见性，吉引进外资的规模还是比较小的。

从吉外来投资的领域来看，外来投资主要流向加工制造业、不动产交易、租赁和消费服务、金融领域、交通与通信等行业，其他领域则相对较少。[3] 投资领域分布不均衡的现象与吉尔吉斯斯坦的实体经济发展方向、为外国投资者所提供的优惠政策有直接的关系。

中国在吉尔吉斯斯坦的投资领域主要涉及农业、农产品加工、养殖、矿产资源开发和冶炼、工程承包、通信服务、航空运输、房地产开发、餐饮服务等多个领域。据吉方统计，2015年，在吉注册的中资企业约为600家，非金融类投资超过6亿美元，大型合作项目如中吉乌公路吉境内段修复、阿莱盆地石油勘探开采，以及在吉铁矿、锡矿、金矿勘探开采等项目正在协作开发中。

截至2012年，吉尔吉斯斯坦已经与世界上超过一百个国家和地区建立起了良好对外贸易和投资合作关系。2012年，吉与145个国家和地区发展贸易关系，对外贸易额排名前五的国家是俄罗斯、中国、哈萨克斯坦、瑞士、美国[4]；2013年，前四个国家在吉外贸总额中的占比分别为27.9%、18.9%、12.3%、6.8%[5]。在外资来源国中，中国、哈萨克斯坦、英国和俄罗斯是吉投资中的前4位，它们的投资占外资总额的40%；在2014年投资中，中国占比13%，

---

[1] 依马木阿吉·艾比布拉、孙世伟：《吉尔吉斯斯坦经济转型中投资环境及中国对其投资前景分析》，《西安财经学院学报》2014年第1期。

[2] 《吉尔吉斯斯坦2015年国外直接投资情况》，汪玺锋译，亚欧网2016-03-29。

[3] 依马木阿吉·艾比布拉、孙世伟：《吉尔吉斯斯坦经济转型中投资环境及中国对其投资前景分析》，《西安财经学院学报》2014年第1期。

[4] 《2012年吉尔吉斯斯坦对外贸易情况》，中华人民共和国商务部2013-03-27。

[5] 《2013年吉尔吉斯斯坦对外贸易情况》，中华人民共和国商务部2014-03-06。

哈萨克斯坦占比10%，英国占比9%，俄罗斯占比8%。在引进外资的国际组织中，欧洲开发发展银行等国际组织所占的份额较大，达到了24%左右。[1]

2003年以后，吉尔吉斯斯坦继续积极参与国际经济组织。1996年，吉加入了海关联盟（2000年以后更名为"欧亚经济共同体"）。2005年9月，欧亚经济共同体政府首脑会议在塔吉克斯坦首都杜尚别举行，会上达成从2006年起在欧亚经济共同体范围内实施统一关税的协议。从会议讨论的重点问题来看，吉尔吉斯斯坦参加这一组织是有利的。

2011年，吉政府批准了加入俄白哈关税同盟的决议，2015年吉正式加入俄白哈关税同盟。加入关税同盟以后，吉与关税同盟国之间的进出口关税将免除，可以消除同盟国之间的贸易壁垒和减少非贸易壁垒，吉将获得免税的能源供给，以确保燃料和润滑油的稳定供应，同时还可以吸引同盟国对吉的水力发电、石油、天然气和基础设施建设的投资。然而，加入关税同盟以后，吉与其他国家的贸易关税税率将按规定提升，吉纺织品的出口竞争力将下降；同时，吉的转口贸易也会受到冲击，导致吉的边境贸易市场卡拉苏和多尔多伊不再繁荣，其中多尔多伊市场养活了近15万生意人、出租车司机、装卸工、保安、厨师甚至理发师，相当于比什凯克的六分之一的人口。[2]

吉尔吉斯斯坦在发展外向型经济过程中取得了一定的成绩，对外贸易得到了稳步上升，引进外资取得了成效，这两方面的成绩对吉尔吉斯斯坦国内经济的发展起到了促进作用。

---

1 依马木阿吉·艾比布拉、孙世伟：《吉尔吉斯斯坦经济转型中投资环境及中国对其投资前景分析》，《西安财经学院学报》2014年第1期。

2 《多尔多伊的日落！看中亚第一大市场如何走向衰败》，丝路新观察2020-11-24。

第十四章
社会改革与社会保障

社会保障作为关系到经济发展及社会稳定的头等大事，受到吉政府的高度重视。独立以来，吉政府在国际社会和组织的帮助下，初步建立了养老保险、医疗保险和失业保险等一系列社会保障制度，其中名义账户的社会保险制度备受关注。尽管在社会保险建设方面取得了一些成绩，然而因保障水平低、个人负担重、企业缴费率高等原因，社会保险制度在实施过程中遇到了许多问题，吉政府的社会改革任务仍然十分艰巨。

第一节 摸索中的社会保障

社会保障对保证社会稳定有着重要作用。苏联时期，吉尔吉斯共和国执行一种由国家统一的，具有全覆盖、低水平特征的社会保障制度。在这种由国家统一预算、全民统一享受的社会保障中，尽管也存在着不公平，但大多数人还是能够享受到国家法定的一些基本保障。苏联时期，吉尔吉斯共和国在靠自身力量难以保证社会资金的情况下，不足部分由苏联中央补贴，苏联给予吉尔吉斯共和国的财政补贴一度占到了该国全年财政收入的75%[1]，依靠联盟中央政府的补贴，吉居民的生活水平高于邻近的伊斯兰国家。1991年，

---

[1] 孙壮志：《中亚五国贫困化问题初探》，《东欧中亚研究》1995年第1期。

来自中央的补贴还占共和国财政预算的35%[1]，因此，覆盖全体国民的社会保障制度能够一直实施到吉尔吉斯共和国独立。

独立初期，吉政府对公民的社会保障给予了高度重视。为了维护社会稳定，吉政府继续执行苏联时期的社会保障制度。独立后不久，吉政府就成立了社会保障局，其职能之一是制定有关社会保障、社会救助、养老金、社会补贴的相关政策；其职能之二是对需要社会保障、社会救济的公民及家庭、残疾人群、孤寡老人群体、儿童群体等提供救助和补贴。吉时任总统阿卡耶夫说："吉尔吉斯斯坦国家政策的优先方面过去、现在和将来都是社会领域。国家60%的开支都用于社会需求这一事实便清楚地说明了这一点。"[2]

在独立初期的经济改革中，吉政府对公民的基本生活品，如面包、牛奶和食盐，以及交通、药品和房租等实行价格管控，对退休人员和大专院校学生提供补助金和助学金，以保证他们的基本生活。在对居民提供相应的社会保障中，吉政府在社会领域的财政开支比例是很大的，国家预算开支的10%以上用于社会领域，每年需拨出近4亿索姆。1997年，吉居民的1/6（77.8万人）按月领到统一的补助金和社会补贴；1998年，吉社会领域的开支占当年国民生产总值的15%，这一数字超过了其他独联体国家同类指标。[3]

社会领域的极大投入使吉尔吉斯斯坦无法持续苏联时期的社会保障制度。独立初期，吉经济出现了大幅下滑，在1992—1995年间，吉国民生产总值下降了31.1%。[4] 随着经济形势的恶化，吉出现了拖欠工资和补贴、降低养老金标准、减少公共领域支出等现

1　刘庚岑：《独立后的吉尔吉斯斯坦》，《东欧中亚研究》1995年第2期。

2　〔吉尔吉斯〕阿斯卡尔·阿卡耶夫：《吉尔吉斯斯坦21世纪社会领域发展模式》，王英杰译，《东欧中亚市场研究》1999年第2期。

3　同上。

4　参见赵常庆主编：《十年巨变——中亚和外高加索卷》，第192页表9-1。

象，原来享受以上社会保障的吉居民生活陷入困境。苏联时期的养老、医疗卫生和教育等社会保障体系难以为继。为了减轻政府财政负担，吉政府开始尝试重点保障制度。

新的社会保障制度的原则是：将过去全民享有的社会保障向弱势群体倾斜，把一切真正需要帮助的人纳入国家保护之下。在此思想的指导下，吉政府着手划定需要保障的对象。这一工作早在1994年就已经开始；是年，国家使用了1770万美元的贷款用于实施"社会保护网"计划[1]，利用网络对每一个需要社会保护的人进行登记，并定期监测他们的生活水平，绘制出全国各地区贫困分布图。脱贫工作的第一步，是确定社保的最低标准，其中包括劳动报酬的最低标准、退休金的最低标准等等。按1998年划定的标准，人均月收入不足760索姆为贫困线，低于这一标准的居民大约占全国总人口的60%。[2] 政府对贫困线以下的低收入家庭给予一定照顾。例如，给以固体燃料（煤炭）取暖的低收入家庭和公民提供的燃料降价30%，这些家庭和公民使用的电能和天然气分别降价25%和40%补贴。[3] 尽管国家由全民保障转移到了重点保障，但由于经济不景气，贫困人群占比太大，国家用于社会保障的经费并未减少，于是，吉政府开始尝试社会保险制度。

1997年6月30日，吉通过了《国家退休人员社会保险法》，引入了设立名义账户的社会保险制度。1997—1998年的社会改革主要方向是改革完全由政府主导的社会保障，在此次改革中，吉政府引入了强制性的社会保险。吉政府于1993年就开始了社会保险

1　〔吉尔吉斯〕阿斯卡尔·阿卡耶夫：《吉尔吉斯斯坦21世纪社会领域发展模式》，王英杰译，《东欧中亚市场研究》1999年第2期。
2　刘庚岑、徐小云编著：《吉尔吉斯斯坦》，第198页。
3　同上书，第197页。

的缴费，是年，吉正式设立了社会基金（或称社保基金），社会基金由养老基金、就业基金、医疗保险基金等各项独立的基金组成。1997—1998 年的社会保障改革规定：在社会基金中，企业和个人开始缴纳保险费，保险费在 36%—39% 之间，其余 60% 以上由国家负担。吉开始建立名义账户。名义账户的钱由雇主与雇员缴费组成，缴费全部用于养老、失业、伤残、医疗等各项保障。参加保险人员的缴费率为个人收入的 23%，个人缴费存放在个人账户里，按照规定的回报率记账。改革的近期目标是削减政府支出，减少财政赤字；终极目标是建立一个结构科学、分摊合理、财政可持续的名义账户制度。在社会保障改革的规划中，吉政府预计在 2003 年实现社会保险的收支平衡。然而，由于诸多因素的影响，名义账户制度的实施没有收到很好的效果。

原因之一是城乡实行不同的缴费制度。在城市企业中，参加保险人员的缴费率为个人收入的 23%；在农业部门中，参加保险的人员实施优惠缴费率，即这部分人的缴费比正常缴费低 10%，而且其计费基数不是个人的实际工资收入，而是农业部门的最低工资。如此一来，造成了缴费收入与个人享受权益之间的巨大差异。例如，1997 年农业部门累计缴费 1900 万索姆，而当年积累起来的支付费用仅养老金一项就高达 8000 万索姆。[1] 以后，农业部门人员的缴费率改为以土地税为计费基础，规定其缴费不低于土地税的收入，如此计算以后，农业部门的缴费收入大约相当于应缴收入的 64%。[2] 近年来，吉社会基金支出总额占国内生产总值的比例在 7%—8% 之间，支出赤字大约占国内生产总值的 1.5%。赤字靠政府一般财政

---

[1] 郑秉文、胡云超：《吉尔吉斯斯坦社会保障名义账户制运行 10 年经验与教训》，《俄罗斯中亚东欧研究》2008 年第 5 期。

[2] 同上。

收入转移弥补。名义账户制仍然没有达到解决吉政府财政负担的预期目的。

原因之二是缴费人数少,缴费数额不多导致了名义账户制未能收到预期效果。首先,与享受社会福利的人数相比,缴费人数太少了。如1998年,吉在职人员与退休人员之间的比例为5.3∶1,这一比例应该说实行名义账户制后收入应该可观,但实际缴费人员却很少。缴费人数少的原因很多,首先失业、非正规就业、雇主企业不愿意负担,以及无法正常缴费的影子经济等是主要原因。吉鼓励发展中小型企业,而这类企业的大多数员工缴费不全,有的私营企业的雇员甚至没有缴费,吉政府也未制定任何法律规范中小企业和私营部门的缴费。加之吉工资水平低,就业人员多数在农业、小商品非正规产业,能够缴纳的保险费很少。其次,在名义账户制的设计中,账户价值的增长按平均工资的75%计增,由于通货膨胀,工资增长赶不上物价增长,名义账户的增长率赶不上工资增长率,而名义账户缴费基金获得的法定回报率没有对通胀进行任何形式的补偿,打击了参保者缴费的积极性。

原因之三是在吉实施的名义账户制度设计中,企业的负担过重。国家规定的社会保险缴费率为39%,其中,雇主与雇员缴费大致分别占33%与6%。在2000—2003年间,吉社会保险缴费率分别为39%、38%、37%、34.5%;其中,雇主的缴费率分别为33%、32%、30%、27.5%,雇员的缴费率分别为6%、6%、7%、7%。[1]在农村,农业合作组织按土地税的25%缴纳社保基金。

1997—1999年间制度性收入大约是同期支出的76%—83%。

---

[1] 郑秉文、胡云超:《吉尔吉斯斯坦社会保障名义账户制运行10年经验与教训》,《俄罗斯中亚东欧研究》2008年第5期。

社会基金支出总额占国内生产总值的比例在 7%—8% 之间。2001年国家用于社会保障的预期拨款为 14.171 亿索姆，2002 年这一数字增至 23.405 亿索姆。[1] 由于存在诸多问题，名义账户记账积累基金改革在赢得公众支持和建立信心方面存在较大困难。直到 1999 年，名义账户制度除了在几个主要的大城市实行之外，还没有在其他地方执行。为了解决财政困难，吉政府将社会保障和社会救助的部分功能下放给社会，在政府支持下成立了具有某些市场性质的保险公司和贫困救助组织，这些措施对社会领域改革向市场化方向转变起到了一定作用。

第二节　收支难抵的养老保障

苏联时期，养老保障由国家承担，人民代表机构参与养老保障制度的管理工作。[2] 当时的养老保障实行现收现付制，养老保障的待遇与工龄挂钩，资金来源于国家预算和企业融资，个人无须缴费。

独立以后，吉继续实施苏联时期的养老保障制度。然而，独立之初的经济状况和人口结构的变化导致了苏联时期的养老保障制度在新兴独立国家无法继续坚持下去。由于独立初期经济的不景气，大量企业倒闭，政府的财政收入减少，吉出现了拖欠养老金的现象。从人口结构来看，1991—1994 年，吉领取养老金的人数呈上升趋势。1994 年以后，养老金领取人数开始稳定下来，1997 年，吉登记在册的退休者有 54.6 万人。[3] 从吉总人口规模来看，养老金

1　刘庚岑、徐小云编著：《吉尔吉斯斯坦》，第 197—198 页。
2　阎坤：《国际养老保障模式及其对我国的启示》，《财政研究》1998 年第 7 期。
3　〔吉尔吉斯〕阿斯卡尔·阿卡耶夫：《吉尔吉斯斯坦 21 世纪社会领域发展模式》，王英杰译，《东欧中亚市场研究》1999 年第 2 期。

领取者的人数还是相当多的，因此，国家养老金支付也比较高；如 1995 年和 1996 年，养老金支付数额达到了国内生产总值的 7.5% 和 7.6%。[1] 由于财政危机，吉政府不得不对养老保障制度进行改革。

1997 年 6 月 30 日，吉通过了《国家退休人员社会保险法》，引入了名义账户的社会保险制度。尽管名义账户的社会保险制度并不完全是针对养老保障的，但养老保障在其中占有主要地位，养老金的支出占社会保险基金的 84%—87%。[2] 如在 2000—2003 年间，社会保险缴费率分别为 39%、38%、37% 和 34.5%，同期，由社会保险费支付的养老金和伤残人员抚养费的占比分别是 32%、32%、32% 和 29.5%。[3]

在名义账户的社会保险制度下，养老金不再只是国家预算资金，还有企业和个人依法强制缴纳保险费。由国家预算支付的养老金名为基本养老金，由企业和个人缴纳的保险费名为名义账户养老金。只要是吉公民都可享受基本养老金；基本养老金在养老金中占比达 60% 以上。名义账户养老金，据改革后的社会保险制度规定，参保人员的缴费率为个人收入的 23%，按职工的实际缴费全部用来支付现在的养老金或其他方面（医疗保障、失业保障等）的转移支付，这一部分占 30% 以上。

在基本养老金中，吉政府对新旧体制转型中的一些退休人员发放转型养老金。转型养老金依不同工龄有不同比例（见下表）。[4] 随着退休人员年龄结构变化，转型养老金最终会消失。

---

[1] 郑秉文、胡云超：《吉尔吉斯斯坦社会保障名义账户制运行 10 年经验与教训》，《俄罗斯中亚东欧研究》2008 年第 5 期。

[2] 同上。

[3] 参见阿里木江·阿不来提：《中亚社会保障问题研究》，企业管理出版社，2013 年，第 70 页表 3-3。

[4] 参见同上书，第 72 页表 3-5。

转型期吉尔吉斯斯坦养老保险待遇的构成（以平均工资为基数）

改革前 30 年工龄者	基本养老金	转型养老金	名义账户养老金	合计
改革后 10 年工龄男职工（63 岁退休）	12%	30%	14%	56%
改革后 10 年工龄女职工（58 岁退休）	12%	30%	11%	53%
改革后 5 年工龄男职工（63 岁退休）	12%	30%	7%	49%
改革后 5 年工龄女职工（58 岁退休）	12%	30%	4%	46%

除养老金收入来源的改革外，1998年的养老制度改革还对退休年龄做了改动。新的养老保障制度延长了在职职工的退休年龄。1998年底，吉政府提出用9年时间分阶段将公民退休年龄延长的建议，得到了议会批准。在原来的养老保障制度下，男女职工的退休年龄分别是60和55岁；新的养老保障制度规定，男女职工的退休年龄分别为63和58岁。提高退休年龄的规定引起了吉社会的极大反应，反对者把政府告到了宪法法院，宪法法院于1999年3月做出判决，要求政府把提高退休年龄的时间推迟到2007年执行。

1997年，国家预算支付的基本养老金5.64亿索姆，保险费14.727亿索姆；1998年，国家预算资金4.9亿索姆，保险费19.33亿索姆。[1] 应该说，养老保障制度的改革有利于减轻政府的财政负担。然而，由于历史和现实原因，养老保障制度执行的结果并不理想。

名义账户养老金实际上是现收现付制，将在职工工资所扣的社会保险付给退休人员。退休人员与在职职工之比称为人口赡养率。1995年和2002年，吉人口赡养率分别为3.7%和4.6%[2]，赡养率不

---

1 〔吉尔吉斯〕阿斯卡尔·阿卡耶夫：《吉尔吉斯斯坦21世纪社会领域发展模式》，王英杰译，《东欧中亚市场研究》1999年第2期。

2 Edward Palmer (2007), *Pension Reform and the Development of Pension Systems: An Evaluation of World Bank Assistance*. IEG, World Bank.

算太高；然而，由于就业人口总量并不大，加之养老金缴费人口较少，因此，赡养负担还是很重的。

在独立初期实施的养老保障中，吉实施了特别待遇养老金和优惠缴费率养老金制度。新的养老保障制度仍然继续执行原来保障制度中的特别待遇养老金和优惠缴费率养老金制度。特别待遇养老金指在高原地区工作者所享受的特别待遇，即这部分人（无论继续工作与否）到 50 岁（男）或 45 岁（女）就可以领取养老金，他们在养老金领取者中的占比为 20%。按 1998 年养老制度改革的规定，将领取特别待遇养老金的人数减少 50%。优惠缴费率养老金指农业部门雇员的养老金缴费率。具体算法与前文"摸索中的社会保障"一节中的优惠缴费率相同。在此养老制度下，农村地区居民缴费 1 索姆可以领取 11 索姆的福利。不难看出，收入和支出之间存在着较大的差距。特别待遇养老金和优惠缴费率养老金的存在，导致了吉养老基金的严重缺口。[1]

由于受到人均国内生产总值较低的制约，吉政府提供的养老金水平并不高。吉职工月均退休金在 1993 年为 9.63 索姆[2]，根据社会基金 1999 年调查的数据，老年人月均养老金收入为 410 索姆，为平均工资的 42.3%，而吉 1999 年设定的一般贫困线为月收入 612 索姆，为平均工资的 63.1%。由此看来，如果没有其他收入来源，养老金领取者都属于贫困人员。从 2008 年 7 月 1 日起，吉的平均退休金比去年同期提高了 10%，已经达到 1278 索姆。[3]

尽管如此，吉养老保障制度仍然存在着养老金低于最低生活水

---

[1] 郑秉文、胡云超：《吉尔吉斯斯坦社会保障名义账户制运行 10 年经验与教训》，《俄罗斯中亚东欧研究》2008 年第 5 期。

[2] 刘庚岑、徐小云编著：《吉尔吉斯斯坦》，第 196 页。

[3] 《吉尔吉斯斯坦的贫困人口占 39.9%》，杨建梅译，《中亚信息》2008 年第 9 期。

平等问题，而在一百多万吉尔吉斯人在国外工作，且大多数村民又不缴纳任何费用的情况下，国家预算承受的负担是巨大的。因此，为了使养老保险制度能维系下去，该如何解决以上问题是吉政府面临的难题。

第三节 有待经济持续发展的就业保障

独立以后，吉尔吉斯斯坦开始了国有资产非国有化与私有化进程，在此过程中，由于大批企业的转型或倒闭，失业成为社会的严重问题。为了保障就业，吉在1991年12月通过了《非国有化、私有化和企业经营活动总则》的法案。该法在"私有化和社会保障"一章对劳动关系、劳动合同、劳动保障与补偿等劳动者权益做了规定，如第63条规定：在因认定倒闭企业被撤销的情况下，出售该企业财产所得到的部分资金用于资助被解雇人员的再训练和工作安置的保障基金。

独立初期，吉政府成立了劳动、就业和移民部及其分支机构，它们的主要职能是根据相关法律规定，为公民提供劳动培训，为求职者和雇主提供求职和招工信息，举办和管理青年劳动交易所，对劳动移民进行管理，就有关劳动、就业、移民的相关问题进行调研并起草相关政策草案，以及发布劳动、就业和移民报告等。

1998年，吉《就业促进法》出台，该法对劳动者的权利和义务做了详细规定。关于劳动者权利的规定涉及到用工的程序和条件，以及签订、修改和解除劳动合同等内容。关于工作条件的规定有：要求工作场所不存在有害和危险因素，用工单位必须提供工作环境状况、工作场所保护等内容。关于劳动报酬的规定有：必须根据技能和已完成工作的数量、质量，及时、足额地发给工资，在因非劳动者过错而停止劳动关系时,领取工资额不得低于本法典等。关于带薪休假的规定有:在完成规定最高限度工作时间、针对某些类别劳动者特殊工种、作业规定的短期工作日后,劳动者有休息的权利,除每周的休息日、公众假期外,每年有带薪假期等。关于劳动者建立组织的规定有:劳动者有联合的权利,包括建立工会和保护自己利益的劳动者代表机关;进行集体谈判的权利,通过自己的代表进行集体协商权利等。关于劳动者培训的规定有:有权根据本法典和其他法规性文件的规定程序,参加职业培训、再培训和提高自己专业技能等。关于劳动者健康的规定有:在履行劳动义务过程中健康受损,有要求补偿的权利;有权根据本国法律的规定,享受强制性社会保险;有权获取本法和其他法规性文件规定的补助和补偿;有权采用法律规定的方式保护自己的劳动权利和劳动自由,包括有权向法院提起上诉等。关于劳动者义务的规定有:自愿履行劳动合同赋予他的劳动义务;遵守组织内部劳动规章;完成规定的劳动定额;遵守劳动保护、生产安全保障要求;爱护用人单位和劳动者财产;不得泄露根据劳动合同获知的国家秘密、业务秘密和商业秘密;威胁人员生命健康、用人单位和劳动者财产安全事件及停工时,要通知用人单位等。

吉政府非常注重工伤保障制度的建设,独立以来,有关劳动者享有工伤保障权利的《劳动安全法》等一系列法律法规陆续出台。吉工伤保障制度实行无过错原则,雇员经劳动社会保障部门专家的工伤认定,享有相应的工伤保障。工伤保障分为三个等级:一级为完全丧失劳动能力者,享受在职时的工资待遇,直到康复为止;二级为部分丧失劳动能力者,享受在职时的部分工资待遇;三级为仍保有部分劳动能力者。一级和二级的伤员如果申请退休,享受法定的退休待遇。伤员在工作过程的受伤导致失去全部视力或部分视力者，享受额外的生活补贴，其家属可以领取相应的生活费。生活费根据家庭人口总数及退休金数量来加以确定，伤员若有一个小孩，生活费为退休金的50%，若有两个小孩，生活费为退休金的90%，每增加一个小孩，平均增加退休金30%的生活费。

1998年，国家设立社会保险基金。在社会保险基金中，就业基金与养老基金、医疗保险基金一样，是独立的。在社会保障制度中，国家每年规定的社会保险收入占社会保险基金的36%—39%；如2000—2003年社会保险缴费率分别是39%、38%、37%和34.5%，而同期用于失业的只有2%。[1]

除了法律保障外，国家对就业采取了一些积极措施，首先是鼓励公民创业，发挥他们的潜在能力。在积极发展劳动力市场的同时，政府支持居民自谋职业，发挥从事个体经营活动的积极性。

就业保障中的重要一项是对失业者的保障，即维持生计和进行就职培训。据国家移民就业委员会公布的数据，2009年，受全球经济危机的影响，大量在国外务工人员回国，造成国内失业人口大幅增加。据吉尔吉斯斯坦国家统计局公布的数据，截至2009年2月1日，吉尔吉斯斯坦官方登记的失业人数为6.73万人，全国共有10.27万无业居民。[2]

有关数据表明，2010—2014年吉的失业率分别为8.6%、8.6%、8.4%、8.6%、8.29%。[3]吉尔吉斯斯坦没有设立独立的失业保险基金，失业保险费包含在社保基金之中。1998年，国家就业基金为

---

[1] Edward Palmer (2007), *Pension Reform and the Development of Pension Systems: An Evaluation of World Bank Assistance*. IEG, World Bank.

[2] 《吉尔吉斯斯坦的失业状况》，黄婷婷译，《中亚信息》2009年第3期。

[3] Denise Youngblood Coleman, *2015 Country Review Kyrgyzstan*, Country Watch, Inc., Houston Texas, p. 91.

帮助失业者拨款 0.486 亿索姆。[1] 吉领取失业保障金的条件比较严格，首先，雇员若在劳动部门违反劳动纪律，因琐碎小事失去工作或没有充分的理由离开工作岗位者，会被取消领取失业保障金的资格。其次，吉尔吉斯斯坦劳动社会保障部门要求失业人员提供真实材料，弄虚作假者将受到法律严惩。吉领取失业保险费期限一般为6 个月，金额为平均最低工资。

在吉尔吉斯斯坦，只有保持政治稳定，加速经济的发展，才能从根本上解决就业困难的问题。

第四节　强调保险的医疗保障

苏联时期，吉尔吉斯共和国实行高度集中的、免费的医疗保障制度。国家实施的全民医疗保障制度使绝大部分公民的卫生和医疗有了保障，但由于管理缺乏激励机制、医疗服务水平不高，所以医疗保障处于低水平全覆盖。独立初期，吉尔吉斯斯坦仍然继续着苏联时期的医疗保障制度。

独立初期，由于经济不景气和政府财政收入逐年减少，吉政府在医疗卫生领域的拨款额逐年降低，缺医少药的问题日益严重。由于医疗卫生条件恶劣和药品短缺，国内心血管病呈高发态势，瘟疫和结核病等传染病发病率增大。吉人民平均寿命缩短，1990 年的人口自然增长率为 22.3‰，2000 年这一数字是 12.8‰。[2]

为了提高医疗水平，吉政府利用国外捐赠和贷款，发展医疗事业，如依靠巴基斯坦 1000 万美元的贷款和本国资金建立了制药厂，

---

[1]〔吉尔吉斯〕阿斯卡尔·阿卡耶夫：《吉尔吉斯斯坦 21 世纪社会领域发展模式》，王英杰译，《东欧中亚市场研究》1999 年第 2 期。

[2] 刘庚岑、徐小云编著：《吉尔吉斯斯坦》，第 25 页。

随着这些制药厂的投产，国产药将比进口药便宜30％，这样能大大减轻居民的负担。[1]

为了缓解财政压力，吉政府通过有偿服务机构和私人行医等各种渠道解决看病难的问题，同时吉医疗卫生改革也提上日程。

吉尔吉斯斯坦早在1992年就开始了医疗卫生领域的改革。是年，吉通过了《医疗保险法》，开始建立强制性的医疗保险制度，并在一些区域实行试点。在世界卫生组织的帮助下，吉于1997—1998年开始了社会保障改革，其中，医疗卫生领域改革面临的任务有：第一，提高医疗服务的质量，保障群众对医疗费用的承受能力；第二，保持国家机关免费医疗；第三，完善卫生领域对市场条件的适应机制。[2]1998年，强制性的医疗保险制度在全国推行。吉没有单独设立医疗保险基金，而是将社保基金中的2％用于医疗保障。

1998年，吉政府开始了医疗融资改革。吉改变了以前免费提供医疗服务和药物的方式，设计了由国家预算、社会强制保险和个人付费的按比例分摊的支付系统，也就是说，医疗卫生费用除了由税收转移支付的国家预算外，还引入了强制保险和个人付费。吉政府希望通过以上改革建立起全民医疗的融资体系。

第一，国家医疗卫生领域的预算收入不再直接补贴医疗服务的供应方，而是作为医疗服务的购买方，即全体国民的补贴，让普通预算收入变为医疗保险资金。在经济好转之后，国家在医疗领域的投放逐年增加。20世纪90年代中后期，吉在卫生领域的支出占GDP的比例从2％—3％逐步恢复到3％—5％，2007年，占到了

---

1 〔吉尔吉斯〕阿斯卡尔·阿卡耶夫：《吉尔吉斯斯坦21世纪社会领域发展模式》，王英杰译，《东欧中亚市场研究》1999年第2期。

2 同上。

6%，这在中亚国家中是比较高的（哈、乌、塔三国的占比分别是3.9%、5.0%、5.0%）。

第二，强制医疗保险涵盖全体国民。新的社会保障制度规定：除军人以外的所有公民都必须参与社会保险，政府只负担弱势人群的医疗保障。社保基金用于医疗卫生领域的比例很小，如2000—2003年社会保险缴费率分别是39%、38%、37%和34.5%，而同期用于医疗的只有2%。[1] 自强制医疗保险制度实施以来，由于社会保险费缴费情况不好，因此，强制性医疗保险在医疗卫生领域的总支出中的占比不大，如2012年，强制医疗保险覆盖总人口的76.3%，而强制性医疗保险基金在卫生总经费中的占比大概只有4%。[2]

第三，个人支付。据吉卫生部的报告，2004年，吉医疗保险参保人中，雇员15.64万人，儿童为20.24万人，退休人员为15.64万人，总参保率84%，基本实现了全覆盖。吉政府通过立法提高了个人支付的比例，个人支付所占比例大概占卫生总支出的50%，其中包括门诊费、基本医药费、住院费和咨询费。2000年至2001年间，个人支付比例超过总卫生支出的一半。[3] 人均卫生总费用达到84美元，其中，人均卫生政府支出达51美元，在卫生总费用中的占比为60.2%，个人支出33美元，在卫生总费用中的占比为39.8%。[4]

吉虽然制定了一套医疗改革措施，但医疗保险计划没有取得明显效果，医疗保险制度存在的问题还很多。

首先，由于工资低，正规产业规模小，非正规产业的就业人数

---

[1] 参见阿里木江·阿不来提：《中亚社会保障问题研究》，第70页表3-3。
[2] 马翠、张向阳：《中国与周边独联体国家医疗卫生状况的比较》，《卫生软科学》2016年第12期。
[3] 阿里木江·阿不来提：《中亚社会保障问题研究》，第75页。
[4] 马翠、张向阳：《中国与周边独联体国家医疗卫生状况的比较》，《卫生软科学》2016年第12期。

多，计税困难，社会保险资金总体不足。

其次，个人支付过高使贫困人群看不起病。医疗改革中采取的多元化集资缓解了吉政府的财政负担，然而，由于强制性医疗保险基金的不足，私人支付医药费的负担过重，对贫困人群和弱势群体来说，由于支付不了医疗费而得不到就医的现象普遍存在。因此，吉全民医疗的普及和推广受到了严重阻碍。

再次，因地区经济发展不平衡，各地居民得到的医疗卫生服务是不均等的。在吉北部地区，集中了国内最好的医院和最先进的医疗设备，高素质的医务人员也集中在比什凯克、楚河州和纳伦州等地；在吉南部地区，不仅存在着缺医少药的情况，高水平的医务人员也不愿到南部偏远地区工作。

最后，医疗保障的医疗水平不高，大多数国民不能得到高质量的服务。与其他行业相比，吉的医疗卫生行业属于低收入行业。以1992年为例，卫生系统工作人员的平均工资为吉平均工资水平的92%，2003年跌至49%[1]，而在偏远地区工作的基层医护人员的工资待遇就更低了。尽管吉在医疗改革中，提出了加强农村基层医疗机构建设，提高基层医疗机构服务能力的目标，但由于低工资待遇导致医疗人才的流失，基层医疗条件仍在进一步恶化中。

独立以来，吉尔吉斯斯坦医疗保障制度朝着建立全民医疗融资体系的道路前行，其主要特点是强制医疗保险和制定一揽子优惠计划。总的来说，吉医疗仍维持着主要由国家财政担负的公费体系。

---

[1] 阿里木江·阿不来提：《中亚社会保障问题研究》，第75页。

第五节　有待完善的教育保障

苏联时期，吉尔吉斯共和国的教育发生了翻天覆地的变化。在苏维埃政权的头十年，吉展开了清除文盲的工作，1926年吉尔吉斯人中识字人数比例是4.7%，到1939年这一比例上升到70%。[1] 独立前夕，吉尔吉斯共和国在国民经济部门工作的人中，受过高等教育者占11%，在工业部门中受过中等专业教育的工人占20%。[2]

独立以后，在国家宪法还未出台之前，《教育法》就于1992年12月颁布；当年，吉政府又与中国签署了中国国家教委和吉尔吉斯斯坦教育部1992—1994年教育合作协议；此后，吉先后出台了《2010年前教育发展方案》和《2020年吉尔吉斯教育发展方案》等国家中长期教育改革和发展纲要。吉对教育的重视程度可见一斑。

1993年，吉尔吉斯斯坦宪法颁布，其中第32条对受教育权规定：每个公民都有受教育权，基础教育是义务的和免费的，每个人都有权在国立学校接受这种教育，在国立学校中，每个公民都有权受到免费教育，国家根据每个人的能力保证所有人都能受到职业教育、中等专业教育和高等教育。为了实现以上承诺，吉政府在教育领域的拨款一直是比较高的。1991年吉政府在教育领域的拨款占当年国内生产总值的6.0%，1995年这一数字是6.6%。[3]

在经济极端困难的情况下，吉政府在教育领域的高投入无法坚持下去，从1995年起，吉政府开始利用市场化手段，实施多渠道筹集教育资金，此后，国家对教育的拨款开始减少，到2001年，

---

[1] 刘庚岑、徐小云编著：《吉尔吉斯斯坦》，第216页。

[2] 库鲁巴耶夫：《吉尔吉斯斯坦独立20周年回顾与展望》，丁晓星译，《现代国际关系》2011年第8期。

[3] 赵奕：《吉尔吉斯斯坦高等教育的发展及前景》，《中西亚区域研究及汉语教育国际学术研讨会论文》，2012年。

吉政府在教育领域的拨款占当年国民生产总值的3.5%。[1]独立初期，吉开始实施私人办学和教育收费等多种形式的教育投入，以保障公民的受教育权利。1993年宪法第32条规定：允许在国立大学和其他教育机构中根据法律和法律规定的程序对公民进行有偿教育。于是，国立大学开始招收自费生，许多国立大学取消了大部分学生的国家助学金。2005年，以巴基耶夫总统为首的新政府调整教育收费机制，让高校实行自主管理，以便腾出资金用于改善教学设施。[2]是年，国立高校的自费生占学生总人数的85%，他们所缴学费占学校总收入的76%。[3]这一趋势还在扩大，到2010年，吉高校学生人数为233065人，其中自费本科生204000人，占总学生数的87.6%，获奖学金的学生有29500人，占12.4%。[4]

独立以后，吉致力于建立民主模式的教育体制，教育体制改革的重要原则是不分地位、性别、民族，均有受教育的权利。1992年《教育法》确立了吉教育体系和教育管理。按《教育法》的规定，吉尔吉斯斯坦的教育体制包括学龄前教育、12年中等普及教育、多层次高等教育。独立以后，除学龄前教育外，初等、中等和高等教育都有不同程度的发展。

按《教育法》的规定，学前教育是免费教育。从各个阶段的教育情况来看，吉学前教育是不充分的，大批学前儿童无法获得学前教育。独立初期，吉境内共有近1700家学前儿童教育机构，在当

---

[1] 阿依提拉·阿布都热依木：《吉尔吉斯斯坦高等教育变革研究》，《比较教育研究》2016年第4期。

[2] 《吉所有国企将实行股份制改革》，聂书岭译，《中亚信息》2008年第2期。

[3] 阿依提拉·阿布都热依木：《吉尔吉斯斯坦高等教育变革研究》，《比较教育研究》2016年第4期。

[4] 范祖奎、易红：《吉尔吉斯斯坦高等教育现状调查研究》，《新疆社会科学》2011年第4期。

时可以保证35%的适龄儿童接受学前教育。随着经济的衰退，学前儿童教育机构不断减少，到2011年，学前儿童教育机构仅存717家，接受学前教育的儿童只占全部学前儿童的13%，约为8.5万人。吉政府对学前儿童教育投入不多是导致学前儿童不能入学的主要原因，2011年，政府对学前儿童教育的投入仅占国家对教育总投入的6.1%。[1]此外，由于工资低，从事儿童教育的教师缺乏，这也导致了学前教育质量得不到保障。

中等基础教育的情况要好一些。按《教育法》的规定，吉实施12年中等基础教育，1993年宪法规定，这一阶段的教育是免费和义务的，每个人都有权在国立学校接受这种教育。2007年，吉政府拨款为2200所中小学配备电脑，还拨款10亿多索姆用于学校建设。[2]然而，国立中等教育仍未能满足公民的需要。2015年，教育部长萨里耶夫在一次会上说，截至2015年，吉共有2669座清真寺和67所经学院，但是中学和大学的数量却分别只有2027和52所。[3]萨里耶夫要求通过鼓励竞争，增加私立学校的数量，加大对教师的培养和激励，以促进国家教育事业的发展，保障公民的教育。

吉发展最迅速的是高等教育。苏联时期，苏联中央政府为了培养民族干部，于1932年在吉尔吉斯自治共和国首都伏龙芝建立了吉尔吉斯师范学院，在此基础上于1951年建立了吉尔吉斯国立大学（1993年更名为吉尔吉斯国立民族大学）。独立以后，高等教育发展迅速，到2009年，全国共有高等院校52所，其中32所是国立大学，吉尔吉斯民族大学、比什凯克人文大学是该国的名牌大

---

1 岳文良：《吉尔吉斯斯坦学龄前儿童教育机构严重不足》，国际在线2011-10-15。
2 《吉尔吉斯斯坦将为2200所中小学配备电脑》，岳萍译，《中亚信息》2007年第12期。
3 赵妍：《吉尔吉斯斯坦总理要求必须高度重视基础教育工作》，国际在线2015-07-17。

学，余下的 20 所为私立或业余大学。每年 80% 以上的高中毕业生可以直接进入大学。大学生的数量由 1980—1981 学年每万人 152 人，发展到 2009—2010 学年的每万人 466 人，可见国民受教育程度较高。[1]

高等教育得以迅速发展是因为实施了有偿教育和建立私立学校。1992 年，吉有国立高校 13 所，无私立大学；2000 年，私立大学 15 所，国立大学 30 所[2]；2009 年，私立大学发展到 20 所，占高校的 38.5%[3]。尽管如此，吉私立学校的大学生人数仅占 11.3%，88.7% 的在校大学生仍集中在国立高等学校。[4]

按《教育法》的规定，吉高等教育实行多层次学制，本科 4 年或 5 年，专门人才不少于 5 年（如医学、建筑学长达 6 年）；学士毕业后，通过不少于一年半相关专业速成培养方案的学习，可以分别获得专门人才证书或硕士学位，继续深造的可以接受 2—3 年的博士教育。独立以来，吉实施开放性教育，截至 2011 年，已经与 80 多个国家在教育领域建立了联系，签署了一系列的协议，并在此基础上进行广泛的大学生交流。[5] 为了满足高等教育的需要，吉开设了与外国合办的高等学校，如吉尔吉斯-土耳其玛纳斯大学、吉尔吉斯-俄罗斯斯拉夫大学、吉尔吉斯-美国大学、吉尔吉斯-乌兹别克高级工学院和奥什吉尔吉斯-乌兹别克大学等。此外，国家制定

---

[1] 范祖奎、易红：《吉尔吉斯斯坦高等教育现状调查研究》，《新疆社会科学》2011 年第 4 期。

[2] 阿依提拉·阿布都热依木：《吉尔吉斯斯坦高等教育变革研究》，《比较教育研究》2016 年第 4 期。

[3] 范祖奎、易红：《吉尔吉斯斯坦高等教育现状调查研究》，《新疆社会科学》2011 年第 4 期。

[4] 同上。

[5] 同上。

的《知识和21世纪发展纲要》让数以百计的吉尔吉斯斯坦男女青年赴外国留学。

吉虽然在宪法中规定,国家根据每个人的能力,保证所有人都能受到职业教育、中等专业教育和高等教育,然而,吉公民接受教育的机会仍存在不均等的现象。

首先,贫富差异决定了受教育的机会不均等,特别突出的是高等教育阶段。在吉尔吉斯斯坦,普通本科4年制专业的大学生每年缴纳学费在1.6万至1.7万索姆之间,如果是建筑类本科生,这一数字是2万索姆,医学类本科生这一数字是2.5万至3万索姆,硕士生每年学费为1000—2000美元不等。[1]尽管全国有29所院校设有奖学金,助学金的发放也倾向贫困家庭的学生,但由于奖助学金的名额很少,贫困家庭却很多,难以满足其子女的入学需要。低收入家庭的子女在无法自费上大学的情况下,只能在接受中等教育后进入社会,还有的学生一边工作一边学习,学习时间不能保障。

其次,地区差异也决定了受教育的机会不均等,学前教育和中等教育阶段都存在着地区差异。城市一般设立了托儿所和幼儿园,而农村却没有。在高等教育阶段也存在地区差异导致的机会不均等。不同地区的公费生比例不同,首都比什凯克的公费生比例占15.1%,而在经济欠发展的南部奥什市的公费生比例只有3.2%。[2]

最后,在中等和高等阶段还存在着教育高低之差。由于经济发展水平不同,教育经费的投入和各校对教师的培训也不一样,因此,各校的教育质量也有差别。有报道说,比什凯克成了真正的大

---

[1] 范祖奎、易红:《吉尔吉斯斯坦高等教育现状调查研究》,《新疆社会科学》2011年第4期。

[2] 阿依提拉·阿布都热依木:《吉尔吉斯斯坦高等教育变革研究》,《比较教育研究》2016年第4期。

学城,这里可以培养出外交官、政治理论家、新闻工作者、通晓多种语言的人以及国际法学家和电脑专家。只要父母有钱,这几乎不成问题。[1] 父母无钱的贫困子女难以选择好学校和好专业。在高等教育中,大多数贫困家庭的子女无法进入法律、经济类热门专业,如奥什法律学院、比什凯克法律学院、吉尔吉斯经济学院是自筹资金创建的,在招收的学生中有80%是自费生,奖学金生只占20%。[2]

吉尔吉斯斯坦教育存在的以上问题,只有在经济稳步上升的情况下才有可能得到妥善解决。

---

1 《吉尔吉斯的教育状况》,《教师博览》1997年第12期。
2 范祖奎、易红:《吉尔吉斯斯坦高等教育现状调查研究》,《新疆社会科学》2011年第4期。

第十五章
外交关系与外交活动

吉尔吉斯斯坦北面与哈萨克斯坦相邻，东面和东南面与中国相接，西界与乌兹别克斯坦接壤，南界抵塔吉克斯坦。独立初期，吉强调自己是小国，要在大国夹缝中求生存，决定仿效瑞士，奉行中立政策，既不倾向东方，也不倾向西方，走"第三条道路"。在外交实践中，吉将发展与中亚邻国和中国的关系视为保障领土完整、国家安全、促进经济发展的必要条件，其中与中国发展关系是吉对外政策最重要的方面；与俄罗斯发展了战略伙伴关系；与美国在反恐等国际问题上建立了合作关系。总的来说，吉在外交上取得了成功，在1998年初已经有128个国家承认吉尔吉斯斯坦独立，到2007年底，吉已经与114个国家建立了外交关系。[1]

第一节 重点发展的中亚国家关系

吉尔吉斯斯坦除东面与中国接壤外，在北、西、南三面与中亚国家哈、乌、塔毗邻。与此三国的边界线分别长1200千米、1378千米和972千米。苏联时代，中亚各加盟共和国都是苏联大家庭的成员，中亚五国之间不存在激烈的边界冲突。随着苏联的解体，中

---

[1] 苏尔坦诺夫·卡米利：《经济全球化背景下的吉尔吉斯斯坦》，《俄罗斯中亚东欧市场》2010年第8期。

亚五个加盟共和国纷纷独立，边界模糊的问题以及由此带来的边界矛盾开始显现。

吉哈两国边界争端集中在哈萨克斯坦的阿拉木图和塔尔迪库尔干州，以及吉尔吉斯斯坦的伊塞克湖州。独立以后，吉哈两国以对话方式妥善解决了边界问题，到2001年，两国之间未划清边界的地段共有105块，涉及吉境内的楚河州、塔拉斯州和伊塞克湖州。2007年4月底，哈总统纳扎尔巴耶夫访吉，双方签署了设立两国最高国务理事会的有关文件，在双方的努力下，吉哈两国边界谈判在2008年获得进展。2008年初，吉总统巴基耶夫访哈，据吉政府负责边界谈判的高级代表介绍，吉哈两国采取对等置换的方式，完成了1200千米的边界勘察，下一步将进行15个地段的具体调整。由于吉哈划界比较清晰，边境管控严，双方边界冲突不多。2017年12月25日，吉总统热恩别科夫访哈，两国元首签署了两国边界线划界协议，结束了两国长达1200多千米的划界工作，至此，苏联解体后遗留的哈吉边界问题将从法律角度获得全面解决。[1]

吉乌两国边界的解决经历了较长时间。苏联民族划界时期，费尔干纳盆地分属于乌兹别克斯坦、吉尔吉斯斯坦和塔吉克斯坦三国，三国的边界犬牙交错，形成了"你中有我，我中有你"的多块飞地。嵌入吉尔吉斯斯坦的乌兹别克斯坦飞地有4块，其中，索赫的面积最大，达325平方千米，该飞地与吉的巴特肯州相邻，距离该州首府巴特肯只有24千米，从巴特肯到奥什的高速公路从此飞地穿过。乌在吉的第二大飞地沙希马尔丹位于阿克苏河和卡拉苏河交汇处的山谷中，面积90平方千米，距吉的巴特肯州首府巴特肯80千米。

---

1 《哈萨克斯坦与吉尔吉斯斯坦签署划界协议，就两国国界达成一致》，澎湃新闻2017-12-26。

独立以来，吉乌两国在边界划分和界定上进行了多次谈判，但进展不大。2001年2月26日，吉乌两国签署了以法律调解为依据的边界划定备忘录，到2003年，双方宣布有654千米得到了确定。其中，索赫和沙希马尔丹是两国边界谈判的障碍。索赫地区边界线长约136千米，风景秀丽的沙希马尔丹地区曾是吉尔吉斯加盟共和国的领土；苏联时期，吉乌双方通过协商，将沙希马尔丹划给乌做疗养地。独立以后，乌政府曾向吉建议以对等交换的原则，将飞地同本土直接相连，但由于沙希马尔丹和索赫等飞地具有重要的经济价值，此事一直未得到圆满解决。

由于边界协商未能达成一致，吉乌边界冲突不断发生。2010年3月18日，有大约40名乌士兵在两辆步兵战车的掩护下，分乘两辆卡车进入吉乌存有争议的阿拉布卡地区，在此限行，禁止吉公民进入乌境内。作为回应，吉政府也在此地部署兵力，并宣布在三个边境检查站对乌公民实施限行政策。2012年12月中旬，吉在乌飞地索赫新设边防哨所，引起当地居民的不满，2013年1月，索赫的一群居民拆除了为哨所供电的电线杆，袭击了吉边防军人，导致人员受伤。事件发生以后，在索赫的吉乌边境口岸全部关闭。2017年，吉乌两国签署边界协议，85%的边境线被划定，另有15%为争议地区。[1]

2014年10月9日，吉驻乌使馆在塔什干举行独立23周年招待会，吉驻乌大使乌扎克巴耶夫在招待会的致辞中说，2013年，乌方接受了吉方的建议，将两国边界委员会提高到副总理级，他指出，吉政府坚持通过建设性的对话和外交途径解决边界纠纷的立

---

[1] 辛婧编：《吉尔吉斯斯坦与乌兹别克斯坦就边界争议问题达成一致》，国际在线2021-03-26。

场。¹2015年10月,吉乌两国政府在临近边境的奥什州设立了边境事务办公室,这些措施有利于保卫边境安全。从2016年底起,吉乌两国政府代表每月都会举行会议,讨论边界的划分问题,并考虑正式确认边界线。是年8月5日至13日,乌吉两国就边境划界问题在乌兹别克斯坦纳曼干市举行会议,虽然双方均未透露会议具体达成的结论,但据说本次会议取得了突破性进展,只有230千米处于待定状态。

2017年3月10—19日,吉乌两国政府工作组举行第17次联合边界勘察行动,双方巡视了最为复杂的乌属安集延州、纳曼干州、费尔干纳州和吉属巴特肯州、贾拉拉巴德州、奥什州之间存在的争议地段或未完成划界的12处区块,此后,双方在吉贾拉拉巴德市和奥什市进行了4次磋商,签署了成果性纪要文件。²经过多轮会谈,双方明确了两国接壤地区80%的争议地段的归属,2017年,双方已着手在准备相应的法律性文件。³

吉尔吉斯斯坦与塔吉克斯坦的边境线总长度972千米⁴,1997年以来,吉塔两国政府就边界领土的划分举行了磋商,经过双方以副总理为首的划界与标界工作小组的共同努力,519千米的国境线得以确定,但仍有约70个争论地段未得以确定。⁵2012年,吉塔边界问题讨论会在比什凯克进行。2013年,吉塔两国对边界争端进行磋商,讨论了36处有争议的地段,据吉副总理说,塔吉两国之间还

---

1 《吉尔吉斯驻乌大使:通过对话解决吉乌边界问题》,中国经济网2014-10-10。
2 《乌吉两国加快联合边界勘察进程》,中华人民共和国商务部2017-03-26。
3 木合塔尔·木拉提编译:《乌吉两国边境争议区划分工作进展顺利》,哈通社2017-09-01。
4 另说911千米。
5 典鸿渤:《吉尔吉斯斯坦近年边境安全形势及其影响》,《俄罗斯学刊》2016年第2期。

存在超过 400 千米的争议边境。对这些悬而未定边界的管理处于真空或半真空状态。

塔在吉领土上有两块飞地沃鲁赫和凯拉加奇，沃鲁赫飞地及其附近地段已成为两国边境冲突的焦点，飞地两边的居民经常因土地和水资源发生纷争。2013 年以来，边境线上发生了数十次动用武器的事件。2014 年 1 月 11 日的吉塔武装冲突发生在靠近吉塔边境的吉属巴特肯州阿克塞村。冲突发生以后，吉塔两国各自发表声明，指责对方的边防军士兵引发冲突。吉发布消息称，这起冲突是塔方挑起的，塔军方动用了迫击炮等重武器，导致 5 名吉边防军人受伤；而塔方声称，冲突是因吉违法修建边境公路引起，塔边防军试图制止建筑行为，而吉军人首先开火，导致 3 名塔军人受伤。事件之后，吉单方面关闭了与塔接壤的所有边境口岸。此后，吉塔双方决定于 14 日对冲突地区进行联合巡逻。吉塔边境武装冲突的主要原因还是吉塔两族为争夺边界地区的牧场和农田而引发的。

水资源分配和利用也是独立之后的吉与中亚邻国关系的重要问题之一。流经吉尔吉斯斯坦的锡尔河是跨界河流，吉处在该河的上游，占有水资源较多；而处在下游的哈乌两国水资源缺乏。苏联时期，水资源的分配由中央政府计划安排，水资源的利用以优势互补的模式解决，即上游国家在春夏两季放水发电，既解决了本国的能源问题，又为下游国家提供了灌溉用水，在秋冬两季蓄水，下游国家向上游国家提供能源补偿，如在 1986—1991 年间，哈乌两国对吉境内的托克托库尔水库的维修提供的补偿是 1100 万吨以上的煤、360 万吨的重油和 970 万立方米的天然气。[1] 苏联解体之后，由于调

---

[1] 焦一强、刘一凡：《中亚水资源问题：症结、影响与前景》，《新疆社会科学》2013 年第 1 期。

控机制的丧失，原来的水资源分配模式难以为继，上下游国家之间因水资源的分配和利用产生了冲突。

关于水资源的分配和利用，中亚国家召开了多次会议。1992年4月19日，中亚五国水利部部长召开会议，签署了水资源保护利用的合作协议，会上提出水资源是中亚五国共同资源这一原则。1993年3月23日，中亚国家各派一名代表组成了水资源跨国协调委员会，开始制定和协调各个国家水资源的分配和管理，以及水利设施的维护等。

吉尔吉斯斯坦与哈乌两国举行过双边或三方会议，解决的问题集中在以下两方面：一是关于水资源的分配问题。吉认为苏联时期的水资源分配不合理，如1987年中央政府规定哈、吉、塔、乌四国从吉尔吉斯斯坦托克托库尔水库中的年取水量依次是4.21、0.22、1.02、5.75立方千米，其占比分别为37.6%、1.96%、9.1%、51.3%[1]，显然，1.96%的占比表明吉使用的水资源太少了，吉塔两国要求改变苏联时期的分配方案，而哈乌则坚持维持原来的用水方案。二是关于用水付费的问题。吉认为下游国家应该付水费，而下游国家则认为水是大自然的恩赐，不再提供苏联时期给予吉的补偿。

为了处理以上问题，1992年，中亚五国在哈首都阿拉木图召开会议，会议决定在新分配方案未出台之前依然沿袭旧的配额；1996年，哈、乌、吉三国领导人在吉首都比什凯克召开会议，会上制定了新的水资源分配方案；1997年，吉、哈、乌、塔四国举行会议，决定哈乌两国按用水量向吉支付水费，吉将所得资金用于维

---

[1] 焦一强、刘一凡：《中亚水资源问题：症结、影响与前景》，《新疆社会科学》2013年第1期。

护和兴建水利设施[1];1998年,哈、乌、吉三国签署框架协议,形成了能源交换的新补偿机制。按照1998年的框架协议,为保证吉在冬季蓄水,哈乌向吉提供热电所需的煤和天然气等燃料,以保证吉的电力供应;为保证吉在春夏两季泄水发电不被浪费,哈乌两国每年须在6个月内按每度1.1美分的电价购买吉22亿度电。然而,哈乌两国经常违约不愿从吉购电(即便吉的电价比本国水电价低了一半),这样,续约的事被搁置下来,从2004年起,乌方已拒绝续签协议。

此后,吉哈两国单独达成了协议。2006年,吉哈两国成立了楚河-塔拉斯河委员会,哈同意向吉支付一定的费用,以抵偿吉在其境内操作和管理几个大坝和水库的部分开销。[2]2008年10月10日,中亚五国总统在吉首都比什凯克举行水资源利用问题峰会,达成以下重要协议:哈将向吉供应必要数量的煤,以增加吉电力供应(缩减水电站建设规模),保护中亚河流在吉的蓄水量,保障吉在灌溉季节向邻国供水。[3]2008年,吉制定的《水资源出口法》规定:"水"将正式作为商品向邻国哈萨克斯坦和乌兹别克斯坦出口。[4]在2009年召开的五国会议中,五国达成临时协议,下游国家保障对上游国家的电力和天然气供应,上游国家则保障下游国家的用水。至此,有偿用水的问题解决了。

然而,吉乌两国对季节性用水仍存在分歧,乌对吉在上游蓄

---

[1]《中亚上合组织成员国同俄罗斯及中国的经济合作态势》,聂书岭译,《中亚信息》2007年第4期。

[2]《联合国帮助中亚两个国家合作共享水资源》,联合国亚洲及太平洋经济社会委员会2006-07-26。

[3]《中亚水资源问题新进展》,中华人民共和国商务部2008-10-17。

[4] 吴宏伟:《2008年中亚地区发展形势》,邢广程主编:《俄罗斯东欧中亚国家发展报告(2009年)》,第240页。

水和修建水电站提出了抗议。因冬季蓄水不足,吉常常发生停电现象,在2010年到2011年的某些时段每天限电达12小时。为了保证供电,吉从春夏时节就开始蓄水,以提高冬季的发电能力,这样就影响了乌的灌溉农业。其中,使吉乌两国关系恶化的是卡姆巴拉金水电站的建设。卡姆巴拉金水电站建在锡尔河主要支流纳伦河上,2008年以来,吉加紧了水电站建设,水电站建成之后将截流蓄水发电,于是乌境内的灌溉沟渠无水可用、咸海进一步干涸。尽管乌坚持反对,水电站仍在建设。吉为解决能源短缺而加强水电发展的趋势,将成为上下游国家冲突的导火线,水资源引发的冲突甚至有演变为国际冲突的可能性。

影响中亚国家关系的另一个问题是非法移民,对输出国和接纳国来说,非法移民都是一股不稳定的力量,在一定程度上影响了中亚地区的稳定。乌、吉、塔三国人口增长过快,失业问题严重,前往哈萨克斯坦打工的人很多,没有办理正当入境手续者被哈视为非法移民。据吉移民和就业委员会的官方估计,吉出国务工人员在50万—80万人之间,主要在俄罗斯、哈萨克斯坦等国。[1]哈政府担心在大批移民中有极端势力混入,于是,采取限制移民涌入的政策,导致乌、吉、塔三国的不满。对此,中亚五国一方面在独联体和上合组织的框架内寻求解决方案,另一方面通过双边协商予以解决。2008年6月2日,哈实行引进外国劳务人员的新标准,新标准在原来的基础上加入了受教育水平、工龄和工作经验的要求。[2]这些措施在一定程度上限制了非法移民,使中亚国家之间劳务输送规范化。

---

1 于树一:《中亚地区与国际金融危机》表1,邢广程主编:《俄罗斯东欧中亚国家发展报告(2009年)》,第87页。

2 《哈萨克斯坦投资经营障碍报告》,中华人民共和国商务部2009-05-14。

独立以后，吉尔吉斯斯坦与中亚其他国家加强了经济合作。独立初期，吉积极参与中亚一体化建设。1992年4月22日，中亚五国在吉首都比什凯克举行会议，讨论如何加强五国政治、经济合作；1994年7月8日，哈、吉、乌三国元首在阿拉木图达成了《1995年—2000年哈萨克斯坦共和国、吉尔吉斯共和国和乌兹别克斯坦共和国之间经济一体化纲要》，纲要规定共同开发燃料动力、冶金、化学、机器制造等9个方面最优先的部门。[1]1994年7月8日，哈、吉、乌三国元首在阿拉木图会晤，会上，哈、吉、乌三国签署了建立中亚合作银行的协议，以协调三国之间商业和财政关系，建立三国货币兑换体制；1995年7月，哈、吉、乌三国签署关税同盟，规定不再对彼此过往的货物征收关税；1998年3月26日，哈、乌、吉、塔四国首脑在塔什干开会，讨论了自由贸易区、关税同盟、支付和货币同盟、劳务商品和资本市场合作等问题。[2]

以上活动表明吉尔吉斯斯坦是中亚经济一体化的积极参与者。然而，这一进程未能达到预期的目标，2005年10月6日，中亚国家一体化并入了以俄罗斯为核心的独联体经济一体化轨道。此后，吉与中亚其他国家的经济合作以双边合作的形式进行。

吉尔吉斯斯坦与哈萨克斯坦的经济往来因铁路便利而发展迅速。独立初期，吉哈贸易额以每年两位数的速度发展。2003年，吉哈贸易额为2.28亿美元，占吉对外贸易额的17.6%[3]；2004年，吉哈两国探讨了协调海关准则的问题，吉货物通过公路运往哈可免税入境，通过铁路运往哈，或经哈转运，则实行优惠政策，税费

---

[1]〔吉尔吉斯〕伊马纳利耶夫：《中亚：区域合作与外部世界》，刘清鉴译，《东欧中亚研究》1996年第2期。

[2] 赵常庆主编：《十年巨变——中亚和外高加索卷》，第349页。

[3] 刘庚岑、徐小云编著：《吉尔吉斯斯坦》，第275页。

标准符合吉的现行标准。[1] 到 2017 年，哈在吉对外贸易中的占比是 14.1%，排在中国（25.5%）和俄罗斯（23%）之后。[2]

哈吉两国的经济合作体现在哈对吉的投资方面。在中亚国家中，哈是吉的最大投资者。2002 年，哈向吉直接投资 630 万美元，占当年外国向吉直接投资总额的 5.5%[3]；2004 年 4 月 16 日，哈总理就参加吉卡姆巴拉特 1 号和 2 号水电站建设的问题与吉总统阿卡耶夫会晤[4]。2006 年 7 月 4 日，哈吉两国签署了关于哈在吉的投资意向书，吉方允诺尽量将哈投资者的风险降至最低。[5] 截至 2007 年，哈在吉的一些商业银行的资金比重甚至达到了 90% 以上。[6]2008 年，在遭受金融危机影响的情况下，哈对吉投资额为 3.3 亿美元，同比增长 80%。[7]2013 年，哈对吉投资 3690 万美元，排在中国、加拿大、英国和俄罗斯之后，成为第五大投资国。

此外，吉在哈开办合资、独资企业，2002 年吉在哈的合资、独资企业 74 家。[8] 截至 2003 年 7 月 1 日，哈在吉登记注册的合资、独资企业 770 家，其中 205 家正在运作。

独立初期，吉乌建立了经济关系。1992 年 9 月 29 日，吉总统阿卡耶夫访乌，吉乌两国签署了友好合作与互助条约；1993 年 8

---

1 《吉、哈拟共同解决中亚国家天然气供应问题》，周晓玲译，《中亚信息》2004 年第 5 期。

2 《吉尔吉斯斯坦 2017 年全年社会经济发展概况》，中华人民共和国商务部 2018-02-26。

3 刘庚岑、徐小云编著：《吉尔吉斯斯坦》，第 275 页。

4 《吉、哈拟共同解决中亚国家天然气供应问题》，周晓玲译，《中亚信息》2004 年第 5 期。

5 《2006 年中亚国家大事记》，岳萍译，《中亚信息》2007 年第 1 期。

6 吴宏伟：《2007 年中亚发展形势》，邢广程主编：《俄罗斯东欧中亚国家发展报告（2008 年）》，社会科学文献出版社，2008 年，第 177 页。

7 《吉尔吉斯斯坦 2008 年经济发展概况》，中华人民共和国商务部 2009-06-12。

8 赵常庆编著：《哈萨克斯坦》，第 271 页。

月，吉乌两国签订了 1994—2000 年发展与加深两国经济一体化的宣言，双方商定，将成立联合委员会作为协调机构，加强在工农业生产、交通运输等方面的合作。

在贸易方面，吉乌两国贸易仅次于吉哈贸易，排在第三位。在两国元首制定的有关计划中，到 2018 年底前，双边贸易额将扩大至 5 亿美元。[1]

在经济合作方面，截至 2003 年 7 月 1 日，乌在吉登记注册合资、独资企业 247 家，其中 42 家正在运作。[2] 吉乌在经济上的合作集中在工农业生产、交通运输方面，如共同修建与中国相连的公路和铁路。

第二节 绝对优先的吉俄关系

独立以后，吉尔吉斯斯坦开始独立行使外交权，吉政府奉行平衡、务实的外交政策。在对外政策中，吉政府希望与大国建立友好关系，以赢得国际社会的承认和支持，因此，与吉尔吉斯斯坦有着许多联系的俄罗斯被置于绝对的优先地位。

苏联解体当天，1991 年 12 月 25 日，吉尔吉斯斯坦与俄罗斯建立了外交关系。1992 年 6 月，吉总统阿卡耶夫以独立国家元首的身份首次访俄，两国签署了《友好、合作和互助条约》[3]；此后，吉俄两国签署了 75 个条约、协议和协定，这些文件涵盖了政治、安全、经济、人文方面的合作。

在两国的政治关系上，吉是俄罗斯在中亚地区最密切的朋友。

---

[1] 《吉尔吉斯斯坦与乌兹别克斯坦计划将双边贸易额扩大至 5 亿美元》，中华人民共和国商务部 2009-12-18。

[2] 刘庚岑、徐小云编著：《吉尔吉斯斯坦》，第 275 页。

[3] 同上书，第 273 页。

随着中东欧国家相继加入欧盟和北约，俄罗斯更是将包括吉尔吉斯斯坦在内的中亚国家视为最可靠的战略伙伴。独立之初，吉在国际问题上与俄保持一致，如在对待"北约"等国际组织和对待美国等西方大国的关系上，吉的行动都在俄允许的范围内；在区域问题上，吉也始终支持俄方立场。

吉俄两国政治关系发展顺利。2000年，吉俄两国签署了《吉俄永久友好、同盟及伙伴关系宣言》，吉俄两国之间从友好合作上升到同盟关系。2005年，吉发生了被称为"郁金香革命"的"3·24"事件，通过"3·24"事件上台的巴基耶夫总统继续坚持亲俄的外交方向，他上任后首次出访国是俄罗斯，他表示：俄罗斯过去是，将来也是吉尔吉斯斯坦在政治、军事技术、经济、文化和人文方面的主要战略伙伴。[1]"3·24"事件以后，为了抵御以美国为首的西方威胁，俄成为吉维系政权最重要的外部依靠力量。2007年，吉反对派领导人库洛夫甚至提出，吉俄两国组成联邦国家的建议，并要求就此问题进行全民公决，尽管可能是出于国内政治斗争的需要，但这一提议也反映了亲俄政策在吉有可靠的政治和社会基础。[2]2008年10月9日，俄总统梅德韦杰夫对吉进行正式访问，与吉总统巴基耶夫签署了《两国元首联合声明》，进一步增进双方的政治关系；2017年6月22日，吉总统阿坦巴耶夫访俄，两国签署了《加强联盟和战略伙伴关系的宣言》，双方关系上升为战略伙伴关系。

吉俄两国政治关系的顺利发展，为双方的军事合作奠定了基础，安全合作是吉俄两国关系的重要组成部分。独立之前，吉尔吉斯共和国没有自己的军队。独立以后，吉以驻在本国的原苏联军队

---

[1] 赵华胜：《俄罗斯与中亚国家的双边关系》，《和平与发展》2008年第2期。
[2] 同上。

为基础开始组建自己的军队。新组建的军队规模不大,加之财力有限,军队的装备和防务能力都十分薄弱,军事实力达不到必需的防御水平,因此吉将俄罗斯的军事力量视为维护吉安全的保证。从俄罗斯的角度看,中亚地区是俄防范南亚极端宗教势力、恐怖主义,以及贩毒、武器走私等跨国犯罪活动的缓冲地带,支持和加强包括吉尔吉斯斯坦在内的中亚地区的安全防御能力,是保证俄罗斯国内稳定的战略方针。

吉俄两国不存在边界纠纷,吉的边界安全主要依靠俄罗斯边防军。独立初期,吉边境是由俄罗斯边防部队防御,1992年,吉俄签署协议,决定由俄方帮助吉建立国防和安全机构,提供训练和技术援助。1999年初,吉组建了国防部边防局,7月,吉边防局正式接管了由俄边防军担负的边境防务。此后,俄罗斯对吉提供的安全保障主要是领空安全。2001年"9·11"事件发生以后,随着反对国际恐怖主义的需要,俄罗斯在吉的军事存在维护了吉的安全与稳定。

"9·11"事件发生以后,在俄罗斯的赞同下,吉向美国提供空军机场[1],美在吉建立了玛纳斯空军基地。随着美军的驻入,吉俄两国加强了军事合作。苏联时期,苏联政府在吉首都比什凯克以东20千米处建立了坎特空军基地,以培训和训练苏联空军;1992年5月,俄罗斯将此空军基地移交给吉尔吉斯斯坦。2002年10月底,俄国防部宣布将在距美玛纳斯空军基地80千米的坎特机场建立空军基地。普京指出:"对俄罗斯来讲,中亚是一个非常重要的地区,我们知道那里局势稳定,但也并不平静,俄罗斯需要在那里有军事

---

1 《俄罗斯支持吉尔吉斯斯坦向反恐行动提供机场》,新华网 2001-12-06。

存在，独联体国家的伙伴也需要俄罗斯在那里驻军。"[1]2002年12月2日，5架苏-27歼击机、5架苏-25强击机、2架安-26运输机、2架米-8直升机和2架伊尔-76军用运输机从天而降。[2]俄军在坎特空军基地驻有250名军官和150名士兵。

2002年12月5日，普京访吉，吉俄两国元首签署协议，将吉欠俄的1.17亿美元债务的还款期限推延20年，并将其中的20%用于支付坎特机场的相关费用。[3]2003年9月22日，吉俄两国签署了俄驻吉空军基地的地位和驻扎条件协议；同年10月23日，坎特空军基地正式启用，吉俄两国总统出席了基地启用仪式。[4]根据吉俄双方达成的协议，坎特空军基地作为中亚地区集体快速反应部队的空军力量，以配合独联体联合防空体系、保障吉的领空安全和预防恐怖组织向中亚渗透为职责，吉政府将无偿向俄提供15年的基地使用权。坎特空军基地将在遏制恐怖主义和打击有组织贩毒等行为方面发挥作用。

2008年10月9日，吉总统巴基耶夫在首都比什凯克与到访的俄总统梅德韦杰夫会谈时表示，吉将一如既往地为坎特空军基地提供一切必要的保障；10月24日，在坎特空军基地举行成立7周年庆典时，俄第一副总参谋长阿廖申在庆祝会的发言中谈到，根据已签署的条约，俄被允许扩大基地驻军人数，增加军事装备。2012年底，俄计划对坎特空军基地的跑道进行翻新，以便包括战略轰炸机等更大的飞机使用。2013年10月，俄中央军区坎特空军部队司令

---

[1] 《俄吉将签署协议，拟在吉尔吉斯开辟俄空军基地》，中国新闻网2003-09-22。
[2] 刘华：《中亚里海地区能源争夺新态势》，《俄罗斯中亚东欧市场》2003年第10期。
[3] 同上。
[4] 高飞：《中亚博弈：冷战后的中美俄关系》，《外交学院学报》2010年第2期。

在坎特空军基地 10 周年庆祝会上宣布，俄计划在 2013 年底之前把驻吉坎特空军基地的飞机数量增加。2016 年，吉决定在俄租用期满之时关闭俄军基地。2017 年 3 月 3 日，俄总统普京在与吉总统阿坦巴耶夫的会谈中表示："俄留在坎特军事基地的原因只有一个——保障吉尔吉斯斯坦本身的安全，只要吉尔吉斯斯坦说，我们自己的武装力量足够强，不再需要这种基地，那么我们当天就撤走。"[1]

坎特空军基地是俄罗斯在中亚地区建立的第一个军事基地。除坎特空军基地外，在吉发生"郁金香革命"之时，俄曾打算在吉南部城市奥什和贾拉拉巴德开辟第二军事基地。2009 年，独联体集体安全组织峰会在吉召开，双方就俄开辟第二军事基地之事举行磋商[2]，俄总统梅德韦杰夫暗示："莫斯科打算加强自身在中亚的存在，将扩大与吉在集体安全条约组织框架内的军事合作。"[3] 然而，第二军事基地的打算至今未付诸实现，一方面是因为吉政治局势动荡，更主要的是，俄罗斯不愿为此引发与美国和中亚其他国家的矛盾。

除了建立军事基地外，吉俄两国之间缔结了许多军事协议。2012 年 9 月，两国制定了一系列减免吉债务和军事合作协议；2013 年 1 月 29—31 日，两国签署了军事技术合作协议，协议的主要目的是为吉俄在国防工业和军工企业搭建桥梁，两国将在互惠的基础上展开军事合作；2017 年，吉俄两国签署了《加强联盟和战略伙伴关系的宣言》，双方对联合应对中亚当前的挑战和威胁——打击恐怖主义、贩毒、有组织跨境犯罪——给予高度关注，并就进一步加强两国军事和军事技术合作达成一致。

除双边安全合作外，吉还参与俄罗斯主导的独联体集体安全体

---

[1] 《普京：只要吉尔吉斯斯坦说一声，俄驻军马上撤走》，新华网 2017-03-03。
[2] 《俄寻求在吉境内再设军事基地》，《南国今报》2009-08-02。
[3] 《俄将在吉建第二个军事基地，美俄中亚争夺战继续》，新华网 2009-07-15。

系。1994年，吉加入了独联体集体安全条约（以后改为独联体集体安全组织），条约成员国成立了反恐中心和中亚联合快速反应部队，定期举行代号为"独联体南部盾牌"、"南部反恐"等军演。2000年3月，吉加入独联体联合防空系统。

除了政治、军事合作外，经贸合作也是吉俄关系的重要组成部分。1996年，吉俄两国签署《扩大和深化俄吉合作宣言》，恢复了以往中断的如在有色金属和稀有金属部门的合作；2000年，两国签署了《2000至2009年俄吉经济合作协议》，两国的经济合作迅速发展。

吉经济发展的三大支柱——黄金出口、转口贸易和侨汇收入都与俄罗斯有着密切的关系，对外贸易是吉俄经济关系中的重要部分。独立前夕的1990年，俄罗斯在吉对外贸易总额中的比重是36%[1]；独立初期，俄罗斯是中亚各国最大的贸易伙伴。1998—1999年，由于俄罗斯金融危机，吉俄贸易受到不利影响。2000年后，随着俄经济的快速发展，吉俄对外贸易也取得了一定的增长。2001—2006年，吉俄贸易增长了近4倍，2006年达到约10亿美元。[2]2012年，吉贸易伙伴共计145个国家，其中俄罗斯是吉最大的贸易伙伴国之一，俄在吉进出口中的占比分别为33.2%和13.0%[3]；2013年和2015年，吉贸易伙伴分别是143个和144个国家，俄罗斯仍是第一大贸易伙伴国，在吉贸易中占比分别是27.9%[4]和24.9%[5]。俄罗斯长期位居吉第一大贸易伙伴国的一个重要原因是吉俄两国经济结构

---

[1] 柳丰华：《中亚与俄罗斯关系：20年间的演变》，孙力主编：《中亚国家发展报告（2012年）》，社会科学文献出版社，2012年，第217—230页。
[2] 赵华胜：《俄罗斯与中亚国家的双边关系》，《和平与发展》2008年第2期。
[3] 《2012年吉尔吉斯的贸易伙伴国达145个》，中华人民共和国商务部2013-02-28。
[4] 《2013年吉尔吉斯斯坦对外贸易情况》，中华人民共和国商务部2014-03-06。
[5] 《2015年吉尔吉斯全年对外贸易情况》，中华人民共和国商务部2016-03-01。

存在互补性；另一个重要原因是得益于苏联时期在吉修建的、经哈萨克斯坦通往俄罗斯的铁路干线，这是吉俄对外贸易和吉转口贸易的主要通道。

吉对俄的经济依存度很高。吉对俄的出口商品以黄金、电力、废金属、农产品、畜皮、动物毛、灯泡、棉花、烟草和皮革原料为主，占出口总额的70%左右。[1] 俄罗斯是吉第一大进口国，在俄经济危机时，2015年，吉外贸出口比2014年下降了11%；2016年上半年，吉黄金出口只有2.2亿美元，比2015年同期减少46.34%。[2]

从吉经济的另一支柱——侨汇收入来看，吉95%以上的侨汇收入来自俄罗斯。据俄国家移民组织的保守估计，2000年以后，每年来自吉的移民人数是30万—35万，占吉总人口数的7%。[3]2007年，吉在俄的劳工人数至少在25万人以上（这是2007年议会提前选举之前在俄罗斯具有合法身份的吉选民人数），实际数字可能在50万—80万人之间。[4] 对俄劳务输出是吉财政收入的重要来源之一，2000年以后，吉劳工每年从俄汇回国的资金大约为1亿美元，占吉国内生产总值的5%。[5]2008年，吉劳工从境外的汇款达到12.12亿美元，占吉国内生产总值的24%。因受全球金融危机的冲击，2009年，吉劳务移民受到影响；2010年4月和6月吉发生骚乱，吉外出

---

[1] 王海燕：《吉尔吉斯斯坦独立15年经济发展评析》，《新疆社会科学》2008年第4期。

[2] 周丽华：《吉尔吉斯斯坦外债：俄罗斯经济危机背景下的隐患》，《新疆财经》2017年第2期。

[3] 高际香：《俄罗斯与独联体国家经济关系》，邢广程主编：《俄罗斯东欧中亚国家发展报告（2008年）》，第89页。

[4] 薛福岐：《吉尔吉斯斯坦的现状与发展趋势》，邢广程主编：《上海合作组织发展报告（2009）》，社会科学文献出版社，2009年，第206页。

[5] 高际香：《俄罗斯与独联体国家经济关系》，邢广程主编：《俄罗斯东欧中亚国家发展报告（2008年）》，第89页。

务工人员陡增 26 万，同年，吉输出的劳务移民向国内汇款数额近 16.7 亿美元，占当年预算收入的 60% 之多。[1]

从引进外资的情况来看，俄罗斯最初对吉的投资并不大。独立以来，吉吸引的直接投资呈持续增长趋势，1995—2005 年间，累计吸引外国直接投资约 16.96 亿美元，在此期间，俄对吉的投资额排在美国、加拿大、德国、英国、土耳其等国之后。2008 年以后，俄投资增大，是年，俄罗斯在遭受金融危机影响较大情况下，对吉投资额 3080 万美元，同比增长了 130%。[2]2009 年 2 月，吉巴基耶夫总统访俄，俄答应提供 20 亿美元贷款及其他经济援助，包括提供 1.5 亿美元无偿援助、3 亿美元优惠贷款、免除 1.8 亿美元债务。[3]2013 年，吉吸引直接外资 9.932 亿美元，俄罗斯投资 7010 万美元，占直接外资总数的 7.1%。[4]2016 年，吉吸引外国直接投资总额 6.548 亿美元，俄罗斯投资额为 2.391 亿美元，占直接外资总数的 36.5%。[5]

合资企业是吉俄经济合作的一部分，俄通过债转股方式参加了吉一些重要的企业。独立初期，吉俄石油企业开始合作，截至 2002 年，俄在吉的合资企业仅次于加拿大，在俄资本的帮助下，第二座石油冶炼联合体建成。2006 年，吉尔吉斯斯坦与俄罗斯将在电力方面签订战略伙伴关系协议，双方同意由俄统一能源系统公司划拨资金用于筹备建设卡姆巴拉金 1 号水电站和 2 号水电站。2008 年以

---

[1] 雷琳、王林兵：《吉尔吉斯斯坦南部动态移民潮分析》，《新疆社会科学》2014 年第 1 期。

[2] 《吉尔吉斯斯坦 2008 年经济发展概况》，中华人民共和国商务部 2009-06-12。

[3] 同上。

[4] 《2013 年吉尔吉斯吸引外国直接投资概况》，中华人民共和国商务部 2014-05-14。

[5] 《2016 年中国成吉第一大投资来源国》，《中亚信息》2017 年第 3 期。

后，吉俄加快了卡姆巴拉金水电站的建设[1]，该电站建成以后，发电能力将满足吉的能源需求。除了双边经贸关系外，吉还积极参与俄罗斯主导的独联体一体化。从发展趋势来看，吉俄两国关系还会进一步加强与巩固。

第三节　全球战略中的吉美关系

苏联时期，吉尔吉斯共和国没有独立的外交权，因此，从未以国家身份与美国建立过任何联系；独立以后，吉尔吉斯斯坦与美国建立了正式的外交关系。1991年12月25日，美国承认了包括吉尔吉斯斯坦在内的独联体国家的独立；12月底，美总统布什在给吉总统阿卡耶夫的新年贺电中承认吉为独立国家。1992年2月1日，美驻吉大使馆开馆，这是外国在吉设立的第一家大使馆，吉总统阿卡耶夫在开馆仪式上致辞说，吉美两国有着相同的价值观，要把私有经济和民主政治放在优先地位。[2]

独立以后，吉尔吉斯斯坦迫切希望通过与以美国为首的西方国家建立关系，以获得国际社会的支持，平衡俄罗斯的影响。而美与中亚国家建立关系最初是出于战略考虑，苏联解体以后，美希望通过政治渗透，取得处理中亚地区事务的主导权，以防出现中亚国家围绕俄罗斯重新整合的局面。此外，从美的全球战略来看，以中亚为地缘支点，向东遏制中国，向北牵制俄罗斯，向南抵制伊斯兰极端势力。与吉建交以后，美通过政治交往、经济援助对其施加影响，但在"9·11"事件之前，吉美关系并未成为美对外政策的

1　《中亚上合组织成员国同俄罗斯及中国的经济合作态势》，聂书岭译，《中亚信息》2007年第4期。

2　刘庚岑、徐小云编著：《吉尔吉斯斯坦》，第282页。

重点。

吉美政治关系首先表现在高层和政府的互访。1991年10月下旬到11月初,吉总统阿卡耶夫访问美国,在与美总统布什会晤时,阿卡耶夫表明吉将坚定地执行民主社会模式的方针,希望得到美国的支持。1991年12月17日,美国务卿贝克访吉,双方讨论了发展吉美关系的问题。此后,吉总统阿卡耶夫于1993年5月和1997年7月两次访美。1996年1月,吉军事代表团与美国防部官员达成建立伙伴关系的协议。1996年8月,吉美两国共签署11项国家间、政府间协议,吉政府几乎所有部门都与美方建立了联系。2002年9月23日,吉美两国总统签署联合声明,声明表示双方将深化战略伙伴关系。

在与吉的政治交往中,意识形态渗透和引导吉走西方民主道路,始终是美国努力的方向。2012年,美为吉的"公正与民主治理"提供援助。2014年4月3日,美负责南亚和中亚事务的助理国务卿彼斯瓦尔在访吉时,赞赏吉尔吉斯斯坦所走的民主发展道路,并认为吉为地区国家树立了良好榜样。通过高官互访,吉美两国实现了政治关系的平稳发展。

吉美两国的军事安全合作主要是在北约"和平伙伴关系计划"框架下进行的。第二次世界大战结束以后,美国联合欧洲、美洲11个国家形成了北大西洋条约;20世纪50年代初,随着冷战形势的紧张,北大西洋条约发展为常设机构北大西洋公约组织(简称"北约")。苏联解体以后,为了吸收新独立国家参与,北约建立了北大西洋合作委员会;1992年10月,美提出了建立北约外围组织的和平伙伴关系计划,吉尔吉斯斯坦于1994年6月2日加入这一计划。

1995年,北约帮助哈、乌、吉三国组建联合部队中亚维和营,1996年,维和营参加了以美国为首的北约在美国北卡罗来纳州举行的联合军事演习;此后,北约与中亚国家的军演每年一次定期举行。1999年下半年,中亚恐怖主义活动加剧,"9·11"恐怖事件发生以后,吉在美全球战略中的地位迅速提升。在北约打击恐怖活动中,吉尔吉斯斯坦向美国开放了空中走廊。吉美签署了为期一年使用比什凯克郊外玛纳斯国际机场的协议,美在玛纳斯机场建立了空军基地,基地担负着空运、空中加油和后勤保障等任务。截至2009年,玛纳斯空军基地驻扎有空军第376远征连队及由一千多名美国、西班牙和法国军人组成的保障部队[1],以及北约部队的数十架战斗机、运输机、加油机和直升机,在机场附近还修建了多个弹药库。

2001年11月末,美反恐战争基本结束。美国务卿鲍威尔在一份声明中表示,美将在一段时间内保持其在中亚的军事存在。阿富汗战争结束以后,美国没有从吉军事基地撤离,联合国授权北约盟军在阿富汗负责协助维持局势的使命,这一授权为美驻军的合法性提供了依据。[2]12月5日,吉美签署了《为美国空军及其盟国提供军事基地协议》,吉允许美使用玛纳斯空军基地,为期一年;此后,两国又签署新的协议,把基地租期延长了三年,并且"租期可以每隔三年延长一次"。[3]12月13日,美助理国务卿伊丽莎白·琼斯阐述了美在中亚谋求的三项目标:防止恐怖主义蔓延,支持中亚国家进行经济和政治改革,推行法治和保证里海能源资源的安全、透明化开发。[4]为实现以上目标,美在中亚地区开始了长期驻军的准备工

---

[1] 杨政:《玛纳斯美军基地背后的博弈》,《光明日报》2009-2-19。

[2] 戴超武、李春玲:《"9·11"事件后美国对中亚地区的政策及其影响》,《世界经济与政治论坛》2002年第1期。

[3] 吴大辉:《美国对中亚的军事安全政策》,《俄罗斯东欧中亚研究》2008年第2期。

[4] A. Elizabeth Jones, "U. S. - Central Asian Cooperation", Testimony to the Subcommittee on Central Asia and the Caucasus, Foreign Relations Committee, U. S. Senate, December 13, 2001, p. 9.

作。2001年12月中旬，美军进驻玛纳斯机场；2002年1月9日的《纽约时报》报道，美及其盟国正在吉兴建一个空军基地，以作为交通枢纽，基地可容纳3000名军事人员，并可供各类战机和支援飞机起降。[1]2002年1月，吉美签署了《2002—2003年军事合作计划》，根据该计划，2002年2月，吉美在比什凯克近郊进行联合军事演习。截至2002年5月，美在该机场已部署了2000多人。[2]2004年，美向吉赠送了耗资350万美元的两架米-8MTB型军用直升机。

利用在吉长期驻军的优势，围绕着实现美国"政治民主"目标，美展开了多方面的外交活动，美在吉的军事存在开始向"政权"转化[3]，美希望将吉建设成为深度西化的中亚国家样板。2002年，美对吉的援助总额为5070万美元，其中1140万用于"民主化"计划，1200万用于市场改革，1200万用于安全领域等。[4]2003年，美参议院通过了关于中亚国家政治制度的决议，决议要求美当局敦促中亚各国领导人加速"民主化"进程，并且把美对这些国家提供的"经援"和"军援"与"民主化"进程挂钩。同年11月6日，布什总统在关于推进中东民主战略的讲话中谈到，"9·11"事件以后，美政府在吉尔吉斯斯坦和土库曼斯坦用于"民主化"推广项目的经费增加了一倍。[5]

美国推行"民主化"的活动引起了中亚国家的警惕，特别是在"3·24"事件和"安集延事件"以后，中亚国家抗议美在中亚的长期驻军。2005年7月5日，在上海合作组织第五次峰会上，成员国签署了《元首宣言》，要求美国确定使用上合组织成员国基础设施

1　杨磊：《美国要在中亚待下去》，《环球军事》2002年第3期。
2　刘庚岑、徐小云编著：《吉尔吉斯斯坦》，第283页。
3　裘元伦：《欧盟扮演的角色》，《现代国际关系》2005年第2期。
4　陈新明：《美国因素及其影响》，《现代国际关系》2005年第2期。
5　邵育群：《美国中亚政策的矛盾与困局》，《国际问题研究》2005年第6期。

及驻军的最后期限。在乌兹别克斯坦提出关闭美军事基地以后,吉玛纳斯基地成了美在中亚的唯一军事基地,基地上停着十几架空中加油机和C-130运输机,有1000名美军在此服务。[1]吉认为,在阿富汗局势趋于平稳之时,美国已无长期在中亚驻军的必要。

2005年7月底,美国防部长拉姆斯菲尔德访吉,以增加租金和提供经济援助等手段保住了美在吉的玛纳斯空军基地,吉政府表示只要阿富汗安全局势还不稳定,玛纳斯基地就将继续存在;9月底,美助理国务卿弗里德访吉,赞赏吉为美军提供玛纳斯机场对维护地区稳定做出了贡献;10月,美国务卿赖斯访吉,吉重申了同意美军继续使用玛纳斯空军基地的立场。2009年春,玛纳斯空军基地改名为"货物转运中心",继续让美使用。吉利用美军事基地获取经济援助,美每年支付的5000万美元的基地使用费在吉国内生产总值中的占比为5%。[2]

2009年2月19日,吉议会以压倒性票数通过了《关于废除美军租用玛纳斯空军基地的协议》。协议规定,美军在收到这一外交照会之后的180天内必须完全撤离玛纳斯基地。当天,俄政府向吉提供了1.5亿美元的无偿援助,3亿美元的优惠贷款,并注销了吉1.8亿美元的外债。[3]同年6月,吉美两国在吉首都比什凯克签署了《关于使用玛纳斯国际机场的协议》,根据新的协议,美将拨款1.7亿多美元,用于修建新的停机坪和仓库,添购新的地面导航设备,打击阿富汗周边毒品走私,打击恐怖主义和支付"货物中转中心"

---

[1] 《美军12亿美元升级和扩建16个亚洲空军基地》,《环球时报》2005-09-23。
[2] 郑羽主编:《中俄美在中亚:合作与竞争》,社会科学文献出版社,2007年,第166页。
[3] 亚历山大·加布耶夫:《俄美"中亚争夺战"仍在继续》,《国防时报》2009-07-17。

使用费。[1]

2013 年 6 月 21 日，吉议会通过自 2014 年 7 月 11 日起解除 2009 年 6 月 22 日签署的关于吉美两国政府间的合作协议以及吉美关于玛纳斯国际机场过境转运中心的协议的法案。2014 年 6 月 3 日，美驻吉玛纳斯空军基地正式关闭。2015 年 8 月 20 日，吉外交部宣布，与美国的合作协议废除法案正式生效，于是，自 1993 年阿卡耶夫访美期间签订的军事合作协议框架下的所有合作项目停止。

通过经济合作及经济援助推动吉走向市场经济是美对吉的经济政策，也是吉美两国关系中的重要内容。独立初期，美政府直接指导和帮助中亚国家的市场机制建设，在美的帮助下，吉尔吉斯斯坦于 1998 年加入了世界贸易组织。

独立之初，吉美经济合作在吉方主要是争取美国的援助，解决国家面临的严重经济困难。1992 年 5 月 8 日，美与吉签署《双边贸易协定》，开始了吉美贸易。2001 年，吉美双方贸易额达到 3000 万美元。[2] 包括吉尔吉斯斯坦在内的中亚五国于 2004 年 6 月 1 日与美签订了《贸易与投资框架协定》，根据协定，双方将成立美国-中亚贸易委员会。[3] 协定的任务是联合地区资源，建立统一的商品和服务市场，实现商品贸易自由化，推动与国际经济和金融体制的整合。[4] 2013 年以来，美已经认识到，只有先搞好贸易才能继续在中亚地区倡导民主、人权和法治。[5] 2013 年，美国与吉货物贸易额为

---

1 《吉外长说吉美马纳斯机场新协议有效期仅一年》，新华网 2009-06-23。
2 陈新明：《美国因素及其影响》，《现代国际关系》2005 年第 2 期。
3 陈杰军、徐晓天：《2004 年的中亚形势》，《国际资料信息》2005 年第 2 期。
4 〔俄〕С. И. 切尔尼亚夫斯基：《变革时代的中亚》，《国外社会科学》2007 年第 6 期。
5 德全英、江淑娟：《美国大中亚安全战略规划评析》，《俄罗斯东欧中亚研究》2013 年第 1 期。

1.098亿美元，占同期吉对外贸易总额的1.58%。[1]吉美经济合作还反映在双方合资企业方面。截至2003年7月1日，美在吉登记注册的合资、独资企业335家，其中88家正在运作。[2]

近三十年来，美国多年在中亚地区的援助资金多达3亿美元。美国在中亚的经济援助对象中，哈萨克斯坦获得的资金占34%，吉尔吉斯斯坦占25%。[3]2001年以来，外国对吉直接投资呈持续增长趋势，1995—2005年间，吉累计吸引外国直接投资大约16.96亿美元，美是主要投资国之一。[4]

对于吉美关系，美驻吉大使帕梅拉·斯普拉特伦总结说："在我们支持吉尔吉斯斯坦民主的努力中面临的一个问题是，吉尔吉斯斯坦与俄罗斯的合作日益增加。在遇到内部和外部挑战时，阿坦巴耶夫总统与俄罗斯总统普京会建立紧密的伙伴关系，吉国把俄罗斯视为获取急需援助的选择之一。这个伙伴关系影响到我们的努力，导致美国在过境运输中心的军事存在终止，但同时俄罗斯的坎特空军基地得以保留。在其他一些问题上，吉国领导人尽管欢迎美国与之合作，但是吉国始终把和俄罗斯的关系置于优先地位，常常伤害到吉美关系。"[5]

---

1 马勇等：《美国与中亚国家的合作与矛盾》，《国际研究参考》2014年第12期。
2 刘庚岑、徐小云编著：《吉尔吉斯斯坦》，第284页。
3 刘赛、石岚：《论美国非政府组织在中亚的活动与角色》，《俄罗斯东欧中亚研究》2022年第6期。
4 王海燕：《吉尔吉斯斯坦独立15年经济发展评析》，《新疆社会科学》2008年第4期：投资主要来自美国、加拿大、德国、英国、土耳其等经济发达国家以及哈萨克斯坦和俄罗斯等国。
5 廖成梅、杨航：《吉尔吉斯斯坦与美国关系转冷的影响因素分析》，《安徽职业技术学院学报》2015年第4期。

第四节 侧重地区安全的吉欧关系

欧洲联盟组织（简称"欧盟"）是在欧洲共同体的基础上形成的。1952年和1958年，欧洲六国（法国、联邦德国、意大利、荷兰、比利时、卢森堡）组建了欧洲煤钢共同体、欧洲经济共同体和欧洲原子能共同体；1965年4月8日，上述三个共同体融为一体，统称欧洲共同体（又称"欧洲共同市场"）；1991年12月，欧洲共同体成员国通过了《欧洲联盟条约》，该条约于1993年11月1日生效，欧盟正式成立。

在欧盟形成之时，正值吉尔吉斯共和国从苏联解体中独立，欧洲一些国家很快承认了吉为独立国家；为了扩大国际影响，欧盟积极发展与包括吉尔吉斯斯坦在内的中亚新兴国家的关系。吉尔吉斯斯坦与欧盟关系（简称"吉欧关系"）最初只是在欧盟实施的一些援助项目下开展经济合作。依据欧共体与苏联签署的《1989年贸易和合作协定》，欧盟继续与中亚国家发展经济合作，并将合作协定改名为"对独联体国家的技术援助计划"（即"塔西斯计划"）[1]。1994年，吉尔吉斯斯坦加入"塔西斯计划"，在此框架下接受了欧盟的援助。

"塔西斯计划"超过半数的援助是给经济实力居前位的哈乌两国[2]，从1991—2006年，吉接受了1.0795亿欧元[3]的援助，在中亚国家中欧盟对吉的援助仅次于哈乌两国。2006年，"塔西斯计划"期

---

[1] 塔西斯计划（Technical Assistance for the CIS，TACIS）的援助对象为原苏联地区12个国家，包括中亚五国、外高加索三国，以及俄罗斯、白俄罗斯、乌克兰和摩尔多瓦。
[2] 贾文华：《欧盟对中亚发展援助述论》，《俄罗斯研究》2007年第4期。
[3] 张宁：《欧盟的中亚援助战略分析》，《俄罗斯中亚东欧市场》2008年第7期。

满停止，欧盟从 2007 年起开始实施"发展合作工具"，在 2007—2013 年间，欧盟在此框架内对吉的援助款为 1.062 亿欧元[1]，仅次于塔吉克斯坦，不难看出，欧盟已经将重点援助对象转向了吉塔两国。

1994 年，欧盟开始关注环境保护问题，实施了如水资源治理、大气环保、生物保护、卫生保健等项目，其中援助了吉、哈、乌三国在天山西部组建跨界自然公园的计划，欧盟为此项目拨款近 90 万欧元[2]，吉尔吉斯斯坦国家林业局是该方案的代理执行机构。在中亚国家中，欧盟实施的援助计划有"食品安全计划"、"人道主义援助计划"和"缩减贫困战略文件"。其中，吉塔两国是欧盟实施以上项目的重点，"食品安全计划"主要解决吉塔两国的食品安全问题。2003 年，欧盟支出 300 万欧元用于中亚国家预防自然灾害，其中大部分提供给塔，其余的提供给吉乌两国。

除援助外，吉欧之间也有贸易往来。2010—2014 年间，吉欧贸易总额从 2010 年的 4 亿欧元，增至 2014 年的 5 亿欧元，进口增加 -20.5%，出口增加 17.5%。[3] 2016 年 1 月 26 日，欧盟通过了给予吉超普惠国待遇（即 GSP+）的决议，获此优惠以后，吉在与欧盟关税同盟条约成员国的对外贸易中，有 6000 余种出口商品可免关税。2017 年，吉欧贸易额增长了 48%，吉对欧盟的出口增长了 120%，近 6000 种出口商品获得免税的优惠条件。[4]

1　陈柯旭、石靖：《中美欧援助塔吉克斯坦比较研究——关于援助资金、领域分配和效果评估》，《新疆师范大学学报》2014 年第 3 期。
2　《哈、吉、乌欲建跨界自然保护区》，周晓玲译，《中亚信息》2004 年第 3 期。
3　徐刚：《欧盟中亚政策的演变、特征与趋向》，《俄罗斯学刊》2016 年第 2 期。
4　《吉尔吉斯斯坦与欧盟合作协议二十年来首次发生变化》，中华人民共和国商务部 2018-03-22。

吉欧政治关系的主要内容是安全领域的合作。欧盟于 1994 年 7 月制定了《走向亚洲新战略》，主张通过对话，与吉尔吉斯斯坦建立起建设性的平等稳定的伙伴关系。当年，欧盟在哈首都阿拉木图设立了大使级代表处，在吉首都比什凯克设立了代办级代表处。1995 年，吉与欧盟签署了《伙伴关系与合作协议》，1999 年生效，双方建立了部长级合作理事会、议会合作委员会等机制。尽管成立了这些机构，但吉在欧盟外交中并未占据优先位置，截至 2004 年，除德法两国外，欧盟其他成员国普遍没有在吉设立大使馆。

"9·11"事件以后，吉欧关系的重点放在共同应对非传统安全威胁，特别是打击毒品犯罪方面。欧盟在援助项目中，制定了专门针对中亚国家的打击毒品犯罪和边界管理两个项目。以上两个项目从 2002 年启动，由联合国开发计划署实施，该署设在比什凯克的国家办公室。对于边界管理项目，欧盟在吉建立了边界部门间领导工作小组。

在吉实施的重点项目是打击毒品犯罪，欧盟选中吉 47 号监狱作为中亚"监狱系统禁毒"项目的试点，由欧盟专家对监狱工作人员及相关非政府组织进行培训，"监狱系统禁毒"项目于 2007 年 1 月建立，向各地区推广。

为了在更高层面上与中亚国家对话，2005 年 7 月，欧盟设立了中亚事务特别代表（EUSR）。在 2007 年以前，欧盟仍然是在《伙伴合作协定》的框架内与吉发展政治关系。欧盟将吉确立为中亚经济转轨与民主化改革的重点援助国，因此，欧盟对吉的援助附加了一些政治条件，如 2006 年给予吉尔吉斯斯坦超普惠国待遇时，附加的条件是受惠国必须批准和执行 27 个国际公约（其中 8 个关于人权保护、8 个关于劳动权利保护、7 个关于环境保护、3 个关于禁毒和 1 个关于反腐败）。[1] 欧盟每年对以上公约进行检查，如果吉未能执行，超普惠国待遇可以取消。

2007 年，欧盟与中亚国家关系发生了实质性变化。是年 4 月下旬，欧盟通过了《2007—2013 年欧盟援助中亚战略文件》和《2007—2010 年中亚指导计划》，体现出欧盟要求中亚国家稳定的现实需求超过了对民主人权的追求。同年 6 月 22 日，欧盟理事会审议并通过了由德国起草的《欧盟与中亚：新伙伴关系战略》。[2]

2010 年 4 月，吉发生政变，反对派成立了临时政府；临时政府过渡时期的总统奥通巴耶娃来到欧盟总部布鲁塞尔，欧洲理事会常任主席范龙佩和欧盟委员会主席巴罗佐分别会见了奥通巴耶娃。巴罗佐在接见时承诺，截至 2013 年，欧盟将对吉提供数额为 5100 万欧元的无偿援助。[3] 此外，欧盟还表示，2011—2013 年将在维护社会稳定、教育改革和司法改革三个领域向吉提供帮助，在 2012 年将向吉提供约为 1.18 亿欧元的援助。[4] 2015 年，吉总统阿坦巴耶夫访问德国，德国总理默克尔在会谈中说："欧洲更加信任吉尔吉斯斯坦，把吉视为一个在中亚地区和穆斯林世界都有着重要地位的国家。"[5]

吉欧双方在人文领域的合作是通过欧盟的一些项目进行的。《新战略》启动了"欧盟教育倡议"，为此，欧盟在 2007—2010 年对中亚教育领域拨款 2500 万欧元[6]，使教育成为欧盟对中亚援助资金

---

1 《欧盟自 1 月 27 日起给予吉尔吉斯超普惠制待遇（即 GSP+）》，中华人民共和国商务部 2016-02-05。
2 托马斯·伦克：《欧盟的中亚新战略》，《俄罗斯研究》2009 年第 6 期。
3 《欧盟同意为吉尔吉斯提供无偿经济援助》，国际在线 2011-03-03。
4 《吉尔吉斯斯坦总统访问欧盟》，人民网 2011-03-02。
5 《吉尔吉斯斯坦：在俄罗斯与欧洲之间扮演"中间人"》，《文汇报》2015-04-06。
6 刘继业：《欧盟对中亚高等教育项目的援助》，《国际研究参考》2010 年第 3 期。

投入最多的项目。援助中亚教育是在欧盟"坦普斯计划"(Tempus)框架下进行的,"坦普斯计划"于1990年发起,吉于1995年加入。计划目的是促进巴尔干地区国家以及东欧和中亚地区国家高等教育发展改革,以使转型国教育能够适应市场经济需要。

第十六章
国际组织与国际地位

　　独立以后,吉尔吉斯斯坦积极加入到国际或区域性组织中,以获得国际社会的承认,扩大本国在国际上的影响。1992年以来,吉尔吉斯斯坦加入的国际组织有联合国、欧洲安全与合作组织、独立国家联合体和上海合作组织。吉尔吉斯斯坦在以上组织中发挥了积极作用。

第一节　积极配合联合国、欧安组织的活动

　　1992年3月2日,联合国接纳吉尔吉斯斯坦为正式成员国,吉尔吉斯斯坦获得了国际地位,当年10月,总统阿卡耶夫率领代表团参加了联合国第47届大会。此后,吉代表团出席了历次联合国大会,自觉地履行了联合国的各项决议,主动承担了联合国的各项义务,配合联合国的工作,支持联合国的决议。

　　联合国在1990年2月通过的《政治宣言》和《全球行动纲领》中,呼吁各国采取更加积极的措施和行动加强国际禁毒合作,并宣布1991—2000年为"联合国禁毒10年"。吉尔吉斯斯坦独立以后,吉总统阿卡耶夫提出了在中亚建立无毒区的倡议。1996年5月,包括吉在内的中亚国家与联合国下属的毒品与犯罪问题办公室签署了关于对非法生产、贩运和滥用麻醉药品和精神药物监督方面相互谅

解与合作备忘录[1]；1999年5月，在吉比什凯克召开的题为"丝绸之路：中亚与毒品斗争"的国际会议上，讨论了丝绸之路国家的毒品犯罪形势，并决定加强合作[2]。

1993年，乌兹别克斯坦总统卡里莫夫在联合国第48届大会上提出中亚无核区的设想。1997年3月，包括吉尔吉斯斯坦在内的中亚国家首脑在哈萨克斯坦阿拉木图城会晤，通过了建立中亚无核区的决议。这一决议于当年召开的第52届联合国大会上获得通过，联合国成立了五国专家组负责无核区条约的起草。1998年7月9—10日，联合国国际原子能机构、中亚五国、五个核国家[3]代表在吉首都比什凯克举行磋商，讨论了中亚无核区条约草案。2006年9月8日，吉与其他中亚四国在哈东部城市塞米巴拉金斯克正式签署《中亚无核武器区条约》，该条约于2009年3月21日正式生效。包括吉在内的中亚国家在中亚无核区问题上的不懈努力对地区和平与安全做出了重要贡献。联合国秘书长潘基文指出，该条约的生效将推动加强全球核不扩散机制，彰显无核武器区的战略和道义价值，并显示出在实现无核武器世界方面取得更大进展的可能性。[4]

在吉乌塔境内存有超过1亿吨放射性废料，受暴雨、泥石流和山体滑坡以及地震等多发性自然灾害影响，费尔干纳盆地的河流和土壤都有可能遭受放射性污染，位于三国交界地带的费尔干纳盆地的1100万居民面临着生态环境被破坏的威胁。2009年，联合国驻吉协调员沃克说，联合国将积极协调地区和国际合作，以解决中亚铀废料污染问题。[5]

---

1 《中亚国家决定在哈萨克斯坦建禁毒信息协调中心》，新华网2006-02-09。
2 孙壮志：《浅析中亚地区的跨国安全机制》，《新疆社会科学》2003年第4期。
3 五个核国家为美国、俄罗斯、法国、英国、中国。
4 《潘基文欢迎〈中亚无核武器区条约〉生效》，人民网2009-03-22。
5 《联合国官员：中亚地区的铀废料可能引发生态灾难》，新华网2009-04-27。

吉尔吉斯斯坦参与了联合国的反恐行动，支持安理会反恐委员会的工作。1997年，吉总统出席了中亚五国元首会议，会议通过了有关处理阿富汗内战的《阿拉木图宣言》。2010年4月3日，联合国秘书长潘基文访吉，与吉总统就进一步加深吉与联合国的合作关系，以及有关国际、地区问题交换了意见。在此次访问中，潘基文对吉尔吉斯斯坦为阿富汗稳定提供的支持表示感谢说："阿富汗局势影响区域稳定，如果我们希望看到阿富汗实现和平，需要各方联合努力。因此，没有吉尔吉斯斯坦的合作与参与，就不能到达稳定阿富汗局势的目标。"[1]

2000年9月，联合国提出了解决消除贫穷、饥饿、疾病、文盲、环境恶化和对妇女歧视等问题的"千年发展目标"，以及为实现这一目标拟定的"中亚经济专门计划"，根据联合国有关机构的分工，吉尔吉斯斯坦在该计划中将牵头完成有效合理利用能源和水资源的有关工作。2006年，在中亚经济专门计划的框架下，联合国亚洲及太平洋经济社会委员会和欧洲经济委员会帮助吉哈两国成立了楚河-塔拉斯河委员会，以协调和监督中亚国家在分享两河水资源时各自应当承担的义务。

在吉遭遇困难之时，联合国有关机构为吉提供了帮助。2008年，联合国世界粮食规划署为吉贫困地区的4万个家庭分配粮食，联合国粮农组织希望援助7500个农户，为他们供应农作物种子；联合国儿童基金会准备援助6个孤儿院和2个残疾儿童福利院；联合国难民委员会打算为在吉1万名难民和申请避难者提供紧急粮食援助。[2]2010年，在吉发生政治动乱期间，联合国计划向吉尔吉斯

---

[1] 《联合国秘书长认为阿富汗稳定影响全球》，新华网2010-04-04。
[2] 《联合国向吉尔吉斯斯坦提供援助》，谷维译，《中亚信息》2009年第3期。

斯坦提供1200万美元援助[1]，联合国秘书长潘基文呼吁国际社会给予在骚乱中受难的数十万吉尔吉斯斯坦人提供7100万美元的紧急人道援助[2]。2012—2016年，联合国计划向吉提供1.87亿美元的技术援助[3]。

在中亚经济发展过程中，联合国有关机构为促进中亚经济发展做出极大贡献。2005年3月，联合国开发计划署与中国和中亚四国（哈、乌、吉、塔）政府在北京正式启动"丝绸之路区域合作项目"，项目的首批启动资金为100万美元。[4]

吉尔吉斯斯坦是联合国教科文组织成员国。在联合国教科文组织的框架下，吉参与了该组织展开的各种活动。2002年，吉向联合国提交了"将2003年命名为吉尔吉斯斯坦国家年"的议案，该议案于2003年初在联合国获得通过，确定了2003年为"吉尔吉斯斯坦国家年"。

吉总统巴基耶夫指出，联合国是唯一的应对威胁和时代挑战的多边外交和集体行动最有效的平台，吉欢迎和支持联合国及其机构在吉开展工作，并将吉与联合国的合作视为吉外交政策的重中之重。

20世纪70年代初，欧洲国家为了应对当时欧洲的安全及加强各国经济、环境、科学技术合作，于1972—1995年间在芬兰首都赫尔辛基召开大使级会议，最终签署了标志着欧安会正式成立的《赫尔辛基最后文件》。1991年，吉尔吉斯斯坦独立，1992年1月30日被吸收为欧安会正式成员。1994年12月，在匈牙利首都布达

---

[1] 王向东：《联合国将向吉尔吉斯斯坦提供1200万美元援助》，国际在线2010-05-05。

[2] 《联合国呼吁为吉尔吉斯斯坦提供7100万美元紧急援助》，新华网2010-06-19。

[3] 《联合国将向吉尔吉斯斯坦提供1.87亿美元援助》，国际在线2011-03-18。

[4] 张宁：《中亚一体化合作机制及其对上海合作组织的影响》，《俄罗斯中亚东欧研究》2006年第6期。

佩斯召开欧安会首脑会议，决定从1995年1月1日起更名为欧洲安全与合作组织（简称"欧安组织"）。此后，吉多次出席欧安组织会议，欧安组织领导人和代表也多次访问包括吉在内的中亚国家。

1998年4月14—20日，欧安组织轮值主席国波兰外长盖莱梅克访问吉尔吉斯斯坦等中亚五国，强调中亚是欧安组织的重要组成部分；1999年1月，吉尔吉斯斯坦等中亚国家领导人出席欧安组织维也纳常务委员会会议；2001年12月，欧安组织和联合国共同在比什凯克召开反恐怖主义国际会议，来自欧安组织50多个成员国的大约300名代表出席了会议。[1]

欧安组织关注吉尔吉斯斯坦政治和安全、经济和环境、人权领域等相关问题。为此，1998年7月23日，欧安组织常设理事会决定在吉首都比什凯克成立比什凯克中心，2000年4月，在奥什地区开设外地办事处。此后，吉与欧安组织的关系在该中心的框架下发展。

欧安组织利用比什凯克中心和奥什办事处推进吉民主进程。中心组织对宪法修正案的公开辩论；加强媒介在"民主化"中的角色。该中心在比什凯克建立了一个独立新闻俱乐部，在卡拉库尔和塔拉斯开辟了为媒体的改革和发展提供技术和专业援助的媒介资源中心。

比什凯克中心在吉的另一主要作用是保持这一地区的稳定，阻止冲突发生。中心与吉政府合作，举办维持公共治安的活动，对吉警察职业化和提高警务能力提供支持；开展对社区警察的训练，训练项目侧重于维持社区治安，加强公众与警察的联系。

监督吉尔吉斯斯坦政府保障人权也是中心的重要工作，中心在

---

[1] 王宏渊：《中亚国家的安全战略》，《新疆社会科学》2005年第4期。

这一方面做了以下工作：对人权意识的培养；对法官和检察培训中心进行国际人权和法律规则标准的教育；协助全国犯罪立法系统的人性化和改善拘留设施；促进性别平等。

中心还开展推动吉经济发展的活动。主要活动是促进市场经济的转型，援助中小型企业，鼓励女性参与社会和经济活动等，支持吉政府反腐败工作，加强反腐败立法和机构建设。

第二节 积极参与独联体的活动

独立国家联合体是吉尔吉斯斯坦参与创建的区域性组织。独联体是苏联解体前夕国际关系体系分化的结果。1991年12月8日，俄罗斯、乌克兰和白俄罗斯三国总统在白俄罗斯首都明斯克签署了成立"独立国家联合体"的协议；12月13日，中亚五国领导人在土库曼斯坦首都阿什哈巴德开会，一致同意以创始国身份加入独联体；12月21日，包括吉尔吉斯斯坦在内的原苏联11个加盟共和国在哈首都阿拉木图签署了《阿拉木图宣言》，宣告独立国家联合体（简称"独联体"）成立。

俄罗斯在独联体中起到了核心作用。俄罗斯希望将独联体建设为欧盟一样的国际组织，在政治、经济和军事方面实现一体化。1992年，俄罗斯提出了在独联体中构建军事一体化的设想，集体安全条约是一个拥有统一军事力量的防御联盟条约，其主要内容是：任何一个缔约国一旦面临侵略，其他几国要根据联合国宪章第51条的规定行使集体防御的权利，向受侵略国提供包括军事援助在内的必要援助，并用各种手段援助受难国。[1]1992年，吉尔吉斯斯坦

---

1 潘德礼主编：《俄罗斯》，第540页。

没有在集体安全条约上签字，直到 1994 年才参加该条约。尽管如此，吉积极支持独联体国家中的军事活动。

吉尔吉斯斯坦积极参与了独联体成员国军事方面的活动，其中参与了 1992 年 8 月 14 日在白俄罗斯的明斯克市的会议，并在《关于建立维持和平部队的议定书》上签字；同年 9 月 8 日出席了独联体国家外长会议，并与俄哈塔签署了四国与中国边界地区相互削减武装力量协议；1993 年 12 月 23 日出席了在哈阿拉木图举行的独联体国家首脑会议，对俄罗斯"关于共同保卫外部边界的构想"表示赞同；1995 年 2 月 10 日，吉签署了《关于建立独联体国家联合防空体系协议》；1996 年 10 月 29 日出席了在塔杜尚别召开的独联体国家国防部长理事会，讨论了中亚地区的局势；1999 年 4 月 2 日续签了独联体集体安全条约；1999 年 4 月 8 日出席了在塔杜尚别举行的独联体边防军司令代表会议，就独联体各国边防军协调行动和建立统一信息空间等问题达成了协议，讨论了加大打击武器和毒品走私等问题；1999 年 12 月 21 日出席了在莫斯科举行的独联体国家国防部长理事会会议，就具体完善独联体联合防空体系问题以及部长理事会下属机构的工作情况进行了讨论，着重研究了进一步发展集体安全体系和协同打击国际恐怖主义的问题，签署了独联体成员国至 2000 年共建联合防空体系的计划；2000 年 10 月 26 日出席了在塔杜尚别举行的独联体国家国防部长会议，就独联体各国联合起来共同打击国际恐怖主义和宗教极端主义，保障独联体各国安全达成共识，通过了加强独联体南部地区联合防空系统的计划，以及中亚地区成立快速反应部队的决定。

随着"颜色革命"的东进，包括吉尔吉斯斯坦在内的中亚国家对在独联体框架内建立军事合作的愿望强烈起来。2002 年，俄总统普京提议改"集体安全条约"为"集体安全条约组织"（简称"集安组织"），这一提议获得通过并于2003年4月28日正式成立。集安组织定期开会协调有关军事、政治问题的立场。

2005年，吉尔吉斯斯坦爆发"3·24"事件。同年5月25日，集安组织成员国哈、吉、塔三国决定组建中亚联合快速反应部队。中亚联合快速反应部队的规模并不像集体快速反应部队那样，只包括几个营，而是包括整团、整师，甚至可能是几个兵团或军团。[1]在爆发大规模战争的情况下，俄、哈、吉、塔四国将把自己的武装力量交由中亚联合快速反应部队指挥。

为了协调行动，吉尔吉斯斯坦参与了独联体国家举行的军事演习。其中，参与了1997年9月15日在哈举行的独联体国家与北约联合的军事演习；参与了1998年1月1日独联体联合防空体系的联合战斗值勤；参与了1998年7月8—9日在哈阿拉木图举行的联合军事演习；1999年，参与了10月27—28日代号为"首长司令部"的独联体防空部队联合军演，以及10月29日—11月2日名为"99独联体南部盾牌"的联合军演；参加了2000年3月28日—4月3日在塔举行的代号为"独联体南部盾牌2000"的军事演习；参加了2001年4月2—7日代号为"独联体南部盾牌2001"的联合军演；同年8月23—28日，吉参加了独联体成员国在俄阿斯特拉罕地区举行的"战斗协作2000"的大规模防空作战演习。

除军事一体化外，俄罗斯积极促进独联体国家的政治一体化，吉尔吉斯斯坦对独联体政治一体化也持支持态度。吉多次出席独联体元首和政府首脑会议，其中1993年1月22日出席了在白俄罗斯举行的独联体10国元首和政府首脑会晤，就一系列政治和经济问题进行讨论，会上包括吉在内的7国首脑签署了《独联体章程》；

---

1 《俄哈吉塔将建四国军联，防"颜色革命"与美抗衡》，人民网2005-10-14。

1993年8月7日出席了在莫斯科举行的关于解决塔吉克-阿富汗边界地区冲突问题的讨论会，签署了《边界不可侵犯宣言》；2000年1月25日出席了在莫斯科举行的独联体国家首脑会议第25次会议，讨论了打击国际恐怖主义、分裂主义，加强独联体内部的经济合作问题，制定了打击国际恐怖主义和分裂主义国际专项纲要。

此外，吉参加了独联体跨国议会和内务部长理事会会议，其中出席了1992年3月27日在哈阿拉木图举行的独联体7国议会首脑会议，签署了《成立独联体国家跨国议会大会的协定》；出席了1998年10月17日在俄圣彼得堡举行的独联体国家跨国议会大会，着重讨论独联体机构改革问题；出席了1999年9月30日—10月1日在乌克兰基辅举行的独联体国家内务部长理事会会议，讨论了各国同有组织犯罪斗争的协调行动、建立有关情报交流等问题；出席了2000年3月10日独联体国家内务部长会议，并就建立以俄罗斯为首的联合反恐怖中心达成协议；出席了4月7—9日在塔杜尚别举行的安全委员会秘书工作会议，审议了独联体各国安全委员会加强协作的具体措施；出席了5月24日在白俄罗斯明斯克举办的独联体集体安全理事会会议，讨论了如何协调打击恐怖主义的机制；出席了6月21日在莫斯科举行的独联体国家元首理事会会议，讨论了维护世界战略稳定，在反恐怖领域加强协作和建立独联体自由贸易区等问题，会上决定成立独联体反恐怖中心；承办了9月6—8日独联体国家内务部长会议，讨论了关于联合打击国际恐怖主义、宗教极端主义和有组织犯罪的声明，签署了一项联合打击国际恐怖主义协议；出席了10月25日在乌克兰基辅举行的独联体国家边防部队司令理事会会议，讨论了各国边防部门在打击非法移民、倒卖武器和贩毒等领域开展合作以及如何协调独联体各国边防政策等问题；出席了2001年2月12日在哈举行的独联体外交部代表会议，就遏制独联体境内的非法移民现象和打击贩毒活动进行磋商，强调了统一独联体成员国护法机构和其他有关部门的行动；出席了2001年3月16日在乌克兰哈尔科夫举行的独联体国家内务部代表会议，协调了打击有组织犯罪行动，签署了一份声明，一致同意在反洗钱、反贩毒、反贪污受贿和反非法武器交易的斗争中进行协作。

俄罗斯在独联体成立之初就开始构建独联体国家的经济一体化。与军事一体化不同，独联体的经济一体化一直处于停滞状态，制定的许多协议得不到有效执行。在此形势下，独联体成员国之间的双边或多边合作形成，其中有吉、哈、乌、塔、俄五国组成的中亚经济共同体，俄、白、哈、吉、塔组建的欧亚经济共同体等区域性经济一体化组织。

吉尔吉斯斯坦参与了独联体国家有关经济合作的会议。参与了1993年1月4日在塔什干举行的中亚五国建立统一的中亚市场的磋商；参与了同年9月24日在莫斯科举行的独联体11国首脑会议，签署了《独联体经济联盟条约》；1995年7月19日，吉与哈乌两国签署了关税同盟议定书，三国之间实现了对彼此过往货物免征关税；同年11月3日，吉出席了在莫斯科举行的独联体国家政府首脑理事会会议，签署了十多个经济一体化协定；1996年3月29日出席了在莫斯科召开的深化经济和人文领域一体化会议，与俄、白、哈三国签署了关税同盟协定；1997年10月22日出席了在莫斯科举行的跨国委员会会议，吉与俄、白、哈三国元首决定成立四国自由贸易区和关税联盟，开始实行统一关税，协商四国间接税计算和征收原则；1998年3月6日出席了在莫斯科举行的独联体国家政府首脑会议，讨论了独联体国家建立自由贸易区、经济一体化等问题，签署了关于成立跨国公司的协定和关于建立统一农业市场的协定；1999年9月24日出席了在哈阿斯塔纳举行的独联体关税联盟成员国政府首脑会议，签署了关税联盟协定成员国加强经济合作和克服金融危机影响联合行动议定书，以及简化成员国间商品流通报关程序等协议；同年10月26日出席了在莫斯科举行的关税联盟五国（白、俄、哈、吉、塔）首脑会议，签署了《关税联盟和统一经济空间条约成员国元首莫斯科声明》；2000年，独联体关税联盟政府首脑会议决定将关税联盟改为跨国机构，并拟改名为欧亚关税联盟。

截至1999年10月，吉尔吉斯斯坦参加的关税同盟协定五国已有60%的关税税率实现统一，涉及1.1万种商品。[1]1999年10月6日吉出席了在哈萨克斯坦阿斯塔纳举行的独联体关税联盟五国政府首脑会议，签署了关于在关税联盟基础上成立欧亚经济共同体的条约草案；10月10日，关税联盟五国总统在哈阿斯塔纳签署条约，决定将关税联盟改组为欧亚经济共同体，在共同体内实行统一关税税率、统一的非关税调节措施，还准备制定针对第三国的五国统一贸易制度，建立统一关税区；2001年5月31日，欧亚经济共同体跨国委员会第一次会议在白俄罗斯首都明斯克举行，会议宣布欧亚经济共同体正式成立。

欧亚经济共同体的常设机构是由成员国副总理组成的一体化委员会，该委员会分别在阿拉木图和莫斯科设有机构，在一体化委员会下设立了海关分委会，负责海关领域规范，制定关税税率的原则，取消非关税壁垒，简化、协调和统一成员国的海关业务，以及协调与非成员国的关系等。据不完全统计，截至2002年底，俄罗斯与吉尔吉斯斯坦统一了14%的关税。[2]2007年10月6日，在塔

---

[1] 潘德礼主编：《俄罗斯》，第542页。

[2] 张宁：《中亚一体化合作机制及其对上海合作组织的影响》，《俄罗斯中亚东欧研究》2006年第6期。

首都杜尚别召开的峰会上，俄、白、哈三国成立了关税同盟委员会，签署了统一关税的协议。据《俄罗斯报》2013年3月5日报道，吉正在为尽快加入关税同盟制定具体措施，其中包括按关税同盟规则调整国内法律，关税同盟已评估了吉加入可能产生的所有风险，吉加入关税同盟客观上有助于地区一体化进程。

欧亚经济共同体在一体化委员会下设立了交通政策委员会，负责协调统一成员国的相关法律法规，统一成员国的运费，形成共同运输市场。1998年1月22日，俄、白、哈、吉四国签订了《建立交通同盟协议》，此协议于2001年4月正式生效。根据该协议共同体成员国间公路、水上跨国交通运输工具不再收取各项杂费，成员国间航空公司执行统一的机场使用和领航费。[1]

2001年，欧亚经济共同体成立了中心银行行长委员会，以协调各成员国之间的外汇、金融和银行体系的运作，建立了多边付款结算体系。多年来，在该委员会的努力下，共同体进一步推动资本自由流动，建立了共同的金融市场。[2] 欧亚经济共同体现已成为独联体经济一体化的核心圈。

2014年，哈与俄罗斯、白俄罗斯发起设立欧亚经济联盟，2015年，吉尔吉斯斯坦和亚美尼亚加入。欧亚经济联盟是苏联解体之后建立起来的一个超国家联盟，它的目标是在2025年建设成为一个类似欧盟的单一市场。

在独联体框架内建立的协调机制对成员国之间的政治、经济、安全方面的传统联系起到了纽带作用，同时对中亚五个加盟共和国

---

[1]《欧亚经济共同体在地区合作中的作用和发展前景》，中华人民共和国商务部 2008-05-19。

[2]《欧亚经济共同体国家中央银行行长会议在杜尚别召开》，中华人民共和国商务部 2004-11-25。

向独立国家的平稳过渡、经济恢复和发展发挥了重要作用。然而,随着独联体各国政治、经济独立性的加强,成员国之间相互依存的关系在逐渐减弱。2005年以后,独联体国家中出现了一些问题。为了争夺南奥塞梯的控制权,俄罗斯与格鲁吉亚于2008年8月8日爆发了战争。格鲁吉亚于2009年8月18日正式退出了独联体。2009年10月,吉、哈、乌、塔中亚四国总统没有出席在摩尔多瓦首都基希讷乌举行的元首峰会。俄罗斯专家指出,中亚四国总统拒绝参加峰会是在向俄罗斯施压,这也表明中亚国家开始实施多方位对外政策。[1] 尽管集安组织出现了危机,但由于面对恐怖主义等安全威胁,吉尔吉斯斯坦仍然看重由俄主导的独联体集安组织和独联体中最大的经济一体化组织欧亚经济共同体。因此,独联体在一段时期内将继续存在,并发挥一定的作用。

　　吉尔吉斯斯坦在独联体中发挥着积极作用。1992年10月7日,吉承办了独联体国家国防部长会议,签署了《关于独联体联合武装力量总司令部地位》和《军事安全构想》两项协定。1999年10月26日—11月2日,吉主办了中亚五国军事协调指挥作战演习;同年11月5日,吉承办了独联体国家安全会议,为了协调在反国际恐怖主义斗争中的行动,会议决定成立独联体国家安全秘书委员会。2004年8月初,俄与哈、吉、塔三国在吉伊塞克湖州的埃杰利韦斯举行了"防线2004"的军事演习,以检验集安组织应对恐怖袭击、跨越国境调遣部队及采取快速行动的能力;此次军演大约有2000多名官兵参加,使用了40多件重武器,演习中地面部队与部署在吉坎特空军基地的俄罗斯空中力量配合默契。[2]

---

[1]《中亚四国拒赴独联体峰会,被视为排挤俄罗斯信号》,《环球时报》2009-10-09。
[2] 陈杰军、徐晓天:《2004年的中亚形势》,《国际资料信息》2005年第2期。

此外，吉尔吉斯斯坦还承办了 1992 年 9 月 15—16 日的独联体跨国议会第一次会议和 1992 年 10 月 9 日独联体国家第 7 次首脑会议；1997 年 10 月 9 日，吉承办了独联体国家政府首脑第 26 次例行会议，会议讨论了加强独联体经济一体化；2000 年 9 月 8—9 日，吉承办了独联体关税联盟成员国税务机构领导人会议，与其他关税联盟四国（俄、白、哈、塔）的税务机构领导人签署了《2000—2002 年间统一各国税务立法的协议》《关于税务机构定期交换业务信息的议定书》《关于运用避免双重征税协议统一原则的协议》。以上会议的承办对推动独联体成员国之间的政治、军事、经济合作起到了促进作用。

第三节 积极参与和支持上合组织的活动

苏联解体以后，为了解决中亚地区共同面临的问题，如苏联时期遗留的边境争端、边境军事对峙等冲突，1996 年 4 月 26 日，吉、哈、塔中亚三国与中俄两国（即下文中的"上海五国"）首脑在中国上海签署了《关于在边境地区加强军事领域信任的协定》；1997 年 4 月 24 日，上海五国首脑在莫斯科签署了《关于在边境地区相互裁减军事力量的协定》，协定对双方边界军事力量的规模、武器配置、活动方式、相关信息等方面做了具体规定。此后，上海五国首脑年度会晤的形式被固定下来。

2001 年 6 月 15 日，吉、哈、塔、乌中亚四国与中俄两国元首在上海会晤，签署并发表了《上海合作组织成立宣言》，上海合作组织（简称"上合组织"）正式成立。上海五国最初的主要工作是解决边界问题，由于 1999 年国际恐怖主义的活动，维护地区安全和稳定成为上合组织的首要任务，因此，在 2001 年 6 月 15 日召开的会上还签署了《打击恐怖主义、分裂主义和极端主义上海公约》，公约不仅为联合打击"三股势力"奠定了法律基础，而且提出了成员国合作的方向和形式。上合组织成立不到3个月，"9·11"事件发生，9月14日，正在哈阿拉木图召开的上合组织总理会晤立即发表声明，表示愿与所有国家和国际组织联合，为根除恐怖主义进行斗争；2002年6月，吉总统出席了第二次上合组织峰会，并在《上海合作组织成员国关于地区反恐怖机构的协定》上签字，根据协定书，上合组织决定在吉首都比什凯克设立地区反恐怖机构，并在安全、司法和执法领域相继启动包括国防部长、总检察长、安全会议秘书、最高法院院长等会晤机制；在2003年5月29日召开的上合组织成员国第三次峰会上，吉总统在《上海合作组织成员国元首宣言》签字，宣言决定在上合组织建设两个常设机构，即上海合作组织秘书处和地区反恐怖机构。

为了协调打击恐怖主义的行动，吉尔吉斯斯坦参加了上合组织举行的联合反恐演习。2002年10月10—11日，吉中两国举行了上合组织的首次军事演习；2003年8月6—12日，吉派武装力量参加了在哈举行的、代号为"联合2003"的军事演习。五国军队了解了彼此的指挥体系、指挥方式、指挥手段，第一次实现了情报共同分析、指挥共同行动，探索了多国协同联合反恐、维护地区安全稳定的途径和手段。[1] 2007年吉主办了代号为"伊塞克湖反恐2007"的联合军演；此后，吉参加了2009年4月在塔举行的"诺拉克反恐2009"联合反恐演习和2011年5月在中国新疆喀什举行的代号为"天山2号（2011）"的联合反恐演习。通过这些演习，各方主管机关反恐部门务实合作，进一步提高预防和打击恐怖犯罪活动的

---

[1]《上海合作组织各领域的合作》，《大陆桥视野》2005年第4期。

能力与水平，切实维护各国及本地区的安全与稳定。[1]

上合组织成员国在防范"颜色革命"中互相支持，统一行动。在吉乌两国打击"乌伊运"时，俄塔等国给予配合。在中国打击"东突"势力时，吉哈两国也给予了有力的支持。在吉"3·24"事件以后，2005年7月5日，上合组织成员国在哈召开会议，会上发表的《元首宣言》说："我们支持并将继续支持国际联盟在阿富汗进行反恐行动的努力。今天，我们看到阿富汗在国内局势稳定方面发生了积极变化。为开展反恐行动，上海合作组织一些成员国向联盟各国提供了地面基础设施以临时部署军队，还提供了地面及空中军事运输通道。鉴于阿富汗反恐的大规模军事行动已经告一段落，上海合作组织成员国认为，反恐联盟有关各方有必要确定临时使用上海合作组织成员国上述基础设施及在这些国家驻军的最后期限。"[2]2006年6月15日，在上合组织峰会通过的五周年宣言中，成员国表达了反对美国策动"颜色革命"的立场：必须尊重和保持世界文明及发展道路的多样性。历史形成的文化传统、政治社会体制、价值观和发展道路的差异不应被用于干涉他国内政的借口。社会发展的具体模式不能成为"输出品"。[3]

2001年以后，上合组织成员国之间加强了经济合作，吉尔吉斯斯坦积极参与上合组织国家之间的经济合作。吉政府在2001年上合组织的《上海合作组织成立宣言》上签字，同意加强区域合作，启动贸易投资便利化进程；同年9月14日，吉总理出席了在哈阿拉木图举行的首次总理会晤，讨论了区域经济合作事宜。2002年5月28—29日，吉出席了在中国上海举行的经贸会晤，签署了《上

---

[1]《"天山2号（2011）"反恐演习：展示中国反恐力量》，中国政府网2011-05-07。
[2]《上合组织成员国：反恐联盟应确定驻军最后期限》，中新网2005-07-05。
[3]《上海合作组织五周年宣言》，中华人民共和国外交部2006-06-15。

海合作组织成员国政府间关于区域经济合作的基本目标和方向及启动贸易和投资便利化进程的备忘录》,该备忘录规定了区域经贸合作的目标、重点领域和实施机制。2002年6月7日,吉出席了在俄圣彼得堡的第二次峰会,签署了《上海合作组织宪章》,地区水资源的利用被列为各国合作的一个方向,指出在上合组织框架下解决中亚地区水资源利用具有资金和技术方面的优势,俄罗斯和中国的水利专家、水资源管理专家可以帮助中亚水资源的有效利用。吉还出席了2003年5月29日在莫斯科举行的第三次元首峰会,与会者们指出,与现代威胁所做斗争的胜利,在很大程度上取决于贫困、大规模失业、文盲、种族歧视、民族歧视和宗教歧视这些社会经济问题的解决。此次峰会以后,上合组织的工作任务逐渐朝着经济和文化合作的目标前进。2003年9月23日,吉出席了在北京举行的成员国总理第二次会议,通过了《上海合作组织成员国多边经贸合作纲要》等六个文件,纲要决定到2020年实现商品、服务、资金和技术自由流动。2004年6月17日,吉出席了在乌首都塔什干举行的上合组织第四次峰会,会上讨论了推动经贸、人文领域的合作。同年9月23日,吉在首都比什凯克举行了成员国总理第三次会议,通过了《关于〈上海合作组织成员国多边经贸合作纲要〉落实措施计划》等九个决议,涵盖了贸易和投资、海关、质检、交通、能源、信息等11个领域、127个项目,突出了能源、交通、通信和农业四个领域的合作。[1] 2005年上合组织成立了实业家委员会,吉与成员国开始了金融领域的合作。

在贸易方面,上合组织国家间的贸易额逐年上升。据统计,2001年,上合组织成员国外贸总额占世界贸易总额的8%,这一比例在

---

[1]《上海合作组织各领域的合作》,《大陆桥视野》2005年第4期。

2011年增加到13%[1]，2015年上合组织成员国贸易总额超6万亿美元，占世界贸易总额的18.3%[2]。

在投资方面，中俄两国对上合组织成员国投资不断加大。2009年6月的上合组织元首会议《联合声明》主张应采取有效措施，减少国际金融危机影响，推动本组织所在地区更加紧密的经贸和投资合作，在此背景下，中方承诺将提供100亿美元信贷，支持本组织框架内的多边和双边项目合作[3]；同年召开了上合组织总理会议，会上通过了《上海合作组织成员国关于加强多边经济合作、应对全球金融危机、保障经济持续发展的共同倡议》。2008年国际金融危机以来，中国在双边和多边场合同意和承诺向上合组织成员国提供资金达450亿美元，此外，中国国家开发银行在银联体机制内提供和承诺的资金以及俄罗斯对吉等国承诺的资金，总额高达600亿美元。[4]

2005年11月16日，上合组织银行联合体在莫斯科正式成立，银联体取代过去的财政和捐赠等融资方式，为上合组织成员国合作项目提供资金支持。[5]截至2007年7月，中国国家开发银行在上海合作组织银联体框架下已经发放贷款8291万美元，涉及通信、农业、电力等多个领域。[6]

---

[1]《上海合作组织11年发展回眸》，新华网2012-06-05。
[2]《哈萨克斯坦专家：上合组织15年发展成就巨大，前景广阔》，国际在线2016-11-02。
[3]《胡锦涛在上合组织成员国元首理事会上发表讲话》，中国新闻网2009-06-16。
[4] 李新：《"上合"组织经济合作十年：成就、挑战与前景》，《现代国际关系》2011年第9期。
[5] 张宁：《中亚一体化合作机制及其对上海合作组织的影响》，《俄罗斯中亚东欧研究》2006年第6期。
[6] 刘华芹：《上海合作组织区域贸易发展现状评估与展望》，《国际贸易》2008年第9期。

除政治、经济合作外，上合组织国家间还有文化合作。2002年4月12日，吉出席了在北京举行的上合组织成员国文化部长第一次会议，会议通过了联合声明，以法律的形式保障成员国之间的文化合作，联合声明规定，成员国之间举办音乐节和互办文化节，组织文艺团体巡回演出，在文物保护、博物馆和图书馆、电影、电视、广播、出版和体育运动等方面进行合作。[1]吉参加了2005年7月在哈阿斯塔纳召开的上合组织首脑峰会，在此期间，举行了文化部长会议和首届上合组织文化节。吉出席了2006年4月在乌塔什干举行的上合组织第三次文化部长会议，签署了《上合组织成员国政府关于教育合作的协议》，该领域的合作主要是为了在各国教育部门间建立直接联系，交换有关教育机构及教育纲要审批、考核、认证程序等问题的信息，互相培养学生和教师。[2]吉承办了2007年上合组织峰会，会上，中国国家主席胡锦涛在讲话中建议全面开展科技、文化、教育、体育、卫生等方面的交流合作，特别要为青年一代的交往创造条件；如中方决定设立上合组织成员国来华留学奖学金项目，在现有双边协议以外，每年向每个成员国提供20个名额，建议成员国轮流举办青年学生交流营活动，加强成员国语言教学。[3]2008年，上合组织成员国提出了组建上合组织大学的构想，上合组织网络大学已于2010年启动，成员国的60多所顶尖高校加入其中。[4]

---

1 〔塔吉克〕P.阿利莫夫：《塔吉克斯坦与中国的文化合作——起因、现状和前景》，《上海合作组织文件汇编》(Ⅱ)，第763—764页。

2 《中亚上合组织成员国同俄罗斯及中国的经济合作态势》，聂书岭译，《中亚信息》2007年第4期。

3 赵常庆：《中国与中亚国家关系》，邢广程主编：《俄罗斯东欧中亚国家发展报告（2008年）》，第25页。

4 《上海合作组织11年发展回眸》，新华网2012-06-05。

吉尔吉斯斯坦积极参与上合组织框架下的活动，为上合组织的发展做出了贡献。其中，吉尔吉斯斯坦主办了1999年上海五国元首会晤，会上将打击国际恐怖主义、有组织犯罪、偷运武器、贩卖毒品等跨国犯罪活动的任务职能化，五国首脑就对三股势力采取联合行动达成共识，决定组建由五国安全执法部门领导人组建的会晤机制比什凯克小组，小组每年定期举行会议，讨论安全执法合作问题。此后，吉尔吉斯斯坦承办2007年8月16日的上合组织峰会，与会者签署了《上海合作组织长期睦邻友好合作条约》，在保证地区安全方面达到了新的水平[1]，应邀出席此次会议的联合国政治事务副秘书长贝霖在会上宣读了联合国秘书长潘基文的致辞，致辞对上合组织在实现区域及全球的和平、安全与发展方面发挥的作用表示赞赏。

1　赵常庆：《中国与中亚国家关系》，邢广程主编：《俄罗斯东欧中亚国家发展报告（2008年）》，第25页。

参考书目

中文书目

《汉书》，中华书局，1962年。
《三国志》，中华书局，1952年。
《周书》，中华书局，1971年。
《隋书》，中华书局，1973年。
《新唐书》，中华书局，1975年。
《通典》，中华书局，1988年。
《唐会要》，上海古籍出版社，1991年。
《钦定皇舆西域图志》，影印文渊阁四库全书本（第500册）。
《筹办夷务始末》（同治朝）卷8，上海古籍出版社，2007年。
《清史稿》，中华书局，1976年。
《酉阳杂俎》，团结出版社，2018年。
岑仲勉：《突厥集史》（下），中华书局，1958年。
北京大学历史系编：《沙皇俄国侵略扩张史》，人民出版社，1979年。
周连宽：《大唐西域记史地研究丛稿》，中华书局，1984年。
黄宏、纪玉祥主编：《原苏联七年"改革"纪实》，红旗出版社，1992年。
张志尧主编：《草原丝绸之路与中亚文明》，新疆美术摄影出版社，1994年。
王沛主编：《中亚五国概况》，新疆人民出版社，1997年。
任允正、于洪君：《独联体国家宪法比较研究》，中国社会科学出版社，2001年。
赵常庆主编：《十年巨变——中亚和外高加索卷》，东方出版社，2003年。
吴宏伟：《中亚人口问题研究》，中央民族大学出版社，2004年。
冯绍雷、相蓝欣主编：《俄罗斯经济转型》，上海人民出版社，2005年。
刘庚岑、徐小云编著：《吉尔吉斯斯坦》，社会科学文献出版社，2005年。

马大正、冯锡时主编:《中亚五国史纲》,新疆人民出版社,2005年。
胡振华主编:《中亚五国志》,中央民族大学出版社,2006年。
丁笃本:《中亚通史》(现代卷),新疆人民出版社,2007年。
邢广程主编:《俄罗斯东欧中亚国家发展报告(2008)》,社会科学文献出版社,2008年。
邢广程主编:《俄罗斯东欧中亚国家发展报告(2009)》,社会科学文献出版社,2009年。
孙力主编:《中亚国家发展报告(2012)》,社会科学文献出版社,2012年。
邢广程主编:《上海合作组织发展报告(2009)》,社会科学文献出版社,2009年。
张志刚等:《当代宗教冲突与对话研究》,经济科学出版社,2011年。
杨进:《贫穷与国家转型:基于中亚五国的实证研究》,社会科学文献出版社,2012年。
余太山:《塞种史研究》,商务印书馆,2012年。
阿里木江·阿不来提:《中亚社会保障问题研究》,企业管理出版社,2013年。

译著

〔苏联〕B. A. 卢宁等:《吉尔吉斯苏维埃社会主义共和国》,韩高译,民族出版社,1957年。
〔美〕迈克尔·刘金:《俄国在中亚》,陈尧光译,商务印书馆,1965年。
〔俄〕M. A. 捷连季耶夫:《征服中亚史》第1卷,武汉大学外文系译,商务印书馆,1980年。
苏联科学院经济研究所编:《苏联社会主义经济史》第2卷,生活·读书·新知三联书店,1980年。
苏联科学院经济研究所编:《苏联社会主义经济史》第3卷,生活·读书·新知三联书店,1982年。
苏联科学院经济研究所编:《苏联社会主义经济史》第4卷,生活·读书·新知三联书店,1982年。
〔苏联〕伊凡·麦斯特连柯:《苏共各个时期的民族政策》,林钢译,人民出版社,1983年。
〔俄〕M. A. 捷连季耶夫:《征服中亚史》第2卷,新疆大学外语系译,商务印书馆,1983年。

〔苏联〕帕·彼·伊凡诺夫：《中亚史纲》，《中亚史丛刊》1983年第1期。

〔苏联〕威廉·巴托尔德：《中亚突厥史十二讲》，罗致平译，中国社会科学出版社，1984年。

〔古希腊〕希罗多德：《历史》，王以铸译，商务印书馆，1985年。

〔苏联〕Л. Л.雷巴科夫斯基编：《苏联人口七十年》，郭丽群译，商务印书馆，1994年。

苏联科学院历史研究所编：《苏联民族-国家建设史》（下），徐桂芬等译，商务印书馆，1997年。

〔吉尔吉斯〕阿斯卡尔·阿卡耶夫：《直言不讳：吉尔吉斯共和国总统阿·阿卡耶夫访谈录》，耶尔波里译，国际文化出版公司，2001年。

〔吉尔吉斯〕阿斯卡尔·阿卡耶夫：《难忘的十年》，武柳等译，世界知识出版社，2002年。

〔苏联〕米哈伊尔·戈尔巴乔夫：《戈尔巴乔夫对过去和未来的思考》，徐葵等译，新华出版社，2002年。

麻赫默德·喀什噶里编著：《突厥语大词典》，校仲彝等译，民族出版社，2002年。

〔匈〕雅诺什·哈尔马塔主编：《中亚文明史》第2卷，徐文堪、芮传明译，中国对外翻译出版公司，2002年。

〔美〕马丁·N.麦格：《族群社会学》，祖力亚提·司马义译，华夏出版社，2007年。

〔苏联〕С. В.吉谢列夫：《南西伯利亚古代史》，王博译，新疆人民出版社，2014年。

外文书目

Walter J. Fischel, *Semitic and Oriental Studies. A Volume Presented to William Popper Professor of Semitic Language, Emeritus on the Occasion of His 75th Birthday*, University of California Press, 1951.

V. V. Barthold, *Four Studies on the History of Central Asia*, Vol. I, tr. by V. and T. Minorsky, Brill, 1956.

Geffrey Wheeler Collection, *The Modern History of Soviet Central Asia*, Weidenfelf and Nicolson, 1964.

Gavin Hambly, ed., *Central Asia*, Dell Publishing, 1969.

Frumkin, Grégoire, *Archaeology in Soviet Central Asia*, Brill, 1970.

V. Minorsky Translation and Explained, *Ḥudūd al-ʿĀlam* (With the Preface by V. V. Barthold), London, 1937, GWSNSXI, 1970.

F. H. Skrine, E. D. Ross, *The Heart of Asia – A History of Russian Turkestan and the Central Asian Khanates from the Earliest Times*, Adamant Media Corporation, 1981.

Edward Allworth, ed., *Central Asia: 130 Years of Russian Dominance, A Historical Overview*, third Edition, Duke University Press, 1994.

M. S. Asmov, C. E. Bosworth, eds., *History of Civilizations of Central Asia*, Vol. 4 (I), UNESCO Publishing, 1998.

K. Tashbayeva, M. Khujanazarov, V. Ranov, Z. Samashev, *Petrogliphs of Central Asia*, tr. by O. Titova, Bishkek, 2001.

Chabryar Adle, Irfan Habib, eds., *History of Civilizations of Central Asia*, Vol. 5, UNESCO Publishing, 2003.

后　记

　　继六卷本《中亚史》之后，五卷本《中亚五国史研究》的付梓，标志着本人历时四十多年的中亚史研究完成了。如果将储备各种知识的二十多年的学习阶段也算在内的话，那么本人一生只做了梳理中亚地区历史这一件事。在完成《中亚史》和《中亚五国史研究》的撰写之后，作者理应对它们的价值做一点反思。

　　关于这两套书针对的读者人群和写作初衷有以下几点：

　　一是让初学中亚史的读者能够在较短时间内对中亚历史有一个提纲挈领的了解。为达到这一目标，两套书必须具有系统性，应该做到结构合理完整、内容详略得当、表达措辞准确。我认为《中亚史》这一目的已经达到了。网上有人评价说，这是一套非常好的中亚入门史书，整体看下来就可以了解中亚史的框架。

　　对于初学者，还应该了解这两套书的以下情况。第一，关于中亚人名。书中出现的人名，几乎无一例外地采用了中国古籍的记载，以及以往著作使用的、人们所熟悉的人名，而没有按外文的发音规律新造人名，如库泰拔、俾路支、阿布杜拉等等。这样做的目的是避免给本已觉得中亚历史难读的初学者制造新的障碍。第二，关于中亚地名。书中出现的地名，基本上也是采用中国古籍的记载和约定俗成的地名，即采用了当时著作所赋予的名字，而不是如今的称谓，如元朝时期的报达（今巴格达）、不花剌（今布哈拉）、忽毡（今苦盏）等等。有的地名在第一次出现时标出或加注了今地名，在总体阅读中可能会给初学者带来一些不便。尽管如此，采用各时代文献所记地名既是一部历史著作展现历史感所需要的,也是初学者积累历史地理知识所必需的。

二是让已经进入中亚史领域的读者,对中亚历史有一个全面的了解。因此两套通史性著作讲究面面俱到,让这部分读者或丰富自己的中亚知识,或将已有的散乱知识系统化,对中亚形成一个全貌的认识。我认为《中亚史》的这一目的也基本达到了。有人评价说,这套书的好处有三:条理清晰,体系完整;史料涉及浩如烟海;文笔通俗,浅显易懂。

三是给中亚史研究的学者提供一些可能性。两套书是通史性著作,不可能对每一个问题都信马由缰地铺开来论述或深入探讨,因此存在着许多再研究的空间,如阿姆河和锡尔河对中亚历史、对中亚民族关系的影响,如联合国十分重视的咸海问题,如独联体、上合组织的系统研究以及中亚国家在其中所发挥的作用等等。我认为《中亚史》的这一目的也部分达到了,它的出版激起许多研究者探讨中亚朝代和中亚文化的热潮。

如果将两套书分别比作一幢建筑的话,那么它是一幢中式建筑而不是西式建筑;它的外观和内部结构都是作者按中国著书立说的方式独立设计和执行的。如果你从不同角度观察这一建筑,会发现它与其他建筑存在着不一样的地方。因此,以上三类读者在宏观的视野下都会产生一种崭新的、与其他著作不一样的感觉。但是,如果你将建筑物推倒,你看到的只是人们所熟悉的、没什么新意的、令人大失所望的砖头。不可否认的是,这幢建筑的材料来自人们所熟悉的,有些甚至是被广泛使用的中外著作。作者从各类中英文文献中搬来了这些"砖头",经过主观的甄选、细致的整理、认真的辨识,最终用来构建了自己的"建筑"。读者将在这一"建筑"中了解系统和全面的中亚历史知识。

对于《中亚五国史研究》，以下情况需要向读者交代：

一是研究资料方面的缺憾。在《中亚五国史研究》的上篇中，由于资料的缺乏，研究尚处于起步阶段，还存在一些不足。如丝绸之路的研究很多，但它在中亚五国境内的走向却未见研究；如中亚民族形成的研究也不少，但除塔吉克族外的中亚四个民族是如何从欧罗巴人种演变成蒙古利亚人种突厥族群的，以及地域、政权在中亚五国的民族形成过程中的作用如何，哪些部落对民族的形成起着关键的作用等等问题，除了介绍苏联时期的考古资料外，国内的研究很少；再如中亚五国今天的国土是如何形成的，作者见到的大多数研究只是笼统地说苏联划界，几乎没有见到追根溯源的、系统的研究。以上是一部通史性著作不能回避的问题，作者做了一些尝试。尽管作者对它们的考察和研究着力不少，但仍然不太满意，这些问题的研究还有待完善。

在《中亚五国史研究》的中篇和下篇中，有关独立国家政权的构建、国家意识形态的构建，独立以后的宗教和民族问题的处理等问题，由于中亚五国独立建国时间不长，学界对它们的研究还未能做到深入剖析和宏观概括，因此，《中亚五国史研究》对各国政体的变化、宗教和民族政策的变化，主要依据各国历年来颁布的宪法和宪法修正案的条款，以及各国不同时期颁布的政令来推导和论述，推论中不免带有主观性，只能起到抛砖引玉的作用。

二是最新研究成果的使用情况。《中亚五国史研究》的撰写始于2010年，2018年交稿。习近平主席于2013年提出的建设"丝绸之路经济带"的倡议掀起了中亚研究的热潮，学界在经过一段时间的研究之后陆续发表了一些研究成果。但本书只采用了2017年以前的研究成果，在日新月异的研究面前，这部通史性著作难免挂一漏万，会出现成果使用不全面，甚至所用数据说明问题的力度不够的情况。

三是中亚形势的新变化。2016年以后，中亚形势发生了一些新变化，主要是一些国家的新老领导人进行了权力交接。2016年乌兹别克斯坦总统卡里莫夫突然病逝，2019年哈萨克斯坦总统纳扎尔巴耶夫宣布辞去总统职务。两位中亚强国总统的变动引起研究者对前任统治者的执政理念、政府的方针政策的重新审视，2019年以后的研究可能有更加细致入微的分析，可能会对权力的运作有更加准确的观察，因此评价也可能会更加客观。

《中亚五国史研究》的出版，要感谢关心和帮助我的很多人。特别是浙江大学博士王凤梅，在大半年的时间里，几乎每天晚上都在帮助本书完善和核对注释。还要感谢以商务印书馆编辑程景楠女士为首的编辑团队，他们勤奋敬业的工作态度和认真负责的精神让我钦佩。

两套书的出版，如果一石激起千层浪，好评、差评如潮都是好事，说明它们激发了读者对中亚的兴趣，是有价值的；如果石沉大海、无人问津，那才是作品和作者最大的悲哀。欢迎读者批评指正。

蓝琪

2024年3月1日